Gault&Millau

Weinguide Deutschland

Pfalz 2021

150 Weingüter beschrieben und bewertet,
1030 Weinempfehlungen, davon 320 Weine bis € 10,– und
110 Winzer-Tipps zum Essen, Schlafen und Einkaufen.

Lieber Leser, liebe Leserin, liebe Freunde des guten Weins,

Genuss, insbesondere beim Wein, ist zum Glück nicht auf rein sensorische Empfindungen reduziert, denn Geschmack ist weder mit dem Metermaß messbar, noch mit der Stoppuhr festzuhalten und auch nicht mit der Briefwaage zu wiegen. Weingenuss ist im besten Fall ein **emotionales Empfinden** und wie in anderen Geschmacksfragen, beispielsweise bei der Musik oder Malerei, **höchst individuell** geprägt. Kurz, für Geschmack gibt es keine Mathematik! Weingenuss hat immer mit Menschen zu tun, Wein ist Kommunikation und geteilte Freude, Weingenuss für sich alleine im stillen Kämmerlein ist für uns nicht vorstellbar.

Nun neigt man allgemein in Weinregionen nicht unbedingt zur Traurigkeit, auch sind dort verschlossene Türen nicht an der Regel, vorausgesetzt, man ist gerade nicht im Bordelais unterwegs, aber was in Sachen **herzlicher Gastfreundschaft die Pfalz** in ihren 144 Weinorten zu bieten hat, ist einfach schwer zu toppen. Diese unmittelbare Gastlichkeit bedingt natürlich auch einen gewissen Weinstil, den man in der Pfalz durchgängig vom oft unschlagbar preiswerten Einstiegswein bis hin zu den Spitzengewächsen als ungemein saftig, zupackend und selbsterklärend bezeichnen kann. Schnörkellos und geradlinig, keinerlei vergeistigte oder gar erklärungsbedürftige Stilistik steht hier dem Genuss und dem Austausch im Wege. Dies gilt für die vielen kleinen Selbstvermarkter ebenso wie für die sehr guten Genossenschaften und die überwältigende Anzahl von Spitzenbetrieben, die **auch auf internationalem Parkett,** vornehmlich in Italien, „bella figura" machen.

Aber für welche Spezialität, für welche Rebsorte genau steht nun die Pfalz, **das zweitgrößte Weinanbaugebiet in Deutschland?** Zweifelsohne ist das mit rund einem Drittel der Anbaufläche der **Pfälzer Riesling.** Pfälzer deshalb, weil es hier gelungen ist, neben dem Rheingauer und dem Moselaner Riesling ein eigenes ausdrucksstarkes Geschmacksbild zu entwickeln, das durch **harmonische Saftigkeit und unaufdringliche Dichte** zu überzeugen weiß. Eine ideale Paarung aus Kraft und Eleganz, die Jahr für Jahr die Weinwelt begeistert, wie die langlebigen Großen Gewächse von Rebholz und Bürklin-Wolf beweisen.

Wo Ikonen junge Talente wachsen lassen.
Weine aus der Pfalz:
Qualität, die man schmeckt.
GESCHÜTZTE URSPRUNGSBEZEICHNUNG
Die 13 deutschen Weinregionen sind geschützte Ursprungsbezeichnungen.

Zu ebensolchen **Begeisterungsstürmen** verführen uns die kristallklare Finesse der Bassermann-Jordan'schen Lagen-Interpretationen unter der Ägide von Rebenflüsterer Uli Mell. Und was Sophie Christmann mit ihrem Vater neben eben dieser Riesling-Finesse an Vielschichtigkeit, Spannung und verführerischer Duftigkeit mit ihren **Spätburgundern** zeigt, ist schlichtweg atemberaubend. Diese **Kunst, große Weiß- wie Rotweine zu erzeugen** und diese auch noch gleichermaßen mit einer eigenen Handschrift auszustatten, beherrscht, wie kaum ein weiterer Betrieb in Deutschland, die überaus erfolgreiche und immer sympathische Winzerfamilie Knipser. Und dass sie darüber hinaus mit ihrem Halbstück auch noch die gastronomische Klaviatur beherrscht, setzt dieser Glanzleistung die Krone auf und belegt gleichzeitig die umfassende Pfälzer Gastlichkeit.

Dass dieses Pfälzer Genuss-Konzept **viel Arbeit, viel Wissen** und mindestens genauso **viel Liebe zum Detail** benötigt, setzt **viel Persönlichkeit und auch Gelassenheit** voraus. Und diese sprichwörtliche Pfälzer Gemütlichkeit sowie die Freude am Gedankenaustausch machen einen Großteil des Weingenusses aus. Denn ohne das Wissen, woher, warum und wieso, ist alles nichts. Genau dies ist der Grund, warum die neue Generation der Gault&Millau Weinguides Ihnen mit dieser zweiten Regional-Ausgabe nach Baden & Württemberg auch eine neue Bewertungsweise liefert, die sich vor allem auf die Vielfalt der Empfindungen aus den großen generationsübergreifenden Verkostungs-Panels und nicht auf Einzelurteile stützt.

Wir wünschen Ihnen mit diesem Buch als Guide hin zum guten Wein ebenso viel Vergnügen, wie wir es bei unseren Besuchen in der Pfalz immer hatten und mit Sicherheit noch haben werden. **Fröhlich Pfalz, Gott erhalt's!**

Otto Geisel

Ursula Haslauer

Inhaltsverzeichnis

Zeichenerklärung

WEINE

Weißwein
Rotwein
Rosé
Süßwein
Sekt

♥ Lieblingswein des Winzers

WEINGÜTER

Weltklasse

deutsche Spitze

ausgezeichnet

sehr empfehlenswert

empfehlenswert

WEINE

98–100 Punkte
95–97 Punkte

93–94 Punkte
91–92 Punkte

90 Punkte
89 Punkte

88 Punkte
87 Punkte

86 Punkte
85 Punkte

DIE GAULT&MILLAU METHODE UND DIE EXPERTEN

Gault&Millau verkostet seit 2020 ausschließlich blind in Panels mit **mindestens sechs Verkostern.** Für die Verkostungen zu den regionalen Gault&Millau Weinguides werden die Teams zum einen aus der Stammmannschaft der Verkoster beschickt, zum anderen werden Gäste – Winzer und Experten aus der Region – dazu gebeten, um der **regionalen Typizität der Weine eine starke Stimme** zu verleihen.

Für die vorliegende Ausgabe konnten wir auf **Kenntnis, Erfahrung und Leidenschaft** dieser Experten bauen:

Die Gault&Millau Verkoster für diesen Pfalz Weinguide
Eva Adler (München), Katja Apelt (Eltville), Jochen Benz (München), Gerhild Burkard (Köln), Thorsten Firlus (Düsseldorf), Frank Glüer (München), Thomas Haussmann (München), Daniel Kiowski (Bernkastel-Wehlen), Jochen Kreppel (München), Jossi Loibl (München), Astrid Löwenberg (München), Andreas Lutz (Stuttgart), Nina Mann (Saarburg), Thomas Sommer (Köln), Herbert Stieglmeier (München), Melanie Wagner (Vogtsburg-Oberbergen), Klaus Wählen (Düsseldorf), Ronny Weber (Düsseldorf), Andreas Winkelmann (Düsseldorf)

Die Gäste der Verkostungen in Deidesheim, in Eltville und in München
Gert Aldinger (Fellbach), Mark Barth (Eltville), Claus Burmeister (Östringen-Tiefenbach), Christian Danner (Offenburg), Tom Drieseberg (Oestrich-Winkel), Max Härle (Heilbronn), Werner Jülg (Schweigen-Rechtenbach), Hans Kilger (München), Werner Knipser (Laumersheim), Gerhard Kofler (Girlan),

Wolfgang Köhler (Stuttgart), Victoria Lergenmüller (Hainfeld), Ulrich Mell (Deidesheim), Tina Pfaffmann (Frankweiler), Volker Raumland (Flörsheim-Dahlsheim), Christian Stahl (Auernhofen), Armin Tement (Berghausen), Hans Terzer (St. Michael-Eppan), Martin Wassmer (Bad Krozingen-Schlatt), Hanno Zilliken (Saarburg)

Verkostet wurde in
ZALTO DENKART UNIVERSAL-GLÄSERN

Die Verkostungen wurden strukturiert, geleitet und moderiert von Otto Geisel. Ursula Haslauer war verantwortlich für alles Organisatorische und dafür, dass aus den Verkostungsnotizen und Autorenbeiträgen ein Buch wurde.

Die mehrtägigen Tasting-Sessions fanden am Weingut von Winning in Deidesheim, im Drivers & Businessclub in München und in der Villa Mumm in Eltville statt. **Wir bedanken uns für die hervorragende Unterstützung an all diesen Orten.**

MISSION STATEMENT

Die Gault&Millau Weinguides laden ihre Leser auf **eine Entdeckungsreise zu den Weinen Deutschlands und ihren Erzeugern** ein. Wir tun dies aus der tiefen Überzeugung heraus, dass sich die großartigen Weine dieses Landes mit allen Weinen der Welt messen können und dass Weintrinken ein Erlebnis für alle ist und nicht nur Experten vorbehalten bleiben darf.

Wein ist eines der ältesten Kulturgüter unserer Zivilisation, insofern sollten wir uns alle auch daran erfreuen.

Was macht Gault&Millau **anders als bisher:**

1. Gault&Millau verkostet ausschließlich blind.
2. Gault&Millau verkostet in Panels mit mindestens sechs Verkostern.
3. Gault&Millau verkostet in vergleichbaren Klassen – Qualitätsstufen, Rebsorten, Ausbauarten und Jahrgängen.
4. Gault&Millau geht mit den Verkoster-Teams wann immer möglich in die Regionen.
5. Die Gault&Millau Verkoster-Teams bestehen aus ausgewiesenen Experten der deutschen Weinszene.
6. Gault&Millau sucht sich für die Verkostung der regionalen Weinguides Unterstützung aus der regionalen Weinszene, um der Typizität der Region eine starke Stimme zu geben.
7. Gault&Millau beschreibt die Weine sachlich und durchaus auch in einer emotionalen Sprache, die Neugierde weckt und verständlich ist.
8. Gault&Millau will das Erlebnis Wein durch das Herausstellen regionaler Spezialitäten stärken und zu Besuchen in den Weinbaugebieten und bei den Winzern einladen.
9. Gault&Millau sieht Wein und Kulinarik als ein Gesamterlebnis, deshalb findet man ab jetzt in allen regionalen Gault&Millau Weinguides Empfehlungen für Essen, Schlafen und Einkaufen.

Fotocredit: Stephan Mahlow/Bildarchiv Südliche Weinstrasse e.V.

Pfalz
2021

1 MITTELHAARDT
2 SÜDLICHE WEINSTRASSE

1 MITTELHAARDT

Die Mittelhaardt ist der nördliche von zwei Teilen des Pfälzer Weinbaugebietes und beheimatet viele berühmte Lagen dieser Region. Sie liegen zwischen Wachenheim und Deidesheim, das gleichzeitig Mittelpunkt der Pfälzer Gastroszene ist. Etwa 11.000 Hektar Rebland werden in der Mittelhaardt kultiviert – wobei die weißen Rebsorten dominieren und der Riesling ganz klar im Vordergrund steht. Geschützt werden die Weinberge vom Pfälzer Wald und dem Haardtgebirge, das die Landschaft hier prägt. Auch Burgen und Schlösser sind markant: allen voran das Hambacher Schloss bei Neustadt, das als Wiege der deutschen Demokratie gilt.

2 SÜDLICHE WEINSTRASSE

Der zweite Anbaubereich der Pfalz beginnt im Norden mit dem Weinort Maikammer und erstreckt sich bis zur elsässischen Grenze im Süden. Mit über 12.000 Hektar zählt die Region zu den großen Weinbaubereichen Deutschlands. Dass an der Südlichen Weinstraße schon sehr lange Wein angebaut wird, beweist der hier beheimatete älteste Weinberg Deutschlands mit fast 400 Jahre alten Traminer-Reben. Aber mit Zahlen wird man der Region natürlich nicht gerecht. Bedeutsam ist das milde Klima, das ein Grund dafür sein mag, warum hier so ausgezeichnete Burgunder gedeihen. Landschaftlich ist man schon deutlich Richtung Vogesen unterwegs.

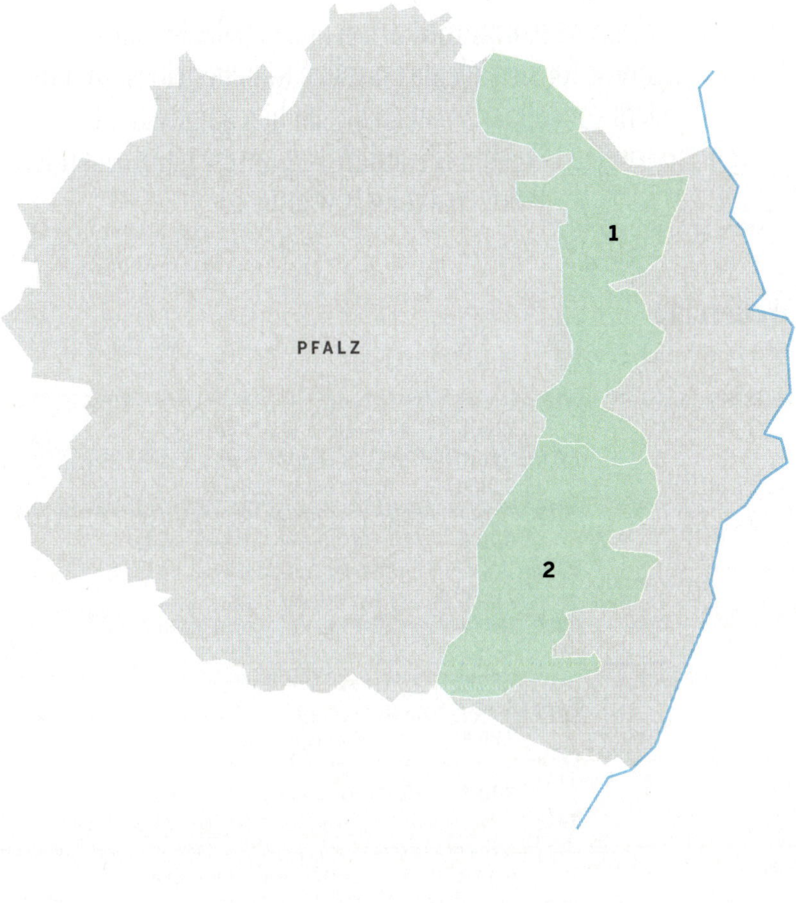
PFALZ
1
2

DIE BESTEN WEINE BIS 10€

Wein ist Kommunikation und geteilte Freude, Weingenuss für sich alleine im stillen Kämmerlein ist für uns nicht vorstellbar, weshalb diesen hier aufgelisteten sehr preiswerten Weinen **für jeden Tag** unsere ganz besondere Wertschätzung gewidmet ist.

Weißweine

RIESLING

2019 Riesling Spätlese trocken
7,50 € · 11,7% · Franz Hahn · Südliche Weinstraße

2019 Goldgrube Riesling Spätlese trocken
9,00 € · 13% · Weingut Wöhrle · Mittelhaardt

2019 Walsheimer Silberberg Riesling „Selection"
9,70 € · 13,5% · Karl Pfaffmann · Südliche Weinstraße

2019 Ungsteiner Herrenberg Riesling Spätlese trocken
7,00 € · 12,8% · Bärenhof · Mittelhaardt

2019 Mühlheimer Grafenstück Riesling „Terrain Calcaire" Spätlese trocken
7,80 € · 13,05% · Sascha Nehb · Mittelhaardt

2019 Gimmeldinger Biengarten Riesling Kabinett trocken
7,90 € · 12,5% · August Ziegler · Südliche Weinstraße

2019 Wachenheimer Riesling „Edition SL"
8,10 € · 12,5% · Wachtenburg Winzer · Mittelhaardt

2019 Forster Musenhang Riesling „Selektion Mossbacherhof" Spätlese trocken
9,50 € · 12,5% · Forster Winzerverein · Mittelhaardt

2019 Edesheimer Rosengarten Riesling
9,50 € · 13% · Weingut Borell-Diehl · Südliche Weinstraße

2019 Riesling
9,70 € · 13% · Bus – Bacchushof · Südliche Weinstraße

2019 Ungsteiner Michelsberg Riesling Auslese trocken
9,80 € · 13,8% · Bärenhof · Mittelhaardt

2019 Grafenstück Riesling
6,50 € · 12,5% · Weingut Wöhrle · Mittelhaardt

2019 Forster Pechstein Riesling Kabinett trocken
7,40 € · 12,5% · Forster Winzerverein · Mittelhaardt

2019 Riesling Kabinett trocken
7,50 € · 11,75% · Franz Hahn · Südliche Weinstraße

2019 Höllisch Riesling
7,50 € · 12,5% · Weingut Geisser · Südliche Weinstraße

2019 Riesling „Kalkstein"
7,80 € · 13% · Villa Hochdörffer · Südliche Weinstraße

2019 Riesling „vom Löss"
8,00 € · 11,5% · Weingut Seckinger · Mittelhaardt

2019 Riesling „Gegen Gerade" feinherb
8,95 € · 12% · Weingut Hammel · Mittelhaardt

2019 Riesling „Herrenpfad"
9,00 € · 12,5% · Weingut Rinck · Südliche Weinstraße

2019 Kallstadter Saumagen Riesling Spätlese trocken
9,50 € · 12% · Weingut Bühler · Mittelhaardt

2019 Riesling „Alte Reben"
9,50 € · 12% · Weingut Oberhofer · Südliche Weinstraße

2019 Riesling „Weißer Kalk"
9,90 € · 12,5% · Karlheinz & Dominik Becker · Südliche Weinstraße

2019 Riesling „Philipp Bassler Großes Gewächs"
10,00 € · 13,5% · Weinbiet Manufaktur · Mittelhaardt

2019 Burrweiler Altenforst Riesling „Schiefer/Steillage"
10,00 € · 13% · Weingut Möwes · Südliche Weinstraße

WEISSER BURGUNDER

2018 Appenhofener Steingebiss Grauburgunder
9,50 € · 13,5% · Gut von Beiden · Südliche Weinstraße

2018 Weißburgunder „Edition"
7,10 € · 13% · Winzergenossenschaft Kallstadt · Mittelhaardt

2018 Ilbesheimer Kalmit Weißburgunder „Aprilwetter"
7,30 € · 13% · Weingut Sturm · Südliche Weinstraße

2019 Weißburgunder „Haardter"
6,50 € · 12% · Staatsweingut mit Johannitergut · Mittelhaardt

2019 Mühlheimer Grafenstück Chardonnay Spätlese trocken
6,50 € · 13,9% · Sascha Nehb · Mittelhaardt

2019 Weißburgunder
6,80 € · 13% · Ellermann-Spiegel · Südliche Weinstraße

2019 Grauburgunder „Pinot Gris"
7,30 € · 13% · Weingut Grimm · Südliche Weinstraße

2019 Weißburgunder „erdreich" Kabinett trocken
7,70 € · 13% · Karlheinz & Dominik Becker · Südliche Weinstraße

2019 Chardonnay „Muschelkalk"
7,80 € · 13% · Villa Hochdörffer · Südliche Weinstraße

2019 Weißburgunder
7,80 € · 12,5% · Weingut Münzberg · Südliche Weinstraße

2019 Hainfelder Letten Chardonnay „Kalkmergel"
8,50 € · 14% · Weingut Möwes · Südliche Weinstraße

2019 Chardonnay
9,00 € · 13% · Staatsweingut mit Johannitergut · Mittelhaardt

2019 Weißburgunder „Pfaffenberg"
9,00 € · 13,5% · Weingut Rinck · Südliche Weinstraße

2019 Weißburgunder „Buntstück"
9,30 € · 12,5% · Dr. Wehrheim · Südliche Weinstraße

2019 Sonnenberg Grauburgunder
9,50 € · 13,5% · Weingut Geisser · Südliche Weinstraße

2019 Grauburgunder
9,70 € · 13,5% · Bus – Bacchushof · Südliche Weinstraße

2018 Asselheimer St. Stephan Chardonnay
9,80 € · 13,5% · Michael Schroth · Mittelhaardt

2019 Birkweiler Mandelberg Chardonnay
9,80 € · 13,2% · Weingut Scholler · Südliche Weinstraße

2019 Chardonnay „Nußdorf"
9,90 € · 13% · Emil Bauer & Söhne · Südliche Weinstraße

2019 Weißburgunder „II Edition"
9,90 € · 13,33% · Weingut Bergdolt-Reif & Nett · Mittelhaardt

SAUVIGNON BLANC

2019 Sauvignon Blanc
9,80 € · 12% · Weingut Knipser · Mittelhaardt

2019 Sauvignon Blanc
7,20 € · 12,22% · Weingut Borell-Diehl · Südliche Weinstraße

2019 Sauvignon Blanc
8,30 € · 11,5% · Weingut Stortz-Nicolaus · Mittelhaardt

2018 Sauvignon Blanc
8,30 € · 12,5% · Tina Pfaffmann · Südliche Weinstraße

2019 Dürkheimer Schenkenböhl Sauvignon Blanc
8,90 € · 12% · Karl Wegner · Mittelhaardt

2019 Sauvignon Blanc
9,50 € · 13% · Weingut Siegrist · Südliche Weinstraße

2019 Sauvignon Blanc „Tertiär"
9,90 € · 12% · Weingut Wageck · Mittelhaardt

Rotweine

ROTER BURGUNDER

2017 Spätburgunder
8,00 € · 14% · Gut von Beiden · Südliche Weinstraße

2017 Heuchelheim Spätburgunder „Kalkmergel"
9,50 € · 13,5% · Karl-Heinz und Andreas Meyer · Südliche Weinstraße

2019 Spätburgunder „erdreich"
8,10 € · 13% · Karlheinz & Dominik Becker · Südliche Weinstraße

2018 Göcklinger Kaiserberg Frühburgunder
8,90 € · 13% · Weingut Eck · Südliche Weinstraße

2018 Spätburgunder
9,70 € · 13,5% · Weingut Hanewald-Schwerdt · Mittelhaardt

ROTER EXOT

2017 Merlot
9,90 € · 13,5% · Weingut Bühler · Mittelhaardt

2018 Blaufränkisch
9,50 € · 12,5% · Gerhard Schwarztrauber · Mittelhaardt

2019 Merlot „M rouge"
9,90 € · 13,5% · Gerhard Schwarztrauber · Mittelhaardt

Fotocredit: c_Dominik Ketz/Bildarchiv Südliche Weinstrasse e.V.

Pfalz

Fotocredit: Knut Pflaumer/ Pfalz Touristik e.V.

VON DUBBEGLAS, PARADIESGARTEN UND KÜHLEN WINDEN

Von Anke Kronemeyer

Der Blick geht **in die Weite**, über das Grün ins Blaue, hat freie Sicht, um zu schweifen. Nichts hindert ihn. Er bleibt vielleicht an Reben, Bäumen und Büschen hängen, in der Ferne zeichnet sich der **Pfälzer Wald** ab. Aber Hügel? Berge? Steillagen? Fehlanzeige. Die Pfalz ist – geprägt vom Übergang des Pfälzer Wald in die Rheinebene – nur **leicht hügelig**.

Einfach ganz wunderbar, diese grenzenlose Weite für den schier unbegrenzten Blick in den Horizont. Die allerhöchste und dabei ganz seltene Neigung eines Weinbergs hat im zweitgrößten Weinanbaugebiet von Deutschland 20 Prozent, die meisten liegen unter zehn Prozent. Und trotzdem, auch ohne Höhenlagen kommen hier wunderbare Tropfen in die Flasche. Denn wer an die Pfalz denkt, denkt an Wein. Und freut sich auf den nächsten kühlen Schluck Riesling oder Weißburgunder. Aber auch Spätburgunder, mittlerweile der rote Star in der Pfalz, gedeiht in der Mittelhaardt oder an der Südlichen Weinstraße wunderbar und schiebt sich an den Dornfelder auf den ersten Platz des Rebsortenspiegels heran.

Bevor wir über Weinstilistik, Klima, Böden und Rebsorten reden, ist eines viel wichtiger: Wie tickt der Pfälzer? Ist das nicht dieser knurrige, maulfaule Grantler, den man in seinem Dialekt kaum versteht? Mitnichten: Der Pfälzer – und darauf ist man zwischen Bockenheim und Schweigen-Rechtenbach enorm stolz – ist gesellig, offen, herzlich, nahbar. Zwar oft sehr direkt, dabei aber immer charmant und zugewandt. Ein dem Touristen zugerufenes „Do hock disch hi!" ist immer ernst gemeint und ermuntert dazu, mit an den Tisch zu kommen und gemeinsam ein Glas zu trinken. Und die-

Wer Pfalz denkt, denkt Wein.

ses gemeinsame Glas ist beziehungsweise war in der Pfalz wortwörtlich gemeint. Denn es ist Pfälzer Lebensart, dass man am Tisch aus einem großen, einen halben Liter fassenden Dubbeglas, die Weinschorle meist großzügig mit Riesling und etwas Sprudel gefüllt, teilt. Das gehört jetzt in Zeiten von Corona sicher der Vergangenheit an, aber bis vor Kurzem ließ man das Glas mit den angedeuteten Fingerabdrücken (genannt Dubbe) kreisen. Mit der einen oder anderen Anekdote verbunden. Wer zu lange am Glas nippelte, bekam den Spitznamen „Hilbert", und wer den vorletzten Schluck nahm, musste die nächste Runde bezahlen. Noch eine Geschichte: Woran erkannte man in der Pfalz einen Gast von außerhalb? Dass er sich an der „Touristenschorle" ganz alleine festhält und das Glas nicht mit den anderen am Tisch teilt.

Der Pfälzer ist stolz auf seine Region, die aus frühen Jahren noch französisch geprägt ist. Dieser Einfluss aus dem Nachbarland spiegelt sich noch heute nicht nur im Dialekt, sondern auch im Weinbau wider: Nicht nur, dass es eine hohe burgundische Kompetenz bei den Pfälzer Winzern gibt, in Wissembourg dürfen auf der französischen Seite von Schweigen-Rechtenbach deutsche Winzer ihren Wein anbauen. Eine der Lagen dort heißt Schweigener Sonnenberg.

Der Pfälzer liebt seinen Wein, der in frühen Jahren auch immer etwas ruppig, manchmal aber auch üppig war und mittlerweile fein und elegant daherkommt, aber noch viel mehr liebt er die Speisen dazu. Die waren auch rustikal wie der Saumagen oder die Leberknödel, werden aber immer eleganter serviert wie das Carpaccio vom Saumagen in Knipsers Restaurant Halbstück. Eine neue Pfälzer Wein-Stilistik, aber auch die Naturweinszene mit ihren Pet Nats und Orange-Weinen prägen immer mehr die Kulinarik, Spitzenköche servieren dazu passende Gerichte. Die asiatisch-pfälzische Karte im Izakaya in Wachenheim ist dafür modernes Beispiel: japanische Küche mit regionalem Einfluss und Weinen aus der Nachbarschaft.

Den Stolz auf seine Region zeigt der Pfälzer auch, wenn er über die Geschichte seines Landes spricht. Über all die Ethnien, die sich im Laufe der Jahrhunderte wohl gefühlt haben, über Ludwig I., der sich mit der Ludwigshöhe verewigte, aber auch die Römer, die vor 2000 Jahren den Weinbau kultivierten. Nicht nur der Dom von Speyer, sondern viele Schlösser und Burgen wie die Burg Landeck, die Hardenburg, Trifels und nicht zuletzt das Hambacher Schloss, das als Wiege der deutschen Demokratie gilt, geben Zeugnis über eine Region ab, die europäische und deutsche Geschichte geschrieben hat.

Genau diese Mixtur aus Landschaft, Kultur, guten Weinen, guten Speisen und dem milden mediterranen Klima ist es auch, die die Pfalz seit Jahrzehnten zu einem beliebten Ziel von Urlaubern macht. Fünf Millionen bleiben über Nacht, 70 Millionen gehören zu den Tagestouristen. Und die heißen dann neckisch KaLuMas oder aus WoMaLus

– je nach Autokennzeichen ihrer Heimatstadt. Sie kommen, um zu radeln, um zu wandern, oder einfach nur, um Speis und Trank zu genießen. Und sind herzlich willkommen: Fast an jedem Wochenende sind die Weingüter geöffnet, kann man dort verkosten und sich die eine oder andere Flasche für zu Hause mitnehmen. Die Touristen genießen aber auch eine frische Meeresbrise im Gradierbau, in dem 30 Millionen Jahre altes Salzwasser aus einer 350 Meter tiefen Sole über 250.000 Reisigbündel rieselt und eine sehr frische Luft verbreitet. Und sie genießen es, in Manufakturen, Hofläden, Ölmühlen oder Destillerien einzukaufen und sich leckere Souvenirs mitzunehmen.

1115 selbstvermarktende Betriebe, Genossenschaften und Fasswein erzeugende Betriebe, insgesamt fast 1900 Winzer sind in den Weinbergen, die ja gar keine Berge sind, aktiv, bauen zu 65 Prozent weißen und zu 35 Prozent roten Wein an. Elf Winzergenossenschaften sind registriert, weniger als in anderen Anbaugebieten. Die beiden Anbaubereiche sind die Mittelhaardt-Deutsche Weinstraße (11.000 Hektar) vom Norden übers Zellertal bis nach Bad Dürkheim und Neustadt und die Südliche Weinstraße (12.700 Hektar), die sich über Edenkoben, Landau und Bergzabern bis nach Schweigen-Rechtenbach zieht. Die Pfälzer Weine wachsen in rund 350 verschiedenen Lagen. Diese sind teils einzigartig und auch weltberühmt, wie das Ungeheuer, der Pechstein oder der Kastanienbusch. Im Zellertal im Norden gibt es die Lage Schwarzer Herrgott, in Kallstadt dann die Lage Saumagen und im Süden die Kalmit. Die Weine wachsen auf Löss (14.400 Hektar), Kies und Sand (5.600 ha), Kalkstein und Mergel (2.600 ha), Rotliegendem (166 ha), Basalt (47 ha) oder Schiefer (24 ha).

„Do hock disch hi!"

Am meisten wird in der Pfalz Riesling angebaut: exakt auf 5.865 Hektar. Die Pfalz gilt als größtes Riesling-Anbaugebiet der Welt. Jede vierte Flasche, die hier abgefüllt wird, enthält Riesling. Müller-Thurgau, Weiß- und Grauburgunder, Chardonnay, Kerner, Silvaner, Scheurebe und Sauvignon Blanc stehen ebenfalls am Stock. Dornfelder und Spätburgunder sind die beliebtesten Rotweinsorten.

Bleibt nur noch, über einen weiteren Hauptdarsteller in dieser wundervollen Kulturlandschaft zu sprechen: den Pfälzer Wald, das größte zusammenhängende Waldgebiet Deutschlands. Die Pfälzer schwärmen regelrecht von ihm, werden direkt romantisch, wenn sie von seiner „blauen Stunde" reden. Denn in der sommerlichen Abenddämmerung verbreitet der Wald ein unfassbar schönes Licht, in dem sich alle in der Pfalz regelrecht beschützt und behütet fühlen. Der Wald, der sich im Norden vom Donnersberg bis südlich zu den Vogesen zieht, ist Biosphärenreservat, in dem auf 10.000 Hektar sogar Wein wächst.

Zahlen & Fakten

GEOGRAPHISCHE LAGE

Das Weinbaugebiet Pfalz ist mit knapp 24.000 Hektar Anbaufläche Deutschlands zweitgrößtes Anbaugebiet nach Rheinhessen. Es verläuft südlich von Worms bis an die französische Grenze und von den Hängen des Pfälzerwaldes bis in die Rheinebene.
Auf 85 Kilometern verknüpft die Pfalz die 130 Weinorte des Anbaugebiets zwischen Bockenheim und Schweigen an der Grenze zum Elsass miteinander.

KLIMA

Hoher Anteil an Sonnentagen; Temperaturmittel bei 11 Grad. In dem mediterranen Klima gedeihen Mandeln, Feigen und Esskastanien.

BÖDEN

Buntsandstein, kalkhaltige Lehm- und Tonböden, Mergel- und Keuperböden, Muschelkalk

WEITERE INFOS

www.pfalz.de

Fotocredit: Dominik Ketz/Rheinland-Pfalz Tourismus GmbH

Fotocredit: gilgiag/Tourist-Information Neustadt an der Weinstraße

DEMOKRATISCHER WEINGENUSS

Von Christoph Mohr

Der Weingenuss in der Pfalz ist demokratisch. Jeder kann mitreden. Für alle ist etwas dabei. Und beim Weintrinken sind alle gleich. Ob es damit zusammenhängt, dass in diesem Landstrich – früher als anderswo – die Einflüsse der französischen Revolution zu spüren waren und schon zu Beginn des 19. Jahrhunderts der freiheitliche, napoleonische „code civil" eingeführt wurde? Oder mit der Tatsache, dass mitten in der Region mit dem Hambacher Schloss die „Wiege der deutschen Demokratie" liegt? Darüber ließe sich lang und trefflich philosophieren. Immerhin gibt es in Hambach noch heute eine „Cuvée Siebenpfeifer", benannt nach einem der Hauptredner des Hambacher Festes 1832, Philipp Jakob Siebenpfeifer.

Demokratie heißt, zu reden. Und das tun die Menschen in der Pfalz. Die Winzer sprechen miteinander. Bei aller Konkurrenz tauscht man sich aus. Das hat in den letzten Jahrzehnten zu einer enormen Qualitätssteigerung in der Pfalz geführt. Aber auch die Weintrinker gehen offen aufeinander zu – in der Weinstube, im Restaurant und bei Weinfesten. Man wird einfach angesprochen, auch wenn man sich gar nicht vorgenommen hat, jemanden kennenzulernen. Der Wein ist Thema und schafft Verbindung.

Demokratie heißt, zusammenzuhalten. Das Symbol der Pfälzer dafür: der Schoppen. Der wird hier als halber Liter definiert und der „gehört" einem nicht allein. Der Schoppen kreist am Tisch (hoffentlich wird der Brauch durch die Pandemie nicht auf Dauer leiden). Oft kommt Schorle ins Schoppenglas. Für diese Art des Trinkens werden meist die Basisweine genommen. Die gibt es aber in aller Regel mit ordentlicher Qualität. Da zieht sich kein Mundwinkel nach unten. Ganz im Gegenteil. Eigentlich alle Winzer achten darauf, ordentliche Weine zu erschwinglichen Preisen zu produzieren. Vielerorts gibt es daher sehr gute Weine schon weit unter 10 Euro, Literweine sogar schon für um die 5 Euro. Klar kann man auch über 50 Euro hinlegen für eine Spitzen-Rotwein-Cuvée oder einen Top-Riesling von der Mittelhaardt (Deidesheim, Forst) oder aus der Lage Kastanienbusch (Südliche Weinstraße). Die sind es dann aber auch wirklich wert.

Demokratie heißt, jeden mitzunehmen. Und das gilt hier nicht nur für die Bandbreite bei den Preisen, sondern auch für die Rebsorten und Geschmacksrichtungen. Es gibt kaum Weingüter, die nicht mindestens 20 verschiedene Weine anbieten. Das Spektrum ist enorm. Von trocken bis edelsüß, von weiß über rosé bis rot.

Beim Weißwein (und der macht den Löwenanteil aus) ist der „Ureinwohner" Riesling der

Platzhirsch. Weil aber nicht alle die Säure des Rieslings mögen oder vertragen, greifen immer mehr Weintrinker zu weißen Burgundersorten. Grau-, Weißburgunder und Chardonnay sind im Kommen. Sie sind oft fruchtbetont, ohne jedoch „mit der Tür ins Haus" zu fallen.

Ähnlich verhält es sich mit den Winzersekten (nicht zu verwechseln mit dem „Secco", dem lediglich Kohlensäure zugesetzt wird). Unter diesen Sekten mit der zweiten Gärung in der Flasche sind erstaunliche Qualitäten zu finden. Der klassische Riesling-Sekt steht dabei zwar an der Spitze. Immer mehr nachgefragt werden aber auch andere Sorten. Aus weißen Burgundersorten und als „Blanc de Noirs" vom Spätburgunder findet man tolle Schaumweine – zu sehr erschwinglichen Preisen.

Bei den roten Sorten hat sich der Spätburgunder in den letzten Jahren einen Namen gemacht und spielt zunehmend mehr in den oberen Ligen mit. Er ist in der Regel saftig und vom Duft roter Früchte dominiert. Er passt immer zum Gespräch und zu vielen Gerichten. Noch etwas zu wenig Beachtung wird der wiederentdeckten Rebsorte St. Laurent geschenkt, von den Konsumenten und teilweise auch von den Winzern. Diese Verwandtschaft des Spätburgunders bringt in der Pfalz zarte und delikate, im besten Fall nach Veilchen duftende Weine mit eigenem Charakter hervor. Die Anbaufläche ist aber überschaubar. Da gilt es noch Potenzial zu heben.

Demokratie heißt, Fremdes zu akzeptieren. Mit „eingewanderten" Sorten wie Merlot, Cabernet Sauvignon und Syrah reüssieren die Pfälzer schon lange. Unerschrocken und mit Geschick haben experimentierfreudige Winzer bereits in den 1980er-Jahren angefangen, den Einsatz von Barrique und großen Holzfässern auszuprobieren. Auch mit dem Mischungsverhältnis der Sorten wird inzwischen virtuos umgegangen.

Demokratie heißt zu guter Letzt aber auch, ein Ohr beim Volk zu haben. In der Pfalz ist man nicht „iwwerzwerch", was sich mit „übermütig, abgehoben" nur bedingt übersetzen lässt. Auch Top-Winzer sind „normale Leit" und das tolerante Motto „lääwe und lääwe losse" muss hier wohl einst entstanden sein. Jeder darf sein, wie er ist. Oder wie der Pfälzer sagt: „Alla hopp!"

Fotos: edit: Dominik Ketz/Rheinland-Pfalz Tourismus ... Tourist-Information Neustadt an der Weinstraße

Fotocredit: Rolf Schädler/Medien-Datenbank Deutsche Weinstraße e. V.

PFALZ KULINARISCH

Von Andreas Braun

Es war in den 1980er- und 1990er-Jahren, als sich die Pfalz mit medialer Wucht ins kulinarische Gedächtnis der Nation schrieb. Verantwortlich: Helmut Kohl, Bundeskanzler, Pfälzer, überzeugter Provinzler. Er lud viele Staatsgäste in „seinen" Deidesheimer Hof ein, in dessen dunkelbraun getäfelter Gaststube so biederbürgerliche Gerichte wie Kartoffelsuppe, Saumagen, Leberknödel und Kraut serviert wurden. Immerhin auf Top-Niveau, denn das traditionsreiche Haus war damals schon hoch dekoriert.

Kohl, der Taktiker der Kleinbürgerlichkeit, machte Weltpolitik bewusst mit rustikaler Hausmannskost. Unter den damaligen Gästen fanden sich so illustre Namen wie Jacques Chirac, Margaret Thatcher oder Michail Gorbatschow. Essen entspannt, lockert die Atmosphäre, nimmt im Zweifel Ängste vor dem Gegenüber. Politisch und kulinarisch erfüllte die Pfalz die ihr zugedachte Aufgabe. Die Älteren erinnern sich noch: Es waren, historisch betrachtet, einschneidende Jahre, in denen Eiserne Vorhänge und Mauern fielen sowie die Wiedervereinigung Deutschlands auf den Weg gebracht wurde. Die liebliche Landschaft zwischen den bewaldeten Bergen des Pfälzer Waldes im Westen und der Rheinebene im Osten gab dafür die heimelige Kulisse ab. Die kleinen, beschaulichen (Wein-)Orte im Zwischenreich der Reben zeigen sich auch heute noch gemütlich und gastfreundlich gleichermaßen. Die Pfalz stand – und steht – für ein Deutschland, um das man sich nicht sorgen, vor dem man sich nicht (mehr) fürchten muss. Und die typischen Pfälzer Gerichte wurden gemeinhin mit deutscher Küche assoziiert. Und da die deutsche Küche sicherlich auch die Summe ihrer regionalen Küchen darstellt, fällt die Pfalz mit Grieben- und Blutwurst, mit Pell- und Bratkartoffeln, mit Klößen und Saucen in der Tat nicht aus dem Rahmen, mag gar als exemplarisch gelten. Nicht zufällig offenbaren manche Gerichte übrigens die Nähe zu Bayern. Denn die linksrheinische Pfalz war vom Beginn des 19. Jahrhunderts bis um die Mitte des 20. Jahrhunderts eng mit Bayern verbunden, dynastisch und kulturell.

Inzwischen ist Deutschland größer geworden, in der Berliner Republik hat sich auch das kulinarische Tableau verändert. Und das wiederum spiegelt sich auch in der Pfalz wider: Nach wie vor ist die Küche dortselbst sehr bodenständig, gelegentlich rustikal und oft deftig, vielleicht nur nicht mehr ganz so fleischlastig wie vor 30 Jahren. Gleichzeitig ist der Wandel unübersehbar: Die Pfalz hat sich – auch in der Dichte des Angebots – zu einer wahren Genussregion entwickelt.

Die bekannten Klassiker wie Pfälzer Fleischknödel (Fleeschknepp), Bratwurst mit Sauerkraut oder Herzdrigger, Kartoffelklöße, mit Leberwurst gefüllt, werden modern interpretiert, auch ironisch gebrochen, kreativ und innovativ kombiniert, mal ins Mediterrane ausgreifend, mal mit asiatischen Aromen vermählt.
In der vielfältigen Gastronomie finden sich Gourmettempel neben soliden Landgasthöfen und zumeist gebührt dem heimischen Produkt in der Küche die nötige Aufmerksamkeit. Den Pfälzer Köchinnen und Köchen fällt es leicht, saisonal und regional zu arbeiten – bei dem großen Angebot vor der eigenen Haustür. Das betrifft nicht nur die zahlreichen landwirtschaftlichen Erzeugnisse, sondern auch Wild. Denn im nahen Pfälzer Wald leben viele Rehe, Hirsche oder Wildschweine, die unausweichlich ihren Weg auf so manche Speisekarte finden.
Beim Wein verlief die Entwicklung parallel zur Küchenrevolution: Von der Heimstatt des Schoppens katapultierte sich die Pfalz in eines der dynamischsten Anbaugebiete in Deutschland. Die reichhaltigen Erzeugnisse aus fruchtbarer Pfälzer Erde bilden denn auch das Rückgrat der regionalen Gastlichkeit. Lagegunst, überdurchschnittlich viele Sonnenscheinstunden und ein mildes Klima, bedingt auch durch die Abschirm-Funktion des Pfälzer Waldes, lassen sogar Feigen, Kiwis und Esskastanien reifen. Nicht zufällig beherbergt die Pfalz das größte geschlossene Freilandgemüse-Anbaugebiet in Deutschland, auch beim Obst ist das Sortiment breiter als anderswo. 78 Millionen Bund Radieschen, 30 Millionen Kopfsalate und 80 Millionen Bundzwiebeln wurden allein in einem Jahr vom Pfalzmarkt Mutterstadt ausgeliefert. 40 Gemüsesorten und Früchte wachsen hier – Tomaten, Zuckerrüben, Möhren, Blumenkohl, Spargel, Artischocken, Kürbisse, Paprika, Erdbeeren, Äpfel und vieles andere mehr. Schließlich die Pfälzer Kartoffeln: Den Grumbeere (abgeleitet von Grundbirne) eilt zu Recht ein Ruf wie Donnerhall voraus. Und das nicht nur, weil man mit ihnen den

Viel Obst und Gemüse neben dem Wein

Saumagen füllt. Sondern auch, weil sie Basis für so zahlreiche Gerichte sind – gebrühte Kartoffelnocken, Grumbeerpannekuche oder Kartoffelsuppe seien nur als einige traditionelle Beispiele genannt. Wohl in keiner anderen deutschen Region drängen sich die mannigfaltigen heimischen Produkte aber auch so sehr ins Auge der Gäste: Wer in die Pfalz reist, trifft auf offene Tore und Türen der Höfe. In Körben und Kisten wird allenthalben die bunte Vielfalt feilgeboten. Schiefertafeln künden vom saisonalen Angebot, Schilder weisen den Weg zu Erzeugern und Veredlern. Die Pfalz lässt sich in vielfacher Weise erschmecken.

PFÄLZER SAUMAGEN

Zur Herstellung eines Pfälzer Saumagens benötigt man einen sorgfältig gereinigten Saumagen. Dieser wird mit verschiedenen Zutaten prall gefüllt, bevor er in heißem Wasser zieht. Meistens machen Kartoffeln und Schweinebauch den Hauptanteil der Zutaten aus. Die weiteren Bestandteile, so auch die Gewürze – neben Salz, Pfeffer, Majoran und Muskat werden viele weitere Gewürze (bis hin zu einem Hauch Ingwer) individuell eingesetzt –, fallen sehr unterschiedlich aus. Metzgereien und Gastronomiebetriebe bieten den Pfälzer Küchenklassiker in verschiedenen gekochten oder gebratenen Variationen an.

TOP 12 RIESLING

Die Pfälzer Winzer sind Rieslingkönner. Ihre Weine haben ein eigenständiges Geschmacksbild – zupackend und immer mit viel Schmelz ausgestattet. Weltklasse!

2019 Kirchenstück GG

Geheimer Rat Dr. von Bassermann-Jordan, Deidesheim

Komplexe Aromatik von Steinobst bis Tabak, ungemein harmonisch eingewobener Säurenerv, hochelegant und lang.

79€ · 13,5%

2019 Reiterpfad „G.C."

Dr. Bürklin-Wolf, Wachenheim

Großer Auftritt für die große Bühne, ungemein verspielte und dabei geheimnisvoll diskrete Aromatik, atemberaubend gut!

70€ · 12,5%

2019 Idig GG

Weingut Christmann, Neustadt-Gimmeldingen

Schlank und elegant, straff konturiert mit treibender Kraft und zarter Salzigkeit im Finale, ideal zum klassischen Pot au feu.

58€ · 12,5%

PRIMUS INTER PARES

2019 Kastanienbusch GG

Ökonomierat Rebholz, Siebeldingen

Eine zart tänzelnde Erscheinung, die in einigen Jahren ihr volles Repertoire zeigen wird. In der Nase zuerst ganz duftig, dann glasklar, im Finale ein Körnchen Salz.

55€ · 13%

2019 Jesuitengarten GG

Geheimer Rat Dr. von Bassermann-Jordan, Deidesheim

Vielschichtige geschmackliche Tiefe mit diskreter Kraft und einem Hauch feinstem Süßespiel im Nachklang. Eleganz pur mit glänzender Zukunft.

45€ · 12,5%

2019 Ungeheuer GG

Geheimer Rat Dr. von Bassermann-Jordan, Deidesheim

Spannungsgeladen und geradeheraus, virtuoses Spiel mit feinster Süße und filigraner Säure, ein veritables Feuerwerk am Gaumen.

35€ · 13%

2019 Gaisböhl „G. C. -Monopol-“

Dr. Bürklin-Wolf, Wachenheim

Einer der ganz großen Charakter-Rieslinge Deutschlands. Ausdruck und sanfte Kraft, fast nicht zu übertreffen, ein Monument!

55€ · 13%

2019 Ilbesheimer Kirchberg GG

Weingut Kranz, Ibesheim

Saftige Frucht, barocke Ausstattung, fast opulent. Zieht einen in seinen Bann. Ruhe und Zeit mitbringen, dieser Wein will es behaglich.

32€ · 13%

2019
Im großen Garten GG

Philipp Kuhn,
Laumersheim

Wild, unbekümmert, mutig: ein nahezu perfekt ausgewogenes Säurespiel, das Ruhe und Kraft gibt. Bietet Gesprächsstoff für den ganzen Abend.

30€ · 13%

2019
Herrenberg GG

Weingut Pfeffingen,
Bad Dürkheim

Beachtliche Erscheinung mit Dichte und Konzentration, gleichzeitig viel Feinheit. Umami am Gaumen, schon jetzt ein Hochgenuss.

27€ · 14%

2019
Weilberg GG

Weingut Rings,
Freinsheim

Beeindruckende Harmonie aus der puren Kraft des Lesegutes und dem offensiv die reifen Noten unterstreichenden Ausbau. Potenzial ohne Ende.

36€ · 13%

2018
Kirchenstück GG

Weingut von Winning,
Deidesheim

Finessenreiche Zitrus-Aromatik, feingliedrig, linear und beeindruckend lang; bereits sehr harmonisch dank reifer Säure.

79€ · 13%

TOP 5 SPÄTBURGUNDER

Eine Rebsorte mit Ambition: Diese Pinot Noirs bewegen sich auf Augenhöhe mit der Weltspitze. Tiefgründig, filigran, mit viel Potenzial.

2015 „RdP"

Weingut Knipser, Laumersheim

Spätburgunder einer Extraklasse. Eigenständig und unvergleichlich: Weichheit trifft Kraft, er ist zart und gleichzeitig straff, und dann diese Extraktsüße. Zeit bitte!

98€ · 13,9%

2018 Heydenreich GG

Friedrich Becker, Schweigen

Komplexe Würze, dicht und druckvoll, feine Extraktsüße im Nachhall. Ausgeprägte Gerbstoff- und Säurestruktur, ein Langläufer par excellence.

125€ · 13,50

2018 Sankt Paul GG

Friedrich Becker, Schweigen

Faszination Pinot Noir: tiefgründiges, komplexes Wesen, dessen herausragender Charakter sich mit der Reife vollständig offenbaren wird.

58€ · 13,5%

2018 Idig GG

Weingut Christmann, Neustadt-Gimmeldingen

Ausnahmewein für den besonderen Anlass. Perfekt zu Rebhuhn oder zartrosa Rehmedaillons. Mit Abstand der feinste Christmann Spätburgunder der letzten zehn Jahre!

65€ · 12,5%

2013 „Réserve“

Weingut Knipser, Laumersheim

Réserve im wahrsten Sinne des Konzeptes: Das ist einer der feinsten und langlebigsten Spätburgunder in Deutschland, Chapeau!

68€ · 14%

1 MITTELHAARDT

PFALZ 2021

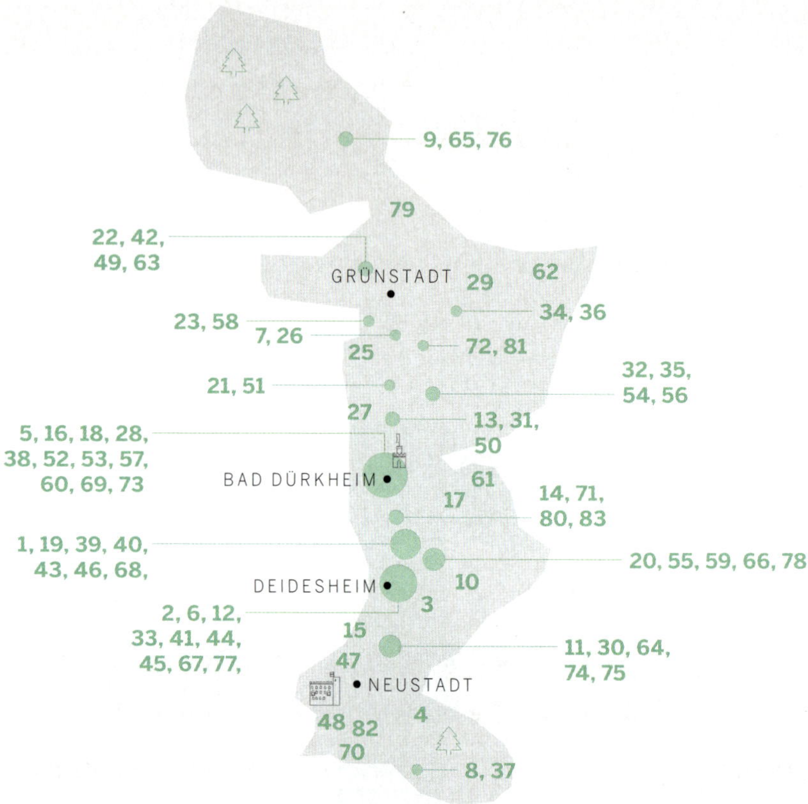

Die Haardt bildet den Ostrand des Pfälzerwaldes, dazu gehört die Mittelhaardt, eine von zwei Anbaubereichen der Pfalz. Eine der Top-Weinlagen wächst hier auf dem Boden mit Namen „Rotliegendes", eines der ältesten Gesteine der Region. Den kraftvollen, mineralisch-rauchigen Weinen sagt man sehr gute Lagerfähigkeiten nach. Die bekanntesten Weinorte der Mittelhaardt sind Kallstadt, Wachenheim, Deidesheim, Neustadt und Ruppertsberg.

Geografische Lage Der nördliche Teil des Weinbaugebietes Pfalz, der Bereich Mittelhaardt-Deutsche Weinstraße beginnt im Norden an der rheinhessischen Grenze und erstreckt sich über das Zellertal, Grünstadt und Bad Dürkheim bis nach Neustadt an der Weinstraße.

Klima Die jährliche Sonnenscheindauer beträgt bis zu 2500 Stunden.

Böden Rotliegendes, Buntsandstein, Löss, Sand, Mergel, Kalkstein, Basalt

Rebfläche 11.024 ha gesamt, 7.312 ha Weißwein, 3.712 ha Rotwein

Rebsorten Riesling, Dornfelder, Spätburgunder, Portugieser

Besonderheiten mediterranes Klima, Mandelbäume, Feigen, Esskastanien; die 85 Kilometer lange Deutsche Weinstraße ist die erste Weintouristikroute; vor allem die Weinlagen im Kerngebiet der Mittelhaardt zwischen Neustadt und Bad Dürkheim zählen zu den wertvollsten.

WEINGÜTER

1
WEINGUT ACHAM-MAGIN
Weinstraße 67
67147 Forst

2
WEINGUT ANDRES
Weinstraße 6
67146 Deidesheim

3
MICHAEL ANDRES
Hauptstraße 33a
67152 Ruppertsberg

4
JÜRGEN ANDRES
Langensteinstraße 22
67435 Neustadt an der Weinstraße

5
BÄRENHOF
Weinstraße 4
67098 Bad Dürkheim

6
GEHEIMER RAT DR. VON BASSERMANN-JORDAN
Kirchgasse 10
67146 Deidesheim

7
BIO WEINGUT BENZINGER
Weinstraße Nord 24
67281 Kirchheim an der Weinstraße

8
WEINGUT BERGDOLT-REIF & NETT
Dudostraße 2
67435 Neustadt-Duttweiler

9
JANSON BERNHARD
Hauptstraße 5
67308 Zellertal

10
WEINGUT BRAUN
Hauptstraße 51
67149 Meckenheim

11
WEINGUT BUCHERT
Zum Ordenswald 34
67435 Neustadt an der Weinstraße

12
REICHSRAT VON BUHL
Weinstraße 18–24
67146 Deidesheim

13
WEINGUT BÜHLER
Backhausgasse 2
67169 Kallstadt

14
DR. BÜRKLIN-WOLF
Weinstraße 65
67157 Wachenheim

15
WEINGUT CHRISTMANN
Peter-Koch-Straße 43
67435 Neustadt-Gimmeldingen

16
WEINGUT DARTING
Am Falltor 4
67098 Bad Dürkheim

17
WEINGUT EYMANN
Ludwigstraße 35
67161 Gönnheim

WEINGÜTER

18
WEINGUT FITZ-RITTER
Weinstraße Nord 51
67098 Bad Dürkheim

19
FORSTER WINZERVEREIN
Weinstraße 57
67147 Forst

20
MARTIN & GEORG FUSSER
Friedhofstraße 7
67150 Niederkirchen

21
WEINGUT GABEL
Weinstraße 45
67273 Herxheim am Berg

22
MATTHIAS GAUL
Weinstraße 10
67269 Grünstadt-Asselheim

23
KARL-HEINZ GAUL
Bärenbrunnenstraße 15
67269 Grünstadt-Sausenheim

24
RAINER GEHRIG
Ostring 4
67256 Weisenheim am Sand

25
WEINGUT HAHN-PAHLKE
Kirchgasse 1
67271 Battenberg

26
WEINGUT HAMMEL
Weinstraße Süd 4
67281 Kirchheim an der Weinstraße

27
WEINGUT HANEWALD-SCHWERDT
Pochelstraße 37
67098 Bad Dürkheim

28
WEINGUT HAUER
In den Kornwiesen 1
67098 Bad Dürkheim

29
JESUITENHOF
Obertor 6
67246 Dirmstein

30
STAATSWEINGUT MIT JOHANNITERGUT
Breitenweg 71
67435 Neustadt an der Weinstraße

31
WINZERGENOSSENSCHAFT KALLSTADT
Weinstraße 126
67169 Kallstadt

32
WEINGUT KASSNER-SIMON
Am Musikantenbuckel 7
67251 Freinsheim

33
JULIUS FERDINAND KIMICH
Weinstraße 54
67146 Deidesheim

34
WEINGUT KNIPSER
Hauptstraße 47–49
67229 Laumersheim

35
WEINGUT KREBS
Großkarlbacher Straße 10
67251 Freinsheim

WEINGÜTER

36
PHILIPP KUHN
Großkarlbacher Straße 20
67229 Laumersheim

37
BERGDOLT KLOSTERGUT ST. LAMPRECHT
Dudostraße 17
67435 Neustadt-Duttweiler

38
WEINBAU DER LEBENSHILFE
Sägmühle 15
67098 Bad Dürkheim

39
LUCASHOF
Wiesenweg 1a
67147 Forst

40
MARGARETHENHOF
Wiesenweg 4
67147 Forst

41
WEINGUT MEHLING
Weinstraße 55
67146 Deidesheim

42
ULI METZGER
Langgasse 32–34
67269 Grünstadt-Asselheim

43
GEORG MOSBACHER
Weinstraße 27
67147 Forst

44
SEKTGUT MOTZENBÄCKER
Weinstraße 80–82
67146 Deidesheim

45
WEINGUT MENGER-KRUG / MOTZENBÄCKER BY MARIE MENGER-KRUG
Weinstraße 80
67146 Deidesheim

46
EUGEN MÜLLER
Weinstraße 34a
67147 Forst

47
WEINGUT MÜLLER-CATOIR
Mandelring 25
67433 Neustadt-Haardt

48
GEORG NAEGELE – SCHLOSSBERGKELLEREI
Schloßstraße 27–29
67434 Neustadt-Hambach

49
SASCHA NEHB
Im Auweg 44
67269 Grünstadt-Asselheim

50
WEINGUT AM NIL
Neugasse 21
67169 Kallstadt

51
WEINGUT PETRI
Weinstraße 43
67273 Herxheim am Berg

52
WEINGUT PFEFFINGEN
Pfeffingen 2
67098 Bad Dürkheim

53
WEINGUT PFLÜGER
Gutleutstraße 48
67098 Bad Dürkheim

WEINGÜTER

54
WEINGUT REIBOLD
Wallstraße 19
67251 Freinsheim

55
WEINGUT REINHARDT
Hintergasse 58
67150 Niederkirchen

56
WEINGUT RINGS
Dürkheimer Hohl 21
67251 Freinsheim

57
KARL SCHAEFER
Weinstraße Süd 30
67098 Bad Dürkheim

58
WEINGUT SCHENK-SIEBERT
Leininger Straße 16
67269 Grünstadt-Sausenheim

59
WEINGUT SCHEUERMANN
Hauptstraße 115
67150 Niederkirchen

60
EGON SCHMITT
Am Neuberg 6
67098 Bad Dürkheim

61
WEINGUT SCHNEIDER
Am Hohen Weg 1
67158 Ellerstadt

62
WEINBAU SCHREIBER
Hauptstraße 52
67259 Großniedesheim

63
MICHAEL SCHROTH
Im Auweg 42
67269 Grünstadt

64
GERHARD SCHWARZTRAUBER
Lauterbachstraße 20
67435 Neustadt an der Weinstraße

65
WEINGUT SCHWEDHELM
Klosterhof
67308 Zellertal

66
WEINGUT SECKINGER
Hintergasse 26
67150 Niederkirchen

67
GEORG SIBEN ERBEN
Weinstraße 21
67146 Deidesheim

68
HEINRICH SPINDLER
Weinstraße 46
67147 Forst

69
WEINWERK STEPP
Friedelsheimerstraße 15
67098 Bad Dürkheim

70
WEINGUT STORTZ-NICOLAUS
Weinstraße 601
67434 Neustadt an der Weinstraße

71
WACHTENBURG WINZER
Weinstraße 2
67157 Wachenheim

WEINGÜTER

72
WEINGUT WAGECK
Luitpoldstraße 1
67281 Bissersheim

73
KARL WEGNER
Am Neuberg 4
67098 Bad Dürkheim

74
WEINGUT WEIK
Lutwitzistraße 10
67435 Neustadt-Mußbach

75
WEINBIET MANUFAKTUR
An der Eselshaut 57
67435 Neustadt an der Weinstraße

76
WEINGUT WICK
Zeller Hauptstraße 2
67308 Zellertal

77
WEINGUT VON WINNING
Weinstraße 10
67146 Deidesheim

78
WEIN- UND SEKTGUT WINTERLING
Im Brühl 15
67150 Niederkirchen

79
WEINGUT WÖHRLE
Leininger Ring 64
67278 Bockenheim

80
VILLA WOLF
Weinstraße 1A
67157 Wachenheim

81
WEINGUT WOW
Freinsheimer Weg 9
67281 Bissersheim

82
LEONHARD ZETER
Im Döppelter 5
67434 Diedesfeld

83
WEINGUT ZIMMERMANN
Grabenstraße 5
67157 Wachenheim

Weingut Acham-Magin

Weinstraße 67, 67147 Forst
T +49 (0) 6326 315
www.acham-magin.de

Inhaber Anna-Barbara Acham
Betriebsleiter Vinzenz Troesch
Kellermeister Moritz Grallath
Verbände VDP
Rebfläche 11 ha
Produktion 70.000 Flaschen
Verkaufszeiten
Mo–Di 10–12 Uhr
Mi–Sa 10–12 Uhr und 15–18 Uhr
So, Feiertag 11–13 Uhr
und nach Vereinbarung

Der Jahrgang 2020 wird erstmals vollständig die Handschrift des neuen Kellermeisters tragen, der bereits im September 2019 in dem mehr als 300 Jahre alten Weingut in Forst an der Weinstraße übernahm. Den massiven Schwerpunkt Riesling, dem sich das Weingut leidenschaftlich widmet, wird auch er kaum ändern wollen. Cabernet Blanc, Chardonnay, Dornfelder, Gewürztraminer, Grauburgunder, Merlot, Portugieser, Scheurebe, St. Laurent, Spätburgunder und Weißburgunder teilen sich die übrigen gut 20 Prozent – also rund zwei Hektar –, auf denen kein Riesling gestockt ist. Acham-Magin hat Parzellen in den großen Lagen der Pfalz wie Kirchenstück, Ungeheuer, Pechstein und Jesuitengarten.

2019 Deidesheimer Mäushöhle Riesling 1. Lage
12,50€ · 12,5%
Unbekümmerte Art, kräuterige Aromen und dicht verwobene Säure. Lässt einen an die Mosel denken …

2019 Forster Jesuitengarten Riesling
40,00€ · 12,5%
Schlanker, eleganter, von der Säure getragener Wein.

2019 Forster Kirchenstück Riesling
45,00€ · 12,5%
Würze und Nussigkeit plus Eleganz. Braucht Luft und gern auch noch etwas Zeit.

2019 Forster Musenhang Riesling 1. Lage
13,50€ · 12,5%
Leiser Rauch und Mirabelle. Ganz geradeheraus mit wunderbar eingebundener Säure. Sehr rund.

2019 Forster Pechstein Riesling
40,00€ · 12,5%
Der gibt sich noch zugeknöpft und hat eine kühle Ansprache. Braucht noch Reife.

2019 Forster Riesling
10,50€ · 11,5%
Ein fantastischer „Einstiegswein“ in eine Superkollektion.

2019 Forster Ungeheuer Riesling
40,00€ · 12,5%
Fantastische Anlagen, die sich in große Harmonie entwickeln werden und somit Zug und Spannung vereinen werden.

2019 Riesling „Eruption“
15,50€ · 12,5%
Zitrisch mit einer Prise von gelbem Pfirsich. Geradeheraus und im besten Sinne klassisch.

2019 Riesling „Ungeheere"
13,50€ · 12%
Mineralik und Limettenschale. Sehr straight und nichts für Feiglinge.

2019 Ruppertsberger Reiterpfad Riesling 1. Lage
12,50€ · 12,5%
Pikante Mineralik und ein Körnchen Salz am Gaumen. Zu Curry-Gerichten servieren.

Weingut Andres

Weinstraße 6,
67146 Deidesheim
T +49 (0) 6326 7708
www.andres-deidesheim.de

Inhaber
Michael & Thomas Andres
Betriebsleiter
Michael & Thomas Andres
Rebfläche 22 ha
Produktion 120.000 Flaschen
Verkaufszeiten
Mo–Fr 9.30–12 und 14–18.30 Uhr
Sa 9–16 Uhr
So 9–12 Uhr

Die Mittelhaardt sei ihre Basis, sagen Michael und Thomas Andres, die nach der Übernahme des elterlichen Betriebs 2015 nicht alles anders, aber vieles so machen wollten, wie sie es sich vorstellen. Der Anbau ist biologisch und nach eigenen Angaben ergänzt um Elemente der Biodynamie. Heraus kommt eine Kollektion von Trauben von 22 Hektar, die die klassischen Rebsorten der Pfalz umfasst. Beim Ausbau setzt das Brüderpaar viel auf das Holzfass, die Reserve-Weine verbleiben für mindestens 15 Monate im Barrique.

2019 Chardonnay „Réserve"
19,50€ · 13%
Viel Wein im Glas, das Holz ringt noch mit der Säure.

2019 Deidesheimer Leinhöhle Riesling 1. Lage
19,50€ · 12,5%
Kräuterwürziger, dichter und konzentrierter Wein mit Zukunft.

2019 Deidesheimer Sauvignon Blanc
12,50€ · 12,5%
Kalkfelsen und grüne Kräuter. Am Gaumen dann klar und frei.

2019 Forster Ungeheuer Riesling
25,00€ · 13%
Ätherisch, kräuterig, steinig: ein sehr puristischer Riesling, der Luft, besser noch Reife braucht.

2019 Königsbacher Ölberg Riesling 1. Lage
19,50€ · 12,5%
Rauchiger Krokant und eine geradezu knusprige Säure bringen Freude.

Michael Andres

Neueinsteiger

Hauptstraße 33a,
67152 Ruppertsberg
T +49 (0) 6326 8667
www.andres-wein.de

Inhaber Michael Andres
Betriebsleiter Michael Andres
Kellermeister Michael Andres
Rebfläche 7 ha
Produktion 40.000 Flaschen
Gründung 1993
Verkaufszeiten
Mo–Fr nach Vereinbarung
Sa 10–16

Mit dem Motorcross-Motorrad durch die Weinberge fahren, Kuhhörner mit Präparaten vergraben – für Michael Andres eine Ergänzung, kein Widerspruch. Hauptsache, er behält den Überblick, was in seinen Lagen geschieht. Deswegen hat er sich entschieden, sich auf sieben Hektar zu beschränken, um seinen eigenen Ansprüchen an seine Arbeit gerecht zu werden. Neben seinen „normalen" Weinen bietet Andres die N-Weine an: N - atural, N - o Filtration, N - o Limits, N - ext level. Dahinter verbergen sich unter anderem Grauburgunder oder Chardonnay, aber auch Rieslinge aus den Lagen Deidesheimer Leinhöhle und Kieselberg.

2019 Chardonnay „N-Linie"
16,00€ · 13%
Im besten Sinne klassisch. Dieser Wein macht vieles mit, ohne sich in den Vordergrund drängen zu müssen.

2019 Deidesheimer Kieselberg Riesling
18,00€ · 12,3%
Konsequent trocken ausgebauter, sehr feiner Riesling, sicherlich am allerbesten zu Fischvorspeisen.

2019 Deidesheimer Leinhöhle Riesling
18,00€ · 12,2%
Säure und Frucht, frisch und fruchtig.

2019 Deidesheimer Mäushöhle Riesling
12,50€ · 12,51%
Herrliche Frucht und komplex, mit Rückgrat und trotzdem Frische.

2019 Riesling „Ferus"
12,50€ · 12,36%
Puristisch, straffer Mineralität und viel Trinkfluss.

2019 Ruppertsberger Reiterpfad Riesling
12,50€ · 12,21%
Charaktervolles Kraftpaket mit typischer Rieslingfrucht.

Jürgen Andres

Langensteinstraße 22,
67435 Neustadt
an der Weinstraße
T +49 (0) 6327 2847
www.weingut-andres.de

Jürgen und Yvonne Andres haben sich ganz ihrem Wein verschrieben. Der Betrieb düngt ausschließlich organisch, achtet auf Bodenbegrünung und darauf, auch Insekten einen Lebensraum zu bieten – Respekt vor der Natur als Credo. Unter dem Motto „Was Andres als nur ein Wein" sollen die Weine authentisch und naturbelassen sein und Lust auf ein zweites Glas machen.

2019 Cabernet Blanc
6,50€ · 12%

2019 Gewürztraminer Spätlese feinherb
7,50€ · 12,5%

Inhaber Jürgen Andres
Betriebsleiter Jürgen Andres
Kellermeister Jürgen Andres
Verbände Pfalzwein, culinary heritage, Vinissima
Rebfläche 21 ha
Produktion 140.000 Flaschen
Verkaufszeiten nach Vereinbarung

2019 Grauburgunder
7,50€ · 12,5%
Sehr schlank, trocken und geradlinig, ein Grauburgunder für Rieslingtrinker.

2019 Sauvignon Blanc
6,50€ · 11,52%

2019 Weißwein-Cuvée „Helden in Gummistiefeln"
7,50€ · 12%
Frische Kräuter im Duft, verspielt und lebendig im Geschmack, zu sommerlicher Küche.

2018 Schwarzriesling feinherb
7,50€ · 12%
Einstiegsdroge Rotwein. Leicht, bekömmliche Extraktsüße – reißt keine Bäume aus, aber lässt auch niemanden über Wurzeln stolpern.

Bärenhof

Weinstraße 4,
67098 Bad Dürkheim
T +49 (0) 6322 4137
www.baerenhof.de

Inhaber Günter & Jürgen & Heike Bähr
Betriebsleiter Günter Bähr
Kellermeister Jurgen Bahr

Bereits bis ins Jahr 1590 kann man die Weingeschichte der Familie Bähr aus Ungstein zurückverfolgen. Jürgen Bähr führt den Betrieb heute mit Unterstützung seiner Schwester, nachdem Vater Günther das Weingut 1973 vom Genossenschaftsbetrieb zum Familienbetrieb umgestellt hatte. Ganze vier Generationen Bährs leben auf dem Gutshof zusammen und kümmern sich gemeinsam um 35 Hektar Anbaufläche rund um Ungstein.

2019 Chardonnay Spätlese trocken
7,00€ · 13,3%

2019 Dürkheimer Hochbenn Auxerrois Spätlese 1. Lage trocken
7,00€ · 13,2%

Rebfläche 40 ha
Produktion 500.000 Flaschen
Gründung 1590
Verkaufszeiten
Mo–Fr 8–18 Uhr
Sa 9–16 Uhr
So 10–12 Uhr

2019 Dürkheimer Rittergarten Riesling Spätlese 1. Lage trocken
5,70€ · 13%
Saftig, lebhaft, hat Substanz und Schmelz: viel Riesling für kleines Geld.

2019 Dürkheimer Spielberg Chardonnay Spätlese trocken
12,30€ · 13,5%

2019 Dürkheimer Steinberg Riesling Spätlese 1. Lage trocken
5,70€ · 12,5%
Dieser Riesling holt einen ins Leben. Vanille und Pfeffer geben Kraft und bringen Zug an den Gaumen.

2019 Ungsteiner Herrenberg Riesling Spätlese trocken
7,00€ · 12,8%
Erfrischend, jugendlich und kühl und dabei auch noch hochelegant.

2019 Ungsteiner Honigsäckel Grauburgunder Spätlese 1. Lage trocken
7,00€ · 13,2%

2019 Ungsteiner Honigsäckel Silvaner Spätlese 1. Lage trocken
6,70€ · 12,9%

2019 Ungsteiner Honigsäckel Weißburgunder Spätlese 1. Lage trocken
6,90€ · 12,8%

2019 Ungsteiner Michelsberg Riesling Auslese trocken
9,80€ · 13,8%
Breitschultriger und kraftvoller Wein, zu herzhafter Küche genießen.

2019 Ungsteiner Weilberg Riesling Spätlese trocken
7,00€ · 13,4%
Verführerischer Riesling mit geschmeidiger und cremiger Art und ein wenig Restsüße.

♥ **2019** Weißwein-Cuvée „Lebenslang"
9,50€ · 12,4%

2017	Rotwein-Cuvée „Ursus Magnus" **14,80€** · 13,9%	2
2018	Cabernet Sauvignon **8,50€** · 13%	2
2018	Merlot **7,50€** · 13,5%	1
2018	Rotwein-Cuvée „Ursus Mysticus" **9,50€** · 13%	2
2018	Rotwein-Cuvée „Ursus" **9,50€** · 13,5%	2
2018	Spätburgunder „Réserve" **8,50€** · 14%	2

Geheimer Rat Dr. von Bassermann-Jordan

Kirchgasse 10,
67146 Deidesheim
T +49 (0) 6326 6006
www.bassermann-jordan.de

Inhaber Familie Niederberger
Betriebsleiter Ulrich Mell & Gunther Hauck
Kellermeister Dominik Leyrer
Verbände VDP
Rebfläche 49 ha
Produktion 350.000 Flaschen
Gründung 1718
Verkaufszeiten
Mo–Fr 8–18 Uhr
Sa, So und Feiertag 10–15 Uhr

Ulrich Mell ist ein „Flüsterer der Reben". Das klingt ja ein bisschen kitschig und nach Hollywood-Produktion, denkt man. Und dann trinkt man die Bassermann-Weine und ist versucht, an Magie glauben zu wollen. Schon in der Jugend zeigen die Großen Gewächse von Riesling und Weißburgunder eine Klarheit und Tiefe, in die man einfach nur versinken möchte. Ganz zu schweigen vom geradezu atemberaubenden Gewürztraminer, der nie zu laut, zu opulent, zu fett wird – und dennoch seine Sorte perfekt repräsentiert. Ja, vielleicht liegt ein bisschen Magie auf den heiligen Hallen des Weinguts, in dessen Keller immer noch Flaschen aus allen Jahrgängen bis 1880 liegen – und vereinzelte sogar bis in den Jahrgang 1811.

2018	Sauvignon Blanc „S Fumé" **24,90€** · 13% Druckvoll und straff am Gaumen, eng verwoben und klar.	3
2019	Chardonnay „S" **19,50€** · 13% Dicht und opulent mit Noten von Bergamotte und Earl Grey, die dann von Salzigkeit und Honigschmelz am Gaumen abgelöst werden. Dicht und hintergründig.	4
2019	Deidesheim Riesling Kabinett **16,00€** · 9,5% Uli Mells Kabinett-Interpretation ist an Finesse nicht zu überbieten, schon jetzt betörend und in zehn Jahren richtig gut.	3
2019	Deidesheimer Hohenmorgen Riesling GG **38,00€** · 13% Vielversprechender Auftakt mit super konzentrierter Gelbfruchtaromatik, dem zu diesem Zeitpunkt ein wenig die Puste ausgeht. Abwarten.	4

2019 Deidesheimer Kalkofen Riesling GG
35,00€ · 12,5%
Vanille trifft Wiesenkräuter trifft Zitronenzesten. Glasklar und durchgängig mit großer Länge und einem pikanten Salzkorn am Gaumen.

2019 Deidesheimer Langenmorgen Weißburgunder GG
30,00€ · 12,5%
Rauch, Speck und Toast. Braucht Reife, Reife, Reife. Bitte geben Sie diesem Überflieger noch Zeit.

2019 Deidesheimer Leinhöhle Riesling 1. Lage
19,00€ · 12,5%
Ein prächtiger Vertreter des Rieslings, dicht, rundum stimmig, mit Finesse, reintönig und – einfach Riesling.

2019 Forster Jesuitengarten Riesling GG
45,00€ · 12,5%
Vielschichtige geschmackliche Tiefe mit diskreter Kraft und einem Hauch feinstem Süßespiel im Nachklang. Eleganz pur mit glänzender Zukunft.

2019 Forster Kirchenstück Riesling GG
79,00€ · 13,5%
Komplexe Aromatik von Steinobst bis Tabak, ungemein harmonisch eingewobener Säurenerv, hochelegant und lang.

2019 Forster Pechstein Riesling GG
42,00€ · 13%
In seiner Jugend bereits von bemerkenswerter Ausgeglichenheit und sich seines Charakters still, aber nachhaltig bewusst.

2019 Forster Ungeheuer Riesling GG
35,00€ · 13%
Spannungsgeladen und geradeheraus, virtuoses Spiel mit feinster Süße und filigraner Säure, ein veritables Feuerwerk am Gaumen.

♥ **2019** Forster Ziegler Riesling 1. Lage
22,00€ · 12,5%
So geht Gratwanderung, so tänzelt man auf dem Seil. Säure links, Frucht rechts, der Körper in der Mitte gibt Halt und Balance.

2019 Gewürztraminer „S"
19,50€ · 13%
Welch ein Spaß im Glas, komplexe, sehr zurückhaltende florale Aromatik, Veilchen, Rosenblätter, Passionsfrucht, tänzelnd am Gaumen, ein Parade-Gewürztraminer.

2019 Grauburgunder „S Orange"
19,50€ · 13,5%
Kräftiges Orange, reifer Duft, dicht gewoben.

2019 Ruppertsberger Reiterpfad Riesling 1. Lage

18,00€ · 13%

Birne, Chutney, Kompott – damit ist die Zunge gut beschäftigt und da macht es nichts, wenn Säure und Struktur aus dem Rampenlicht geraten, aber dennoch ihre Rolle perfekt erfüllen. Langläufer.

2019 Sauvignon Blanc „S Fumé"

24,90€ · 12,5%

Rauchig, würzig, Kräuteraromen gepaart mit Cassis, komplex, ohne aufdringlich zu sein.

Pierre Brut

22,50€ · 12,5%

Mediterrane Aromen wie Oliven und Thymian, gelbfleischige Honigmelone und Aprikosenkompott machen neugierig. Sehr fein – großartig.

Pinot Noir „Margrit" brut

29,90€ · 12,5%

Appetitlicher Duft nach Hagebutte, Brombeere und Blaubeere, reifer Boskop-Apfel sowie medium roasted Arabica. Die gut eingebundene Säure verschmilzt mit einer feinen Perlage.

2019 Deidesheimer Hohenmorgen Riesling Auslese

25,00€ · 7,5%

Unglaublich finessenreich, dezent und diskret, ein fabelhafter Wein für übermorgen.

2019 Forster Ungeheuer Riesling Auslese

25,00€ · 8%

Sehr wahrscheinlich ist das das Beste und Allerfeinste, was die Pfalz in Sachen edelsüß zu bieten hat.

BIO Weingut Benzinger

Weinstraße Nord 24,
67281 Kirchheim an der Weinstraße
T +49 (0) 6359 1339
www.weingut-benzinger.de

Volker Benzinger sagt über sich und seine Weine: „Ich sage, was ich denke. Und genauso gradlinig sind meine Weine." Der studierte Önologe ist nach wie vor für den Weinausbau verantwortlich, wird aber bereits seit 2007 von seiner Tochter Julia, die unter anderem bei Keller in Flörsheim-Dalsheim ihre Ausbildung absolvierte, im Außenbetrieb unterstützt.

2018 Kirchheimer Steinacker Riesling

15,90€ · 12%

Da reiht sich eine karamellisierte Nuss an die nächste Nuss. Das findet Fans wie Skeptiker. Im Zweifel – probieren.

Inhaber Volker Benzinger
Betriebsleiter Volker Benzinger
Kellermeister Julia Benzinger
Verbände Ecovin
Rebfläche 13 ha
Produktion 90.000 Flaschen
Gründung 1787
Verkaufszeiten
Mo–Fr 9–11 Uhr und 13–17 Uhr
Sa 11–17 Uhr

♥ **2018** Riesling „SANS"
10,00€ · 12%
Trennjäger-Düfte in der Nase – ein Halbstarker mit Allüren, danach freundlichem Wesen. Bitte belüften, danke.

2019 Kirchheimer Geißkopf Weißburgunder „ANNA KATHARINA"
15,90€ · 14%
Texturiert und mit Spannung, erwachsen und angekommen. Der perfekte Essensbegleiter – wir empfehlen Steinpilze.

2019 Kirchheimer Steinacker Riesling
12,50€ · 14%
Cremige Vanille und Marzipan verwöhnen mollig den Gaumen. Verführerisch.

2019 Merlot „WILD"
11,00€ · 14%
Eher auf der fruchtig-süßen Seite unterwegs. Perfekt für Familienfeiern.

Weingut Bergdolt-Reif & Nett

Dudostraße 2,
67435 Neustadt-Duttweiler
T +49 (0) 6327 2803
www.weingut-brn.de

Duttweiler ist ein kleiner Ort zwischen Speyer und Neustadt an der Weinstraße und wohl nicht ganz so bekannt wie seine berühmten Nachbarn. Die Weine der Familie Nett sind allerdings weit über Pfälzer Grenzen ein Begriff. In fünfter Generation führen die Netts ihr Gut. Löss- und Lehmböden und das fast schon mediterran anmutende Klima prägen die Weine – bei Netts sind das hauptsächlich Burgundersorten, aber auch Lagrein und Shiraz. Die Rieslinge spielen hier eine Nebenrolle. Die Weinberge werden naturnah und teilweise mit Pferdekraft bewirtschaftet.

Inhaber Christian Nett
Rebfläche 33 ha
Produktion 320.000 Flaschen
Verkaufszeiten
Mo–Fr 8–17 Uhr
Sa 9–16 Uhr

♥ **2019** Grauburgunder „I Avantgarde"
15,00€ · 13,37%
Vanille und Birne und saftige Aprikose. So geht Pinot Grigio aus Deutschland.

2019 Sauvignon Blanc „I Avantgarde"
15,00€ · 13,29%
Feine Frucht verbindet sich mit würzig pikanten Noten, das Holz ist bereits gut eingebunden und doch kann der Wein noch reifen.

2019 Sauvignon Blanc „II Edition"
9,90€ · 12,98%

2019 Weißburgunder „I Avantgarde"
15,00€ · 13,18%
Zugänglicher „everybody's darling". Für Gäste, die es frisch mögen und keinen Riesling wollen.

2019 Weißburgunder „II Edition"
9,90€ · 13,33%
Saftig und cremig. Mit diesem Weißburgunder werden große Runden ganz entspannt begleitet.

2017 Lagrein „Avantgarde Kolben"
18,00€ · 14,07%
Mit mehr dunklen Tönen als eine Moll-Sinfonie ausgestattet, schmeckt er vorm Kamin, zum Wild und zum Nachdenken. Ein passendes Schmorgericht darf gerne süßlich sein.

2018 Syrah „I Avantgarde"
18,00€ · 13,48%
Kühle Kräuteraromatik, Minze und Cassis.

Janson Bernhard

Hauptstraße 5,
67308 Zellertal
T +49 (0) 6355 1781
www.jansonbernhard.de

Inhaber Christine Bernhard
Betriebsleiter Christine Bernhard
Kellermeister Bernd Pflüger
Verbände Ecovin, Demeter
Rebfläche 10 ha
Produktion 600.000 Flaschen
Gründung 1739
Verkaufszeiten
Mo–Do nach Vereinbarung
Fr, Sa 10–16 Uhr

Christine Bernhard brennt für das Thema Bio. Bereits 1993 stellte sie ihre gesamte Weinproduktion auf ökologischen Weinbau um – seit 2004 ist das Gut auch Demeter-zertifiziert. Bis 2005 war sie zusätzlich Vorsitzende des Verbands Ecovin, für den sie auch heute noch ehrenamtlich tätig ist. Und Vinissima – also Mitglied beim kontinuierlich wachsenden „Frauen und Wein e.V." – ist Bernhard auch noch! Ihr Motto: 100 % Zellertal, 100 % Handlese, 100 % Biodynamie.

♥ **2019** Riesling „Taubrunnen"
11,00€ · 13%
Spannung und Beruhigung. Extravaganz und Normalität – ein Wechselspiel zusammengekittet von willensstarker Struktur.

2019 Zeller Kreuzberg Chardonnay 1. Lage
9,00€ · 13%
Duftet nach Fruchtkompott, dicht in der Struktur.

2019 Zeller Schwarzer Herrgott Riesling „Alte Reben"
15,00€ · 14%
Vom Ausbau im Holz geprägt, würzig, etwas rau am Gaumen.

2019 Zeller Schwarzer Herrgott Riesling „unterm Kreuz"
14,00€ · 14%
Reifer Duft nach Hefe, Speck und Honig. Schon sehr zugänglich.

2017 Zeller Kreuzberg Pinot Noir 1. Lage
22,00€ · 13%
Der süßlich-nussige Duft erinnerte an den traditionellen Spätburgunder-Stil, der Wein ist aber schlank und straff gehalten.

2018 Rotwein-Cuvée „Incarnatum"
12,00€ · 13,5%

Weingut Braun

Hauptstraße 51,
67149 Meckenheim
T +49 (0) 6326 8596
www.braun-wein-sekt.de

Mit der Zusammenlegung der jeweils großelterlichen Betriebe schufen Michael und Martin Braun ein eigenes Weingut – und das, ohne verwandt zu sein! Die Namensgleichheit ist Zufall und vielleicht ja auch ein Wink des Schicksals. Seit 2018 ist das Weingut Mitglied der Gruppe „Winechanges", die aus 13 Weingütern in und um Deidesheim besteht und es sich zum Ziel gesetzt hat, „frischen Wind durch alte Reben wehen zu lassen". Genuss und Freude am Produkt stehen hier im Vordergrund – weg von überholten Traditionen und Klischees.

Inhaber Fritz & Michael & Martin Braun
Betriebsleiter Michael & Martin Braun
Kellermeister Michael Braun
Verbände Winechanges
Rebfläche 38 ha
Produktion 280.000 Flaschen
Gründung 1974
Verkaufszeiten
Mo–Fr 9–18.30 Uhr
Sa 9–16.30 Uhr
Hofausschank (Sept–Okt)
11–20 Uhr

2019 Chardonnay
8,50€ · 12,5%
Süße Mirabelle trifft Biskuitboden.
Duftig und unkompliziert.

2019 Ellerstadter Kirchenstück Riesling
8,50€ · 13%

2019 Sauvignon Blanc
7,20€ · 12%

2017 Ellerstadter Bubeneck Spätburgunder „2punkt0"
16,00€ · 14%

♥ **2017** Haßlocher Leisböhl Gänsfüßer „Johann Casimir"
15,84€ · 13,5%

2017 Rotwein-Cuvée „Lignum One"
16,00€ · 13,5%

2019 Meckenheimer Spielberg Riesling „2punkt0"
12,00€ · 13%

Weingut Buchert

Neueinsteiger

Zum Ordenswald 34,
67435 Neustadt
an der Weinstraße
T +49 (0) 6321 6707 87
www.pfalz.weingut-buchert.de

Seit 1999 betreiben Matthias und Stefanie Buchert ihr Weingut mit Gästehaus – zwei Vollblut-Pfälzer mit Freude am Kontakt zu ihren Gästen und Kunden. Auf gerade einmal sechs Hektar verwirklicht Matthias seine Vorstellung von Pfälzer Weinen – die Rebsorten reichen von Riesling, Weißburgunder, aber auch einer Solaris-Auslese bis zu Merlot, Spätburgunder, Dornfelder oder gar einem Gewürztraminer-Sekt. Fruchtig-spritzig strebt Buchert die Weißweine an, intensiv die Rotweine, die dabei das Spezielle der Mußbacher Böden spiegeln sollen.

Inhaber Matthias Buchert
Betriebsleiter Matthias Buchert
Rebfläche 6 ha
Gründung 1999
Verkaufszeiten
Di, Do, Fr 15–18 Uhr
Sa 10–12 Uhr
und nach Vereinbarung

♥ **2018** Riesling „Holz 18" halbtrocken
10,00€ · 13%
Der Name ist Programm – Holz ist da. Dann kommen Süße und Frucht. Vielschichtig.

2018 Weißwein-Cuvée „Knallweiß 18"
9,00€ · 13%
Viel tropische Frucht und ein Hauch Restsüße ergeben einen geschmeidigen, einladenden Wein.

2014 Merlot „14"

14,00€ · 14,5%

In der Nase schwarze Johannisbeere und Sauerkirschen, am Gaumen (noch) ein Raubein.

2019 Rotwein-Cuvée „Cuvée BDN 19"

9,00€ · 12%

Ein opulent saftiger Blanc de Noir. Der Sommer im Glas.

Reichsrat von Buhl

Weinstraße 18–24,
67146 Deidesheim
T +49 (0) 6326 96500
www.von-buhl.de

Inhaber Jana Seeger
Betriebsleiter
Gregor Hofer & Claus Raschka & Peter Hüftlein-Seeger
Kellermeister Gregor Hofer
Verbände VDP
Rebfläche 60 ha
Produktion 500.000 Flaschen
Gründung 1849
Verkaufszeiten
Mo–Fr 10–18 Uhr
Sa, So und Feiertag 10–17 Uhr

Man muss es thematisieren, auch wenn gefühlt alles schon gesagt wurde: Matthieu Kauffmann ist nicht mehr da. Sein Nachfolger ist Gregor Hofer. Der gebürtige Südtiroler war ursprünglich als zusätzlicher Kellermeister engagiert worden und zeichnet nun allein verantwortlich. Seine Ziele: weiterhin an der Qualitätsschraube drehen und auch mal etwas Unkonventionelles ausprobieren. Da darf man gespannt abwarten, was die Zukunft bringt, zumal das Weingut in den letzten Jahren die Stilistik schon stark geschärft hat. Mit den aktuell verkosteten Weinen ist freilich noch keine Einschätzung möglich, was sich an der Von Buhlschen Stilistik verändern wird – deshalb warten wir geduldig und voller Vorfreude darauf, was kommen wird.

♥ **2018** Deidesheimer Herrgottsacker Riesling 1. Lage

18,00€ · 12,5%

Charakterdarsteller, der sich bedient an einem Portfolio an Ausdrücken, dabei jedoch sich immer seiner Wurzeln erinnert und mit Luft noch zulegt.

2018 Pechstein Forst Riesling GG

49,00€ · 12,5%

Prototyp des 2018er Jahrgangs, mit reifer Frucht und vollem Körper ausgestattet.

2019 Riesling „Bone Dry"

9,50€ · 12%

Nobel bitterer Einstieg in die Mineralität. Trocken, dass die Wüste neidisch blickt.

2019 Riesling „Deidesheimer"

11,90€ · 12,5%

Der Wein zu Leberwurst und Saumagen mit fülliger, aber klarer Stilistik und ein Glas mehr davon.

2019 Riesling „Forster"

12,90€ · 12%

Feinste Purheit mit Druck, Mineralität und enormem Trinkvergnügen.

2015 Riesling „Suez Vintage" brut nature

29,90€ · 12,5%

Ein großartiger Sekt für besondere Anlässe mit einem Entwicklungshorizont von über zehn Jahren.

Weingut Bühler

Backhausgasse 2,
67169 Kallstadt
T +49 (0) 6322 61261
www.buehler-pfalz.de

Inhaber Familie Bühler
Kellermeister Jens Bühler
Rebfläche 18 ha
Produktion 80.000 Flaschen
Verkaufszeiten
Mo–Fr 10–12 Uhr und 13–18 Uhr
Weineinkauf auch zu den Öffnungszeiten der Vinothek Landhaus möglich

Das Weingut Bühler ist ein waschechter Familienbetrieb: Jens kümmert sich um Außenbetrieb und Weinausbau, seine Schwester Sarah managt den Verkauf und die Eltern Pia und Werner kümmern sich um das weingutseigene Restaurant und packen auch im Weinberg mit an. Neben dem absoluten Klassiker Riesling widmen sich die Bühlers auch Süßweinen von Rieslaner und Gewürztraminer.

2018 Kallstadter Saumagen Riesling „HERZSTÜCK"
14,50€ · 12%
Zeigt reife Frucht, Fülle und Stoff, griffig am Gaumen. Zu herzhafter Küche genießen.

2019 Chardonnay „Fumé"
9,90€ · 13,5%
Trotz Holzeinsatz ein lebendiges Leichtgewicht.

2019 Kallstadter Saumagen Riesling Spätlese trocken
9,50€ · 12%
Aromatisch, frisch und leicht. Wie gemacht für die Terrasse.

2019 Sauvignon Blanc
8,00€ · 12%
Floral frisch und leicht.

2019 Sauvignon Blanc „Der Chef"
14,50€ · 13%
Eine fast schon kitschige Frucht mit opulenter Fülle.

2017 Merlot
9,90€ · 13,5%
Recht zugänglich mit reifer, satter Frucht und Würze (Paprika).

Dr. Bürklin-Wolf

Weinstraße 65,
67157 Wachenheim
T +49 (0) 6322 95330
www.buerklin-wolf.de

Inhaber
Bettina Bürklin-von Guradze
Betriebsleiter
Steffen Brahner (Geschäftsführer)
Kellermeister Nicola Libelli
Verbände VDP, Biodyvin
Rebfläche 86 ha
Produktion 500.000 Flaschen
Gründung 1597
Verkaufszeiten
Vinothek im Englischen Garten, Ringstraße 4, Wachenheim
Di–Fr 14–18 Uhr
Sa, So und Feiertag 11–18 Uhr

Es gibt nicht viele deutsche Weingüter, die national und international so etabliert sind wie das von Bettina Bürklin-von Guradze. Mit einem so großen Weingut (aktuell werden über 80 Hektar Reben – biodynamisch! – bewirtschaftet), das seit mehr als 400 Jahren familiengeführt wird, über viele Jahre so stringent hohe Qualitäten zu erzeugen, dazu gehören mehr als Tradition und ein gutes Lagenportfolio. Für Bürklin-von Guradze ist die Biodynamie ein wichtiger Teil ihres „Rezepts" für große Weine – bei Bürklin-Wolf vornehmlich Rieslinge aus den prestigeträchtigsten Lagen der Pfalz. Die Würdigung ererbter Ressourcen, der respektvolle Umgang mit Ihnen und die Erhaltung eben jener für die nachfolgenden Generationen sind für sie besonders wichtig. Ob das legendäre Reifepotenzial der Bürklin-Rieslinge jedoch rein rational erklärbar ist, mag jeder für sich selbst beurteilen – dass es so ist, daran ist kein Zweifel. Am Weingut lassen sich nicht nur große Weine und Raritäten erstehen, der englische Garten, der an die Vinothek anschließt, lädt auch zum Verweilen und Flanieren ein.

2017 Wachenheim Riesling „R"
23,00€ · 12%
Eine „late release" der besonderen Art, ungemein viel Schmelz mit fein ziseliertem Säurenerv.

2019 Gaisböhl Riesling „G. C. -Monopol-"
55,00€ · 13%
Einer der ganz großen Charakter-Rieslinge Deutschlands. Ausdruck und sanfte Kraft, fast nicht zu übertreffen, ein Monument!

2019 Reiterpfad Riesling „G. C."
70,00€ · 12,5%
Großer Auftritt für die große Bühne, ungemein verspielte und dabei geheimnisvoll diskrete Aromatik, atemberaubend gut!

2019 Riesling
12,50€ · 12%
Ungemein viel Trinkvergnügen schon beim „Einstiegswein", so gut kann „einfacher" Riesling sein.

2019 Wachenheim Riesling
18,00€ · 12,5%
Saftig, stramm strukturiert, ein hervorragender Essensbegleiter von feinen Pasteten und Terrinen bis hin zu gebratenem Seefisch.

2019 Wachenheimer Altenburg Riesling „P. C."
29,00€ · 12,5%
Durch und durch mit viel Zug, Harmonie pur bis hin in das von feiner Süße geprägtem Finale.

2019 Wachenheimer Böhlig Riesling „P. C."
29,00€ · 13,5%
Selbstbewusste Würze und gleichzeitig viel Finesse am Gaumen zeichnen diesen Premier Cru aus.

2017 Dr. Bürklin-Wolf Cuvée Brut
18,00€ · 12%
Erfrischend grüne Nase, straffe Säure, reife Apfelaromatik, zitrischer Nachhall, Birne, salzig.

2017 Riesling brut
18,00€ · 12%
Pikant mit einem Körnchen Salz, dazu kommen Brioche-Aromen und eine wunderbare Mineralik.

Weingut Christmann

Peter-Koch-Straße 43,
67435 Neustadt-Gimmeldingen
T +49 (0) 6321 66039
www.weingut-christmann.de

Inhaber Steffen & Sophie Christmann
Betriebsleiter Steffen & Sophie Christmann
Kellermeister Oskar Micheletti
Verbände VDP, Respekt, Renaissance des Appellations
Rebfläche 21 ha
Produktion 120.000 Flaschen
Gründung 1798

Mit dem Einstieg der Tochter Sophie rücken bei Steffen Christmann die Burgunder-Sorten – beziehungsweise der Pinot Noir – eine Reihe nach vorne. Nach internationalen Stationen in Bordeaux, Australien und in ganz Deutschland ist Sophie seit 2018 fest im (groß-)väterlichen Weingut dabei. Ihre Pinots lassen schon jetzt einen neuen Stil erahnen, geprägt von großen Vorbildern aus Burgund und Baden. Aber natürlich steht nach wie vor der Riesling in der allerersten Reihe bei Christmann. Der Wein aus der Lage Idig gehört seit Jahren zu den bestbewerteten trockenen Rieslingen der Welt. Doch schon im Einstieg zeigen die Christmann-Rieslinge eine brillante Klarheit und feinverwobene Struktur, die erkennen lassen, mit welchem Anspruch und Know-how man hier arbeitet. Seit 2004 ist das Weingut biozertifiziert, man orientiert sich bei der Arbeitsplanung an Mondphasen, arbeitet mit Kompost und biodynamischen Präparaten wie Hornkiesel und Hornmist.

2019 Königsbacher Idig Riesling GG
58,00€ · 12,5%
Schlank und elegant, straff konturiert mit treibender Kraft und zarter Salzigkeit im Finale, ideal zum klassischen Pot au feu.

Verkaufszeiten
Di–Fr 8–12 und 13–18 Uhr
Sa 10–16 Uhr
und nach Vereinbarung

2019 Riesling

11,60€ · 11,5%
Klar strukturiert, weich und feengleich tänzelnd. Große, leise Trinkfreude.

2018 Königsbacher Idig Spätburgunder GG

65,00€ · 12,5%
Ausnahmewein für den besonderen Anlass. Perfekt zu Rebhuhn oder zartrosa Rehmedaillons. Mit Abstand der feinste Christmann Spätburgunder der letzten zehn Jahre!

♥ **2018** Pinot Noir „Gimmeldinger"

22,50€ · 12,5%
Sehr feiner eleganter Pinot, mit Trinkfluss und viel aromatischer Fantasie.

Weingut Darting

Am Falltor 4,
67098 Bad Dürkheim
T +49 (0) 6322 9798 30
www.darting.de

Inhaber Helmut Darting
Kellermeister Helmut Darting
Verbände Forum Pfalz
Rebfläche 24 ha
Produktion 180.000 Flaschen
Gründung 1780
Verkaufszeiten
Mo–Fr 8–12 Uhr und 13–18 Uhr
Sa 8–16 Uhr

Helmut Darting, einst Schüler des legendären Hans-Günther Schwarz, kann auf jahrzehntelange Erfahrung zurückblicken. Sein Weingut in Bad Dürkheim bietet neben dem Riesling (mit 50 % Anteil an den 24 Hektar Rebfläche die wichtigste Sorte) auch Burgunder und Aromarebsorten an. Alle Rotweine werden im Holz ausgebaut – je nach Sorte aus heimischer Pfälzer oder französischer Eiche.

2018 Dürkheimer Michelsberg Riesling Spätlese trocken

9,00€ · 12,5%
Hochklassige, ungemein preiswerte Spätlese mit feiner Süße im Finale.

2019 Dürkheimer Nonnengarten Gewürztraminer Kabinett

7,50€ · 10,5%
Frisch und unkompliziert, knackig mit fein eingebundener Restsüße.

2019 Dürkheimer Schenkenböhl Sauvignon Blanc Kabinett trocken

8,50€ · 12,5%
Gelbe Früchte, Stachelbeere – alles ist fein und gut.

2017 Dürkheimer Nonnengarten Spätburgunder

17,00€ · 14%
Das Holzfass schien auf Kirschfrucht zu warten und bekam sie und band sie ein. Das hat Tiefe.

♥ **2018** Dürkheimer Steinberg Muskateller „everybody's DART(L)ING" brut

17,00€ · 11,5%
Feine, dezente Muskateller-Nase, durchgängig aromatisch, guter Essensbegleiter für Thai-Vorspeisen.

Weingut Eymann

Ludwigstraße 35,
67161 Gönnheim
T +49 (0) 6322 2808
www.weinguteymann.de

Inhaber Vincent Eymann
Betriebsleiter Vincent Eymann
Kellermeister Vincent Eymann & Sebastian Schumacher
Verbände Demeter, Naturland
Rebfläche 18 ha
Produktion 120.000 Flaschen
Verkaufszeiten
Mo–Fr 8–12 Uhr und 13–19 Uhr
Sa 10–19 Uhr

Vincent Eymann führt konsequent weiter, was sein Vater Rainer 1984 auf den Weg brachte: biodynamischen Weinbau mit Respekt vor der Natur. Was dem Vater damals noch das Label „Exot" oder „verrückt" einbrachte, ist heute längst im Mainstream und in den Regalen der Supermärkte angekommen – auch dank solcher Pioniere wie Rainer Eymann. Die Familie betreibt in Gönnheim neben ihrem Weingut auch eine Weinstube, hier steht Rainer persönlich am Herd und bewirtet die Gäste.

2019 Bad Dürkheimer Fuchsmantel Riesling
32,00€ · 12,5%
Spannungsvoll mit Grip und packender Aromatik ohne zu viel Frucht.

2019 Chardonnay „Alte Reben Toreye"
14,90€ · 12,5%
Eher rustikal interpretierter Chardonnay, zu herzhafter Küche.

2019 Riesling „Alte Reben Toreye"
14,90€ · 12%
Herrlich klassischer Riesling, erdig mineralische Aromen, Anklänge von Petrol.

2018 Gönnheimer Sonnenberg Pinot Noir
32,00€ · 13%
Erdbeerfrucht trifft auf Liebstöckelwürze, ein voller, dichter „typisch deutscher" Spätburgunder mit guten Anlagen.

Weingut Fitz-Ritter

Weinstraße Nord 51,
67098 Bad Dürkheim
T +49 (0) 6322 5389
www.fitz-ritter.de

Inhaber Johann Fitz
Betriebsleiter Achim Eberle
Kellermeister Achim Eberl & Max Fisch
Verbände VDP
Rebfläche 25 ha
Produktion 150.000 Flaschen
Gründung 1785

Viel Tradition umweht das Weingut Fitz-Ritter aus Bad Dürkheim. Gründungsmitglied des VDP vor über 100 Jahren, die erste Sektkellerei in Rheinland-Pfalz und ein historischer Weinkeller aus dem Jahr 1785 – all das steht auf der Quartettkarte. Seit 2012 arbeitet das Weingut bio-zertifiziert, mit Fokus auf dem Riesling, der seine Pfälzer Herkunft klar zeigen darf und soll. Und in diesem Jahr wurde unter dem Namen „Weingut 2.0" mit dem Neubau der Kellerei und des Lagers gestartet.

2019 Dürkheim Riesling „RebArena"
9,00€ · 12,29%

2019 Dürkheimer Abtsfronhof Gewürztraminer Spätlese 1. Lage
13,00€ · 10,01%

2019 Dürkheimer Fuchsmantel Riesling 1. Lage
17,00€ · 12,7%
„Alles fließt." Ein Wein mit angenehmer Tiefe und samtigem Schmelz.

Verkaufszeiten
Mo–Fr 9–18 Uhr
Sa, So 11–17 Uhr

2019 Dürkheimer Michelsberg Riesling GG
27,00€ · 12,65%
Schmelz, Salzigkeit, Cremigkeit im frischen lebendigen Gewand, ein Trunk des Hedonismus.

2019 Dürkheimer Spielberg Chardonnay 1. Lage
14,00€ · 13,09%
„Trinkt mich", sagt dieser charmante, runde Wein. Die Flasche auf dem Tisch wird nicht lange halten.

2019 Ungsteiner Herrenberg Riesling GG
27,00€ · 12,74%
Erdig, dicht und mit harmonische Säure gut in der Balance.

2014 Rotwein-Cuvée „Revoluzzer"
20,00€ · 13,55%
Cassis, Leder, animalische Aromen mit würzigen Ergänzungen.

2015 Spätburgunder
20,00€ · 12,75%
Speckig, feine Röstaromen, rauchig wie ein kalt gewordenes Kaminfeuer. Hat Fülle, Länge , und Reifepotenzial.

2017 Dürkheimer Hochbenn Riesling brut
15,00€ · 12,08%
Spitze Rieslingsäure, gute Struktur und Länge, feiner Apéro.

2018 Weißwein-Cuvée „Palatinum Cuvée" brut
18,00€ · 11,79%
Harmonische Komposition mit leichten Bitternoten.

Forster Winzerverein

Neueinsteiger

Weinstraße 57,
67147 Forst
T +49 6326 306
www.forster-winzer.de

Kellermeister Michael Kiefer
Rebfläche 130 ha
Produktion 1.500.000 Flaschen
Gründung 1918

Forst im Mittelhaardt – ein Weinort mit historischen Lagen: Ungeheuer, Pechstein, Kirchenstück ... All diese Lagen sind weit über die Pfälzer (und deutschen) Grenzen ein Begriff. Der Forster Winzerverein mit seinen 26 Mitgliedern verfügt in jeder dieser Lagen über Parzellen. Das Leitmotiv der über 100 Jahre alten Genossenschaft: „Was einer nicht schafft, das schaffen viele." Dieses Motto prägt auch heute noch die Zusammenarbeit der Mitglieder.

2018 Riesling „Edition 1918"
8,50€ · 13%
Ein ungemein animierender, vielschichtiger Wein, ideal für ein Kamingespräch.

2019 Chardonnay
6,30€ · 13,5%
Dicht und kraftvoll, aber doch von einer gewissen Eleganz. Ein Wein zum Wohlfühlen.

Verkaufszeiten
Mo–Fr 8–18 Uhr
Sa 9–13 Uhr

2019 Forster Musenhang Riesling „Selektion Mossbacherhof" Spätlese trocken
9,50€ · 12,5%
Ein feinfruchtiger Schmeichler, ganz wunderbar zu geräucherten Süßwasserfischen.

2019 Forster Pechstein Riesling Kabinett trocken
7,40€ · 12,5%
Vielschichtig im Duft und im Geschmack, hat seriöse Substanz.

2019 Sauvignon Blanc
6,70€ · 12,5%

2019 Forster Ungeheuer Riesling Spätlese
8,70€ · 10%
Rund und zugänglich.

PFALZ 2021

Martin & Georg Fußer

Friedhofstraße 7,
67150 Niederkirchen
T +49 (0) 6326 2597 82
www.mfg-wein.de

Inhaber Martin & Georg Fußer
Kellermeister Martin & Georg Fußer
Verbände respekt-BIODYN, Winechanges

Die Fußer-Brüder Martin und Georg haben sich 2006 während des gemeinsamen Studiums in Geisenheim dazu entschlossen, den elterlichen traubenerzeugenden Betrieb zum selbstständigen Weingut umzubauen. Inzwischen bewirtschaften die Brüder 18 Hektar Weinberge, seit 2018 komplett nach biodynamischen Richtlinien.

2018 Kallstadter Saumagen Riesling
29,00€ · 13%
Fordernd mit Noten von Majoran und Melisse. Karaffieren!

2018 Ruppertsberger Reiterpfad Riesling
29,00€ · 13%
Ausdrucksstark mit Kraft und Länge am Gaumen.

2019 Deidesheimer Paradiesgarten Riesling 1. Lage
19,00€ · 13%
Da passiert was: Viel (exotische) Frucht, stoffig dicht und cremig – ein lebensfroher Wein.

Rebfläche 18 ha
Produktion 70.000 Flaschen
Gründung 2007
Verkaufszeiten
nach Vereinbarung

2019 Deidesheimer Riesling
11,50€ · 12,5%
Weine, die sich nicht zieren, wie dieser mit kräuterigem Wesen und Anklängen an Salzzitrone, haben Aufmerksamkeit verdient.

2019 Riesling
8,20€ · 12,5%

2019 Ruppertsberg Riesling
12,50€ · 12,5%
Wirft einen Anker am Gaumen aus, an dessen Kettenende Gerbstoffe und Kräuter hängen. Sehr ehrlich, sehr distinguiert.

Weingut Gabel

Weinstraße 45,
67273 Herxheim am Berg
T +49 (0) 6353 7462
www.weingut-gabel.de

Mit Oliver Gabel ist sage und schreibe bereits die 13. Generation am Werk im Weingut in Herxheim am Berg. Auf über 350 Jahre Familien-Weingeschichte kann er zurückblicken. Nach Stationen im Burgund und in Baden liegt der Fokus Gabels auf den Burgunder-Sorten, wobei er versucht, internationale Stilistik und Familientradition zusammenfinden zu lassen. Zum Ausbau der Weine nutzt man zum Teil über 130 Jahre alte große Holzfässer – selbstverständlich aus Familienhand. Seit 2019 arbeitet das Weinbau bio-zertifiziert.

Inhaber Oliver & Wolfgang Gabel
Rebfläche 21 ha
Produktion 120.000 Flaschen
Verkaufszeiten
Mo–Fr 13–17 Uhr
Sa 10–16 Uhr
und nach Vereinbarung

2019 Bissersheimer Steig Weißburgunder
18,00€ · 13%
Hochkarätiger, vom Kalkboden elegant geprägter, feinnerviger Weißburgunder, ideal zu Seezunge und Steinbutt.

2017 Bissersheimer Held Blaufränkisch
19,50€ · 13%
In allen Belangen vornehm zurückhaltend, nobel, auch angesichts der ausgeprägten Säure.

Weißburgunder brut nature
18,50€ · 12,5%
Jugendlicher, ungestümer Auftritt, reißt einen mit, begleitet Sushi und Sashimi.

Matthias Gaul

Weinstraße 10,
67269 Grünstadt-Asselheim
T +49 (0) 6359 3668
www.gaul-weine.de

Inhaber Matthias Gaul
Betriebsleiter Matthias Gaul
Kellermeister Matthias Gaul & Tobias Müller
Rebfläche 35 ha
Produktion 300.000 Flaschen
Gründung 1950
Verkaufszeiten
Mo–Fr 8–12 Uhr und 13–18 Uhr
Sa 10–12 Uhr und 13–17 Uhr

Matthias Gaul ist bereits die vierte Generation, die im Weingut in Asselheim am Werk ist. Seine Leidenschaft für Burgunder lässt ihn auch experimentieren. So wachsen seine Reben unter anderem auf bis zu 300 Höhenmetern und er pflanzt einen Teil der Pinot Noirs in Engpflanzung – ganz nach dem großen burgundischen Vorbild. Aber auch vor Cabernet Franc und Sauvignon Blanc schreckt Gaul nicht zurück – ganz schön vielseitig. Mit 35 Hektar Anbaufläche hat Gaul auch genug Platz, sich auszutoben – und konsequent neue Wege zu beschreiten.

2017 Asselheimer Sauvignon Blanc
14,50€ · 12,5%

♥ **2017** Asselheimer St. Stephan Sauvignon Blanc
35,00€ · 12,5%
Brennnessel, grüne Paprika, Tomatenkraut, grüne Aromen in komplexer Einheit.

2018 Chardonnay „Asselheim"
14,50€ · 13,5%
Es wird Sommer und man will nach draußen – Flasche in die Kühlbox, raus ins Grüne, Spaß haben.

2018 Riesling „Steinrassel"
18,50€ · 14%
Zupackender, fast rustikaler Wein, schmeckt zu ebensolcher Küche.

2015 Cabernet Franc „Réserve"
39,00€ · 14%
Kräuterwürzig mit hellroter Frucht, samtig und saftig zugleich.

2017 Pinot Noir „Steinrassel"
21,50€ · 13%
Eleganz und Strahlkraft bündeln pfeffrige und kräuterige Noten.

2012 Chardonnay „Mademoiselle Anne, Zero Dosage"
35,00€ · 12,5%
Große Dichte, gefolgt von einem langen Abgang. Ein Schaumwein zum Sinnieren und Philosophieren.

2016 Pinot Noir „Pinot Rosé" brut nature
17,50€ · 11%
Karge Mineralität und elegante Bitternote vereinigen sich zu großer Harmonie. Jetzt schon sehr gut, aber auch für Geduldige ein Tipp.

2017 Pinot Noir „Pinot Brut, Traditional Method" brut nature
17,50€ · 11%
Dem Glas entströmen klassische Sektaromen von grünem Apfel, frischer Zitrone, Grapefruit und hellem Steinobst. Die Struktur ist klar und anziehend, ebenso zeigt sich die Perlage. Your daily glass of sparkling wine.

Karl-Heinz Gaul

Bärenbrunnenstraße 15,
67269 Grünstadt-Sausenheim
T +49 (0) 6359 84569
www.weingut-gaul.de

Inhaber Karoline & Dorothee Gaul
Betriebsleiter Karoline & Dorothee Gaul
Kellermeister Dorothee Gaul
Verbände Forum Pfalz, Vinissima
Rebfläche 20 ha
Produktion 130.000 Flaschen
Gründung 1993
Verkaufszeiten
Mo–Fr 8–12 Uhr und 13–18 Uhr
Sa 9–16 Uhr

Karoline und Dorothee Gaul bewirtschaften 20 Hektar des 1993 von den Eltern gegründeten Weinguts. Tertiärer Kalk prägt die Lagen rund um Sausenheim in der nördlichen Pfalz. Dort legen die Schwestern ihren Schwerpunkt auf Riesling und Burgunder, sei es Sausenheimer Honigsack oder Neuleininger Schloßberg. Ein futuristischer rostroter Kubus dient dem Weingut als Vinothek. Dort können Besucher unter anderem die „Zugpferd" betitelten besten Weine des Guts probieren. Von den besten Parzellen stammen unter anderem Riesling, Spätburgunder und Weißburgunder, als Lagenweine haben die Gauls auch Blaufränkisch oder Huxelrebe im Programm.

2019 Sausenheimer Hütt Riesling
14,00€ · 13,5%
Geradlinig, frisch und dabei mit würziger Finesse. Toller Speisenbegleiter.

2019 Sausenheimer Hütt Riesling „Zugpferd"
21,00€ · 13%
Schnell, schlank, Abgang. Wein für die allerunkompliziertesten Anlässe. Dazu Steak frites und Mayo doppelt!

2017 Sausenheimer Honigsack Spätburgunder „Zugpferd"
24,00€ · 13,5%
Kirschsaft, baby, yeah, give my acidity, add spices! Top-Song!

♥ **2018** Sausenheimer Honigsack St. Laurent
21,00€ · 14%
Exotische Frucht mit straffer Kontur am Gaumen

Rainer Gehrig

Neueinsteiger

Ostring 4,
67256 Weisenheim am Sand
T +49 (0) 6353 8073
www.weingut-gehrig.de

Bereits 1888 ließ sich die Familie Gehrig inmitten der Pfalz (genauer: in Weisenheim am Sand) nieder, um Wein zu bereiten. Und Rainer Gehrig kümmert sich seit 1995 um den Familienbetrieb. Gehrig pflegt seine Weinberge zum Teil mit tierischer Unterstützung. Die Bewirtschaftung mit Pferd kann helfen, stark verdichtete Böden zu schonen und wieder lebendig zu machen. Die zu entdeckende Sortenvielfalt am Weingut reicht von aromatischen Sauvignons über tiefgründigen Blanc-de-Noir-Sekt bis hin zu Rotweinen aus dem Barrique. Und wer ein paar Tage Urlaub in Weisenheim machen möchte, ist bestens aufgehoben im familieneigenen Gästehaus mit Appartements und Zimmern.

Inhaber Rainer Gehrig
Betriebsleiter Rainer Gehrig
Kellermeister Rainer Gehrig
Rebfläche 15,5 ha
Produktion 110.000 Flaschen
Gründung 1888
Verkaufszeiten
Mo–Fr 9–18 Uhr
Sa 10–15 Uhr
und nach Vereinbarung

2016 Weisenheimer Burgweg Sauvignon Blanc „Reserve"
25,00€ · 13,5%
Konzentration trifft Würze trifft Frucht.

2019 Sauvignon Blanc „Le Sauvage"
12,50€ · 12,5%
Füllig, dick mit Schmelz und Kraft, dennoch elegant.

Pinot Noir „Blanc de Noir" brut
14,50€ · 12,5%
Süßer Auftakt in der Nase, Bananen und feine Bitternoten. Entwickelt Tiefe, wenn er im großen Glas durchatmen darf, passt dann hervorragend zu Gerichten von der Wildsau.

Weingut Hahn-Pahlke

Kirchgasse 1, 67271 Battenberg
T +49 (0) 6359 2118
www.weingut-hahnpahlke.de

Inhaber Familie Pahlke
Verbände Bioland
Rebfläche 18 ha
Produktion 60.000 Flaschen
Gründung 1855
Verkaufszeiten
Mo, Mi–Fr 9–12 Uhr und 13–18 Uhr
Sa 9–17 Uhr
Di, So Abholung nach Vereinbarung

Im Ort Battenberg in der Nordpfalz sind die Hahn-Pahlkes bereits seit 1855 im Weinbau verwurzelt. Mit Thomas Pahlke, der seine Erfahrungen unter anderem in der Wachau, auf Mallorca und in Neuseeland sammelte, ist am biozertifizierten Gut schon die siebte Generation am Werk – die nachhaltige Wirtschaftsweise steht für ihn an erster Stelle. Bereits seit 1980 bewirtschaftet die Familie ihre Weinberge naturnah, 2015 folgte die Bioland-Zertifizierung. Battenberg in der Nordpfalz wird auch als „Balkon der Pfalz" bezeichnet, mit 320 Metern über dem Meeresspiegel ist es der höchstgelegene Weinbauort der Pfalz.

2019 Chenin Blanc
13,50€ · 13%
Stoffig und harmonisch. Rustikale Trinkfreude, auch das kann Chenin!

2019 Kleinkarlbacher Sauvignon Blanc
8,00€ · 12,5%
Feine Nase mit Zitrusnoten gefolgt von Apfel, schlanke Gestalt.

2019 Pfalz Sauvignon Blanc „Kia Ora"
13,50€ · 12,5%
Grüne Aromen bestimmen den Duft, zu dem sich eine markante Säure gesellt.

2019 Riesling „Alpha"
13,50€ · 12,5%
Walnuss und Pfirsich treffen einen Hauch Lavendel. Duftig und frisch.

2018 Pinot Noir
18,50€ · 13,5%
Kernige Mineralität, viel Holz, jung und mit Potenzial.

Weingut Hammel

Weinstraße Süd 4,
67281 Kirchheim an
der Weinstraße
T +49 (0) 6359 86401
www.weinhammel.de

Inhaber Christoph & Martin Hammel
Betriebsleiter Christoph Hammel
Kellermeister Christoph Hammel
Rebfläche 42 ha
Produktion 600.000 Flaschen
Verkaufszeiten
Mo–Fr 8–18.30 Uhr
Sa 9–18 Uhr
So 13–16 Uhr

Wer dem auf Social Media ausgesprochen aktiven Christoph Hammel folgt, wird über einige der Eigenheiten des eigenwilligen Winzers stolpern, der lange Bandwurmsätze, fehlerhafte Leerstellen bei Satzzeichen und andere Marotten so derart gekonnt stilisiert hat, dass sie ihm zum Markenzeichen gereichen. Als Botschafter, Kämpfer, flammender Ninja hat er die Liebfraumilch fast im Alleingang in einem Akt bürgerlicher Provokation wieder in die Aufmerksamkeit einer Reihe von Weinhändlern gebracht, die er auch schon mal damit brüskiert, seine Weine auch gerne beim Discounter zu sehen, denn Wein gehört getrunken. Er beherrscht das Marketing so gut wie die Fähigkeit, massenkompatible Weine zu gestalten, denen niemand absprechen würde, rund und gefällig zu sein. Als Advokat des Genießers, der einfach einen guten Tropfen ohne großes Gerede möchte, hat sich Hammel zahllose Freunde gemacht. Debatten dazu ficht er gerne mit ellenlangen auf seinem Smartphone im mit W-LAN ausgerüsteten Weinkeller getippten Texten aus. Ein Unikum.

2017 Grüner Veltliner „Doppelstück“
12,50€ · 12,5%
Wie ein knackig kühler Herbstmorgen – Säure zum Aufwecken, Schönheit zum Bestaunen. Und dann passt auch ein getrüffeltes Geflügelgericht schon zum Frühstück.

2017 Weißwein-Cuvée „Dreifaltigkeit“
21,00€ · 13%
Ein richtig dickes Ding, das sich nach einem kräftigen Essensbegleiter sehnt.

2019 Gewürztraminer
8,95€ · 13%

2019 Müller-Thurgau „In the Mood for Müller“
8,95€ · 12,5%
Müller-Thurgau zum Gasgeben mit Schmackes und trotz allem Frische.

2019 Riesling „Gegen Gerade“ feinherb
8,95€ · 12%
Spritzig und frech mit feiner Zitrusnote. Toller Wachmacher für den „müden Punkt“ am späten Nachmittag.

2019 Weißwein-Cuvée „Blaue Stunde“
8,95€ · 12,5%

♥ **2019** Weißwein-Cuvée „Liebfraumilch – Schwarze Madonna“ feinherb
13,50€ · 12%
Die Schwarze Madonna, wieder auferstanden mit entspannter Frucht und Anspruch. Herrlich zu Curry-Gerichten und kühl zum Apéro mit Schinken und reifer Melone.

2016 Herrenberg Spätburgunder 4/4

25,00€ · 14%

Kräuterige Frucht trifft auf Schokonoten, saftig und noch vom jugendlichen Tannin geprägt.

2017 Herrenberg Spätburgunder 4/4

25,00€ · 14%

Eine Achterbahnfahrt am Gaumen. Auf dem Punkt, fruchtbetont und sehr trinkanimierend.

2018 Portugieser „Tonneau" 2/4

12,50€ · 13%

Was erfreut mehr als Dinge, die Erwartungen erfüllen? Kakao, Pfeffer, Würze – bringt alles mit für einen netten Schlummertrunk.

2018 Sankt Laurent „Tonneau" 3/4

12,50€ · 13,5%

Zügelt seine Kraft, beherrscht seine Muskulatur, setzt sie ein für einen gelungenen Abend – heute oder auch in ein paar Jahren.

2019 Rotwein-Cuvée „Für mich soll's rote Rosén regnen" 2/4

9,50€ · 12%

Weingut Hanewald-Schwerdt

Neueinsteiger

Pochelstraße 37,
67098 Bad Dürkheim
T +49 (0) 6322 63206
www.hanewald-schwerdt.de

Verbände Forum Pfalz
Rebfläche 26 ha
Gründung 1955
Verkaufszeiten
Mo–Fr 9–12 und 13.30–18 Uhr
Sa 10–17 Uhr

Thomas Hanewald und Stephan Schwerdt setzen ihren Schwerpunkt bei den absoluten Klassikern Riesling und Spätburgunder. Die beiden Cousins wollen Lagentypizitäten und Mikroklimata in ihren Weinen herausarbeiten. Die kalkhaltigen Lagen bei Bad Dürkheim und die Buntsandsteinböden bei Deidesheim sind für die beiden optimale Botschafter dessen, was sie wollen: „Das einzigartige Potenzial zweier Riesling-Welten innerhalb der Pfalz" zu zeigen und auf die Flasche zu bringen.

2017 Dürkheimer Hochbenn Riesling
15,50€ · 13%
Entspannter Begleiter zum Abend unter Freunden, mit Schmelz und feinen Rhabarbernoten. Easy.

♥ **2017** Leistadter Herrenmorgen Riesling
12,50€ · 13,5%
Immer noch frischer entspannter Wein, einfach zum Genießen.

2018 Ruppertsberger Reiterpfad Riesling
12,50€ · 13%
Saftig und harmonisch, macht Lust auf den nächsten Schluck.

2019 Leistadt Sauvignon Blanc „Kalkriff"
9,50€ · 13%
Ein absolutes Paradebeispiel für diese vielschichtige Rebsorte, wunderbar zum Gespräch unter Freunden.

2015 Weisenheim am Berg Spätburgunder „Kalkriff"
14,90€ · 13,5%
Viel Würze (Holz, Kräuter), dazu Blütenduft, ein Wein mit ordentlich Power.

2018 Leistadter Herzfeld Spätburgunder
35,00€ · 13%
Fruchtiger Duft (Heidelbeere, Kirsche), rustikale Gerbstoffe.

2018 Spätburgunder
9,70€ · 13,5%
Fruchtbetont, zarte Süße – für einen Basis-Spätburgunder recht stoffig.

2018 Crémant brut
15,00€ · 12%

2018 Riesling brut
9,00€ · 12%

Weingut Hauer

Neueinsteiger

In den Kornwiesen 1,
67098 Bad Dürkheim
T +49 (0) 6322 63375
www.katharinenhof-hauer.de

Inhaber Volker & André Hauer
Rebfläche 11,5 ha
Produktion 70.000 Flaschen
Gründung 1983
Verkaufszeiten
Mo, Sa 9–13 Uhr
Di–Fr 9–12 Uhr und 13–17 Uhr
und zu den Öffnungszeiten des Gutsausschankes

Das Weingut Hauer mit dazugehörigem Gutsausschank wird familiär betrieben – inzwischen bereits in der dritten Generation. Während man früher nur an private Kundschaft ab Hof verkaufte, werden die Weine aus den 11,5 Hektar Weinbergen in und um Bad Dürkheim inzwischen europaweit verschickt. Das Weingut bietet außerdem für Weintouristen die Möglichkeit, Ferienwohnungen oder Wohnmobilstellplätze zu mieten.

2019 Bad Dürkheim Cabernet Blanc
8,70€ · 13,5%

2019 Bad Dürkheim Goldmuskateller
8,90€ · 13,5%

2018 Cabernet Mitos
9,90€ · 14%
Kirschmarmelade mit Vanille – fruchtig und mit süßlichem Schmelz.

♥ **2019** Cabernet Sauvignon
9,90€ · 14,5%

Jesuitenhof

Obertor 6, 67246 Dirmstein
T +49 (0) 6238 2942
www.jesuitenhof.de

Der Jesuitenhofgarten heißt nicht nur so als Lage, er ist auch einer. Umgeben von alten Klostermauern inmitten des Ortskerns von Dirmstein befindet sich die Lage. Sie ist im Alleinbesitz der Familie Schneider, die seit 1986 das im Jahr 1806 gegründete Weingut führt. Moritz Schneider schloss 2011 sein Studium für Weinbau & Önologie ab und ist seitdem zusammen mit seinen Eltern verantwortlich für die zusammen 25 Hektar Anbaufläche. Aus dem Jesuitenhofgarten (2,5ha) kommen Riesling und Spätburgunder, außerhalb der Klostermauern widmen sich die Schneiders Burgunder-Sorten, Schwarzriesling oder Chardonnay und Silvaner.

Inhaber Klaus & Moritz Schneider
Verbände Forum Pfalz, Junge Pfalz, Generation Riesling
Rebfläche 25 ha
Produktion 150.000 Flaschen
Verkaufszeiten
Mo–Fr 8–18 Uhr
Sa 8–16 Uhr

2019 Dirmsteiner Jesuitenhofgarten Riesling
10,50€ · 13%
Fruchtbetont mit deutlich ins Exotische gehenden Nuancen.

2019 Dirmsteiner Mandelpfad Chardonnay „Reserve"
11,50€ · 13,5%
Gut eingebundenes Holz, feste Struktur: ein Wein, der hält, was er verspricht.

2019 Dirmsteiner Mandelpfad Riesling „Halbstück"
11,50€ · 13,5%
Phenolik im Überfluss für die Freunde düsterer Stunden. Dahinter steckt ein reizvoller Charakter, der Zeit braucht im Glas, um sich zu entwickeln.

2019 Dirmsteiner Mandelpfad Weißburgunder „Halbstück"
11,50€ · 14%
Sanft und cremig, ein echter „Geht-immer-Wein".

2019 Dirmsteiner Riesling „Kalkmergel"
8,50€ · 13%
Ganz frischer Wein für die ersten warmen Tage. Damit lassen sich die ersten Sonnenstrahlen des Jahres noch besser genießen.

2018 Dirmsteiner Jesuitenhofgarten Spätburgunder „Kleiner Garten"
18,00€ · 13,5%
Grundehrlicher, erdiger, kräftiger Spätburgunder.

Staatsweingut mit Johannitergut

Breitenweg 71,
67435 Neustadt an der Weinstraße
T +49 (0) 6321 6713 19
www.staatsweingut-johannitergut.de

Der Anspruch des Staatsweinguts in Neustadt an der Weinstraße ist es, Tradition und Moderne zu vereinen. Und die Tradition reicht hier wahrlich weit zurück – bis ins 8. Jahrhundert lassen sich die Wurzeln des Guts zurückverfolgen. Zunächst wurde das Weingut an das Kloster Weißenburg verschenkt, bevor es Ende des 13. Jahrhunderts an seinen Namensgeber, den Johanniterorden, überging. Seit 1970 befindet es sich in Staatseigentum. Das Team um Sascha Wolz, der auf so namhafte Stationen wie Dr. Deinhard und Müller-Catoir zurückblicken kann, hat nicht nur die „Klassiker" Riesling und Spätburgunder im Blick, sondern auch vermeintliche „Exoten" wie Chenin, Syrah oder Merlot (aus der Amphore!).

Inhaber Land Rheinland-Pfalz
Betriebsleiter Sascha Wolz
Kellermeister Sascha Wolz
Rebfläche 22 ha
Verkaufszeiten
Mo–Do 9–13 Uhr und 14–17 Uhr
Fr 9–14.30 Uhr

2018 Haardter Herrenletten Riesling „Kalkmergel" Spätlese trocken
12,50€ · 13%
Dicht und vielschichtig, viel Wein im Glas. Ein klassischer Vertreter seiner Region mit toller Mineralik.

2018 Haardter Herrenletten Weißburgunder „Kalkmergel" Spätlese trocken
12,50€ · 13%
Sehr offenherzig, füllig und saftig – und das alles in schöner Harmonie.

2019 Chardonnay
9,00€ · 13%
Zupackend, mit Biss und Freude. Karamell, Zitrus und leiser Schmelz machen richtig Spaß.

2019 Chenin Blanc „Ruppertsberger"
9,00€ · 11,5%

2019 Riesling „Haardter"
6,50€ · 12,5%

2019 Riesling „Mußbacher Johannitergarten" Kabinett trocken
7,00€ · 11,5%

2019 Riesling „Pfalz"
5,00€ · 11%

2019 Weißburgunder „Haardter"
6,50€ · 12%
Dank einem charmanten Hauch Süße ein sehr einladender Wein.

♥ **2015** Haardter Herrenletten Spätburgunder „Kalkmergel"
16,00€ · 14,5%
Durchstrukturierter, sehr feiner Wein, ganz ideal zu feinen Wildgerichten.

2017 Cabernet Sauvignon „Pfalz"
16,00€ · 14,5%

2017 Merlot „Amphore"
20,00€ · 15%
Schokolade tritt in Kontrast zu grünlichen Noten. Kerniger Abgang.

2017 Syrah „Pfalz"
18,00€ · 14%

2018 Lagrein „Pfalz"
18,00€ · 14%
Wäre alles so passend abgestimmt wie hier Tannine, Säure und Cassis-Töne, dann wäre die Welt ein homogenerer Ort.

2018 Riesling brut
14,50€ · 12%

Winzergenossenschaft Kallstadt

Neueinsteiger

Weinstraße 126, 67169 Kallstadt
T +49 (0) 6322 9797 97
www.wg-kallstadt.de

Geschäftsführer Axel Messer
Betriebsleiter Joachim Janß-Schaad
Verbände VPW – Vereinigung Pfälzer Winzergenossenschaften e.V.
Rebfläche 250 ha
Produktion 1.300.000 Flaschen
Gründung 1902
Verkaufszeiten Mo–Fr 8–18 Uhr
Sa 9–18 Uhr
So 10–18 Uhr

Die Vereinigung von Tradition und Moderne hat sich die Winzergenossenschaft Kallstadt, die 105 Mitglieder und insgesamt 250 Hektar Rebfläche umfasst, auf die Fahnen geschrieben. Mit modernster Kellertechnik in Kombination mit über 100 Jahren Erfahrung versucht das Team um den Chef-Önologen Joachim Janß-Staad, viel unter einen Hut zu bringen: Seien es schwere Rotweine aus dem Barrique oder fruchtbetonte Weißweine, in Kallstadt gibt es ein breites Sortiment zu entdecken.

2018 Kallstadter Saumagen Riesling Kabinett feinherb
6,20€ · 12%
Aprikosig, frisch und unkompliziert. Mitnehmen zum Picknick im Park!

2018 Weißburgunder „Edition"
7,10€ · 13%
Saftig und füllig mit deutlicher Fruchtsüße, passt zu Asia-Küche.

2019 Gewürztraminer
5,90€ · 13,5%

2019 Kallstadter Kobnert Grauburgunder
5,90€ · 12,5%
Apfelkuchen trifft Schwarztee und Bittermandel. Ansprechend aromatisch und trinkfreudig.

Weingut Kassner-Simon
Am Musikantenbuckel 7,
67251 Freinsheim
T +49 (0) 6353 9893 20
www.kassner-simon.de

2017 Sauvignon Blanc brut
12,80€ · 12,5%
Maracuja und exotische Fruchtnoten holen auch nicht so erfahrene Schaumweintrinker gekonnt ab.

Julius Ferdinand Kimich

Weinstraße 54,
67146 Deidesheim
T +49 (0) 6326 342
www.weingut-kimich.de

Inhaber Franz & Matthias Arnold
Betriebsleiter Matthias Arnold

Mit Matthias Arnold führt die achte Generation das 1758 gegründete Weingut, das sich seither im Familienbesitz befindet. Arnold pflegt die Familientradition sowie die 22 Hektar Rebfläche im Forster Mariengarten und im Deidesheimer Grainhübel. Zeitgleich behält das Weingut die Entwicklungen im Auge. So schließen als sichtbarstes Zeichen für die Kunden nun auch die Spitzenweine Schraubverschlüsse ab. Wesentlicher dürfte sein, dass Arnold die Weinberge biologisch bewirtschaftet, von denen 70 Prozent mit Riesling bestockt sind.

2019 Deidesheimer Grainhübel Riesling Spätlese trocken
17,00€ · 13%
Vital und anregend. Wenn das Sommerpicknick länger dauert, zum Sonnenuntergang öffnen.

Kellermeister Matthias Arnold & Fabian Kerbeck
Verbände Winechanges
Rebfläche 22 ha
Produktion 160.000 Flaschen
Gründung 1758
Verkaufszeiten
Mo-Fr 8–12 und 13.30 bis 18 Uhr
Sa 9–12 und 13.30–18 Uhr
So, Feiertag 10–13 Uhr
(März–Nov)

♥ **2019** Deidesheimer Kieselberg Riesling Spätlese trocken
12,50€ · 13,5%
Dieser Riesling spielt die leisen Töne und bringt dabei eine leichte Ätherik und eine Handvoll nasser Steine mit.

2019 Forster Pechstein Riesling Spätlese trocken
13,50€ · 13%
Curry und Ananas – der Wein schreit nach Begleitung von Küche mit tropischen Früchten, denen er furchtlos die stählerner Stirn bietet.

2016 Cabernet Franc
18,00€ · 14%
Salbei und Weihrauch. Ätherisch und intensiv.

2017 Syrah
22,50€ · 14%
Sauerkirsche, Olive, Rosmarin feine mediterrane Aromen.

Weingut Knipser

Hauptstraße 47–49,
67229 Laumersheim
T +49 (0) 6238 742
www.weingut-knipser.de

Inhaber Stephan & Volker & Werner Knipser
Betriebsleiter Stephan Knipser
Kellermeister Amrei Pelzer
Verbände VDP
Rebfläche 80 ha
Produktion 500.000 Flaschen
Verkaufszeiten
Mo–Fr 10–12 Uhr und 14–18 Uhr
Sa 10–16 Uhr

Es gibt in Deutschland gar nicht so viele Weingüter, bei denen man zuallererst an Rotwein denkt – das Weingut der Familie Knipser in Laumersheim gehört definitiv dazu. In den 1980er-Jahren begannen Werner und Volker Knipser damit, den Rotweinanteil am Weingut zu erhöhen und auch auf klassische Bordeaux-Rebsorten wie Merlot, Cabernet Sauvignon und Cabernet Franc zu setzen – ohne dabei den Spätburgunder aus den Augen zu verlieren. Vor 40 Jahren galt das als absolutes Revoluzzertum, das wohl eher belächelt als bewundert wurde. Dass die Knipsers heute als Barrique-Pioniere gelten, ihre Weine Jahr für Jahr wieder Höchstnoten bekommen und den Vergleich mit großen internationalen Gewächsen keineswegs scheuen müssen, ist stetigem und kompromisslosen Streben nach Qualität geschuldet. Inzwischen leitet Werners Sohn Stephan das Weingut – und auch er setzt auf die Kombination von Ertragsreduzierung, Handlese, schonende Vergärung und bei den Rotweinen konsequenten Ausbau im Barrique, immer im Hinblick auf die bestmögliche Weinqualität.

2015 Chardonnay „****"
39,00€ · 14%
Sehr selbstbewusst und mit Wucht am Gaumen. Von Nusskernen über Kerzenwachs bis zu dunkel würzigen Aromen ist alles dabei.

2017 Weißwein-Cuvée „Marsannier ***"
27,00€ · 13,7%
Würzig, speckig, kraftvoll, im besten Sinne barock. Ein Wein für Winterabende mit deftigem Essen.

2019 Dirmstein Mandelpfad Riesling GG

32,00€ · 12,9%

Kühle Frucht und viel salzige Mineralik am Gaumen.

2019 Grauburgunder

12,80€ · 13%

Samtene Pfirsichhaut, die Abendsonne leuchtet – Prototyp des Vesperweins und Freund für einen Abend.

2019 Laumersheim Steinbuckel Riesling GG

32,00€ · 13%

Rauch, Speck und Feuerstein bestimmen die Aromatik und bleiben nicht nur am Gaumen, sondern auch im Gedächtnis. Tolles Finale.

2019 Sauvignon Blanc

9,80€ · 12%

Kühl, straff, saftig mit gutem Trinkfluss.

2013 Spätburgunder „Réserve"

68,00€ · 14%

Réserve im wahrsten Sinne des Konzeptes: Das ist einer der feinsten und langlebigsten Spätburgunder in Deutschland, Chapeau!

2015 Merlot „Cuvée XR"

62,00€ · 13,9%

Duftet wie ein Silvesterfeuerwerk, dazu etwas Paprika. Feste Struktur und sehr trocken.

♥ **2015** Spätburgunder „RdP"

98,00€ · 13,9%

Spätburgunder einer Extraklasse. Eigenständig und unvergleichlich: Weichheit trifft Kraft, er ist zart und gleichzeitig straff, und dann diese Extraktsüße. Zeit bitte!

2015 Syrah „Réserve"

62,00€ · 14,3%

Dichte ausladende Struktur, feinporiges Tannin, Länge und Trinkfluss, im Stil eines sehr guten Syrah von der Rhone.

2016 Laumersheim Kirschgarten Spätburgunder GG

37,00€ · 13,3%

Dicht, straff, mineralisch. Sehr maskuliner Wein. Braucht noch Zeit.

Weingut Krebs

Großkarlbacher Straße 10,
67251 Freinsheim
T +49 (0) 6353 3149
www.weingut-krebs.eu

Inhaber Harald & Jürgen Krebs
Betriebsleiter Harald & Jürgen Krebs
Kellermeister Jürgen Krebs
Verbände Generation Riesling
Rebfläche 20 ha
Produktion 90.000 Flaschen
Verkaufszeiten
Mo–Fr 10–12 Uhr und 14–18 Uhr
Sa 10–16 Uhr
So, Feiertag nach Vereinbarung

Es ist fast alles dabei an Böden, in denen das Weingut Krebs in Freinsheim graben und pflanzen kann: Sand, Kies, Löss, Lehm und Kalk auf einem mehr als überschaubaren Gebiet. 20 Hektar werden so bewirtschaftet, der Jahrgang 2018 ist der erste als zertifiziertes Bioweingut. Von den Lagen Musikantenbuckel, Schwarzes Kreuz oder Himmelreich und Honigsack gewinnt Jürgen Krebs Weine, die weniger auf die Frucht als die Mineralität zielen.

2018 Freinsheimer Musikantenbuckel Viognier
16,50€ · 12,5%
Ein knackiger Viognier mit Noten von Papaya und Pfirsich, am Gaumen frisch und zart.

2019 Herxheimer Himmelreich Riesling
24,00€ · 13%
Schieferartige Mineralik, leise salzige Würze und der Biss am Gaumen machen diesen Riesling zu einem echten Klassiker.

2017 Freinsheimer Musikantenbuckel Blaufränkisch
26,00€ · 13%
Herb, Tannine mit zarter Gestalt und schöner Fruchtfülle.

2018 Herxheimer Himmelreich Spätburgunder
38,00€ · 13%
Kernig, fast ruppig, ein rustikaler Auftritt.

Philipp Kuhn

Großkarlbacher Straße 20,
67229 Laumersheim
T +49 (0) 6238 656
www.weingut-philipp-kuhn.de

Inhaber Philipp Kuhn
Betriebsleiter Philipp Kuhn
Kellermeister Philipp Kuhn
Verbände VDP, Fair'n Green
Rebfläche 35 ha
Produktion 210.000 Flaschen
Verkaufszeiten
Mo–Fr 10–12 Uhr und 13.30–17 Uhr
Sa 10–12 Uhr und 13.30–16 Uhr

Sein Vater schenkte ihm, als er 16 war, einst 2500 Quadratmeter Land, auf denen er veranstalten durfte, was ihm gefiel – Philipp Kuhn bezeichnet das heute als das größte Erlebnis in seiner Laufbahn als Winzer. Die begann unvermittelt und früh 1992 als 20jähriger. Seitdem hat Kuhn viel erreicht auf inzwischen 35 Hektar. Bei der – biologischen – Bewirtschaftung und im Ausbau möchte Kuhn mit seinem Hang für eine frankophile Vorstellung dennoch offen bleiben, sich keine Wege versperren und gegebenenfalls auch einmal die Richtung ändern, wenn es angezeigt scheint. Das Weingut pflegt mit rund der Hälfte der Reben einen Schwerpunkt bei den Rotweinen – Spätburgunder voran, aber auch St. Laurent. Bei den Weißen kann Kuhn auf Trauben von Lagen wie Kallstädter Saumagen oder Laumersheimer Kirschgarten zurückgreifen. Beim Ausbau bleibt Kuhn ebenfalls flexibel, wenn er Rotweine in kleine Fässer füllt „zum Spielen". Wer spielerisch solche Qualitäten produziert, darf gerne ausprobieren. Auch, weil er schon mit 16 begann – die Rebsorte, die er auf seinem Spielfeld anpflanzte, war Pinot Noir.

2019 Im großen Garten Riesling GG

30,00€ · 13%

Wild, unbekümmert, mutig: ein nahezu perfekt ausgewogenes Säurespiel, das Ruhe und Kraft gibt. Bietet Gesprächsstoff für den ganzen Abend.

2019 Kallstadter Steinacker Riesling 1. Lage

19,90€ · 13%

Dezenter fruchtiger Duft (Steinobst, Zitrus), brillante Säure und viel Harmonie.

2019 Kirschgarten Riesling GG

34,00€ · 13%

Obacht bei der Speisenauswahl, die die feine Struktur und Cremigkeit nicht übertönt mit Röstaromen. Helle Saucen bevorzugt.

2019 Saumagen Riesling GG

34,00€ · 12,5%

Noch verschlossen, doch zarte Frucht und mineralische Noten deuten an, was da noch kommt.

2019 Schwarzer Herrgott Riesling GG

34,00€ · 13%

Wenn, dann nicht heute, sondern eher morgen oder gar übermorgen. Ein Wein für Menschen mit großem Keller.

2017 Kirschgarten Pinot Noir GG

39,90€ · 13,5%

Er stinkt, er ist verschlossen, er ist zugenagelt, er braucht Zeit – wenn er die bekommt, ist er so fein, straff und wunderbar.

2017 Rotwein-Cuvée „Luitmar"

26,80€ · 14%

Dunkle Frucht trifft auf Schokolade. Tiefgründiger Verführer mit leisem Schmelz.

2017 Spätburgunder

13,50€ · 13,5%

Variationen über das Thema Pinot Noir. 1. Satz: Kellerreife. 2. Satz: Holzabbau. Finale: ein Wein mit Struktur und Gestalt und eingebundenem Holz.

2016 Pinot Noir brut nature

20,90€ · 12%

Großartige Komposition, ein perfekter Allrounder.

Bergdolt Klostergut St. Lamprecht

Dudostraße 17,
67435 Neustadt-Duttweiler
T +49 (0) 6327 5027
www.weingut-bergdolt.de

Inhaber Rainer Bergdolt
Betriebsleiter Rainer & Carolin Bergdolt
Kellermeister David Golitko
Verbände VDP
Rebfläche 29 ha
Produktion 150.000 Flaschen
Verkaufszeiten
Mo–Fr 9–12 Uhr und 14–18 Uhr
Sa 10–16 Uhr

Das Bergdolt Klostergut kann auf eine lange Geschichte zurückblicken. Noch 1290 in kirchlicher Hand, ging das Gut Mitte des 16. Jahrhunderts in die Hand des Pfälzer Kurfürsten. Etwa 200 Jahre später, 1754, übernimmt Familie Bergdolt das Ruder – und hat es immer noch. Rainer und Carolin Bergdolt führen das Weingut inzwischen in achter bzw. neunter Generation. Schon seit 1993 ist das Weingut Mitglied des VDP, bereits seit über zehn Jahren hat man sich der biologischen Anbauweise verschrieben. Spezialisiert auf Burgunder-Sorten, ist Weißburgunder der Favorit von Carolin Bergdolt, die einen puristischen und geradlinigen Weinstil anstrebt. Die Weine sollen schon am Weingut Zeit zur Entwicklung bekommen, weshalb die Großen Gewächse aus 2018 erst 2020 in den Verkauf kommen.

2018 Kirrweiler Mandelberg Weißburgunder GG
35,00€ · 13,5%
Wie aus dem Lehrbuch: konzentriert und cremig mit schönem Trinkfluss.

♥ **2019** Chardonnay „Le Petit"
12,00€ · 12%
Zerbrechlich, fragil – aber mit mineralischen Tönen, begleitet von speckigen, rauchigen Noten.

2019 Chardonnay „Tempus"
18,00€ · 12,5%
Ein Wein mit großem Potenzial, der noch eine lange Reise vor sich hat. Nicht ganz einfach zu verstehen und nichts für Feiglinge.

2019 Duttweiler Kreuzberg Weißburgunder Spätlese 1. Lage trocken
14,50€ · 13,5%
Klassisch und typisch mit herbalen Noten und Zitrusfrucht. Allrounder.

2019 Duttweiler Mandelberg Riesling 1. Lage
14,50€ · 13%

2019 Ruppertsberger Reiterpfad Riesling GG
32,00€ · 13%
Der Prototyp-Riesling, blitzsauber, so darf er sein, so wird er geliebt.

2018 Duttweiler Kalkberg Spätburgunder GG
35,00€ · 13,5%
Kühle Ansprache, schlank und sehr sehnig gebaut, braucht Reife.

2018 Spätburgunder „Kalkmergel"
14,50€ · 13,5%
Vielschichtige kühle Frucht, ein unaufgeregter und ausgewogener Wein.

2008 Weißburgunder extra brut
38,00€ · 13%

2014 Chardonnay und Spätburgunder brut nature
31,00€ · 12,48%
Ein Monument: Weiches Karamellbonbon findet getrocknete Limette, deren Frische sich gerettet hat. Rauch legt sich ins Hefebett, dazu Lardo, der den Gaumen auskleidet. Elegant und appetitanregend.

2016 Weißburgunder extra brut
14,50€ · 12,12%
Schöner Schmelz, salzig, gut gemacht, schöner Aperitif, gewinnt mit der Zeit, wird rund.

Weinbau der Lebenshilfe
Neueinsteiger
Sägmühle 15,
67098 Bad Dürkheim
T +49 (6322) 980580
www.lebenshilfe-duew.de/arbeit/weinbau/

2016 Goldrausch brut nature
14,00€ · 12,5%
Strahlt Eleganz aus, die Aromen sind geprägt von Zitrusfrucht, Brioche und Mandeln. Spielerisch, feingliedrig, lebendiger Mousseux und eine runde, gut integrierte Säure sind appetitanregend.

Lucashof

Wiesenweg 1a, 67147 Forst
T +49 (0) 6326 336
www.lucashof.de

Inhaber Klaus Lucas
Betriebsleiter Klaus & Philipp Lucas
Kellermeister Klaus & Philipp Lucas
Verbände Forum Pfalz
Rebfläche 25 ha
Produktion 200.000 Flaschen
Gründung 1962
Verkaufszeiten
Mo–Fr 8–12 Uhr und 13–18 Uhr
Sa 9–16 Uhr
So 10–12 Uhr

Seit über zwei Jahren wird das Weingut in Forst gemeinsam von Klaus Lucas und seinem Sohn Philipp geführt und auch seine Geschwister Kathrin und Victoria sind in den Betrieb mit eingebunden. Für die Zukunft will Familie Lucas die Umstellung zur Biodynamie weiter forcieren. Die Lucas verfügen über absolute Toplagen wie z.B. im Forster Ungeheuer und Pechstein, im Wachenheimer Goldbächel oder in der Deidesheimer Petershöhle und bewirtschaften 25 Hektar Rebfläche, wobei der Riesling die Hauptrolle spielt.

2018 Forster Pechstein Riesling „Reserve" feinherb
28,00€ · 12,5%
Cremige Opulenz, Reife Frucht, Kraftvoll und ernsthaft.

2019 Deidesheimer Petershöhle Riesling 1. Lage
15,00€ · 12,5%
Das Lexikon der Zitrusfrüchte wird aufgeschlagen – das ist für Fans gelber Früchte, der Frische und packenden Säure.

2019 Forster Musenhang Riesling 1. Lage
12,00€ · 12,5%
Salzigkeit? Check. Struktur? Check. Cremig? Check. Und alles im Lichte einer überstrahlenden zitrischen Note mit einem Hauch Curry.

2019 Forster Ungeheuer Riesling
22,00€ · 13%
Kühle Frucht, schlank und elegant mit viel Drive.

2019 Riesling
6,50€ · 12%
Leicht, schlank und mit exotischen Anklängen sehr animierend.

2019 Riesling
25,00€ · 13%
Sehniger, maskuliner Wein. Sehr puristisch angelegt. Ein Klassiker, der noch reifen sollte.

2019 Riesling „Forster"
10,00€ · 12%
Markanter, selbstbewusster Auftritt, so gut kann Pfälzer Riesling zum überschaubaren Preis sein!

2019 Sauvignon Blanc
9,50€ · 12,5%

Pinot Noir brut
16,00€ · 12,5%

Margarethenhof

Wiesenweg 4, 67147 Forst
T +49 (0) 6326 8302
www.margarethenhof-forst.de

Inhaber Martin Lucas & Yvonne Libelli
Betriebsleiter Martin Lucas & Yvonne Libelli
Kellermeister Martin Lucas & Yvonne Libelli
Verbände Winechanges, Vinissima, Generation Riesling
Rebfläche 17 ha
Produktion 140.000 Flaschen
Verkaufszeiten
Mo, Mi–Sa 9–12 Uhr und 13–17 Uhr und nach Vereinbarung

Martin Lucas, Weinbautechniker, und Yvonne Libelli, studierte Önologin, sind ihren Eltern dankbar für die Chance, am familiären Weingut teilhaben zu dürfen. Seit 2011 sind die beiden Geschwister für das elterliche Weingut in Forst verantwortlich. Man hat für die Zukunft einiges geplant. Neuinvestitionen in die Kellertechnik und Verfeinerung des Rotweinausbaus sind nur zwei aktuelle Projekte, auch die Sekt-Qualitäten sollen weiter fokussiert werden. Und wer weiß, vielleicht können sich beide schon bald einen Traum erfüllen und den Neubau des Weinverkaufs im Hof in Angriff nehmen ...

2018 Forster Jesuitengarten Riesling
22,00€ · 13,5%
Eindringlich, nachhaltig, viel gelbe Frucht.

2018 Forster Pechstein Riesling
20,00€ · 13%
Üppige ausladende Frucht, viel Körper, niedrige Säure.

2018 Forster Ungeheuer Riesling
17,00€ · 13%
Intensive Schattierungen von Gelb – die Bandbreite zitrischer Vielfalt gepaart mit Blütendüften und im Mund gefolgt von einer guten Länge.

2019 Riesling „Forster"
8,50€ · 13%

2019 Sauvignon Blanc „Kernstück"
7,70€ · 12%

Weingut Mehling

Weinstraße 55,
67146 Deidesheim
T +49 (0) 6326 274
www.weingut-mehling.de

Inhaber Fam. Mehling-Otte
Betriebsleiter
Christoph Knäbel & Kathrin Otte
Kellermeister
Christoph Knäbel & Kathrin Otte
Verbände Winechanges, Generation Riesling
Rebfläche 10 ha
Produktion 54.000 Flaschen
Gründung 1952
Verkaufszeiten
Mo–Sa 9–12 Uhr und 14–18 Uhr

Für die studierte Önologin Kathrin Otte (deren Eltern Anne Mehling-Otte und Bernd Otte das Weingut gehört) und ihren Freund, Weinbauwirtschafter Christoph Knäbel, steht die Erzeugung charaktervoller und naturbelassener Unikat-Weine im Vordergrund. „Unsere Weine schmecken nicht jedes Jahr gleich, und das sollen sie auch nicht" – dass bei diesem Ziel die Bewirtschaftung der Böden nach ökologischen Grundsätzen zielführend ist, weiß man schon längst. Der Großteil der Rieslinge wird spontan vergoren, auch ein langes Hefelager von neun Monaten lässt man schon den Ersten Lagen angedeihen, die Großen Lagen dürfen sogar 20 Monate auf der Feinhefe ruhen.

♥ **2018** Deidesheimer Kalkofen Riesling
21,00€ · 13%
Kraftvoll, exotisch und rund.

2018 Forster Musenhang Riesling 1. Lage
14,00€ · 13%
Birne? Melone? Ja, ein beeindruckend ungezähmtes Aromen-Potpourri.

2018 Forster Ungeheuer Riesling
21,00€ · 13%
Reife Frucht, rund und voll, körperreich.

2018 Königsbacher Ölberg Riesling
23,00€ · 13%
Mineralisch, konzentriert und lang.

2019 Deidesheimer Leinhöhle Riesling 1. Lage
14,00€ · 12,5%
Grapefruit und Zitruszeste verwöhnen mit frischer Bitternis Nase und Gaumen.

Uli Metzger

Langgasse 32–34,
67269 Grünstadt-Asselheim
T +49 (0) 6359 5335
www.weinmetzger.de

Inhaber Uli Metzger
Betriebsleiter Uli Metzger
Kellermeister Martin Heinz
Verbände Generation Riesling

Uli Metzger hat das Marketing-Game verstanden und spielt nicht ohne Selbstironie mit seinem Namen: Zur Klassifikation seiner Weine führt er durch die Edelteile eines Rinds: Die Flanke repräsentiert die Basisweine, das Pastorenstück das Mittelsegment und das Filet steht – natürlich – für die Top-Lagen. Außerdem setzt Metzger auf ein vielfältiges Rebsortenportfolio: Neben den Klassikern Riesling und Spätburgunder hat er auch Chardonnay, Merlot und sogar Tempranillo im Sortiment. Die Weine zeigen sich in der Jugend teilweise etwas ruppig und verschlossen, profitieren extrem von Luftzufuhr (karaffieren!) und Zeit und dürfen sich gerne ein wenig im Keller ausruhen und reifen, bevor sie serviert werden. Metzger arbeitet seit Jahren an der Verfeinerung seines Weinstils und der gezielteren Ausarbeitung von Lagentypizität – mit Erfolg.

Rebfläche 28 ha
Produktion 280.000 Flaschen
Verkaufszeiten
Mo–Fr 9–12 Uhr und 13–18 Uhr
Sa 10–16 Uhr

♥ **2019** Chardonnay „Abyssus"
98,00€ · 13%
Aromen von Teer und nasser Straße sind vielleicht nicht für jeden etwas. Die straffe und prägnante Säure sorgt aber für Spannung und weckt das Interesse.

2019 Mühlheimer Sonnenberg Riesling „Special Cut"
24,50€ · 13%
Nussig mit leichter Bitternote, ein wenig struppig. Nicht ganz leicht zugängig, lohnt zu entdecken.

2019 Riesling „Alte Reben"
12,50€ · 13%
Gelbe Früchte, feine Säure und eine bestens balancierte Kontur zeichnen diese alten Reben aus.

2019 St. Stephan Chardonnay „Grande Réserve"
29,00€ · 13%
Bezaubernd und feenhaft. Vanille, Flieder und frisches Birnenmus tanzen auf der Zunge.

2019 St. Stephan Chardonnay „Réserve"
19,50€ · 13%
Sehr ausgewogen, frisch und rund, ein vielseitiger Essensbegleiter.

2018 Pinot Noir „Abyssus"
98,00€ · 13,5%
Tänzelt mit Kakao und Brombeere, hat sie fest im Griff, während er sie übers glänzende Parkett führt.

2018 Pinot Noir „Arthos"
38,00€ · 13,5%
Nasses T-Shirt – soll das so? Macht er wett mit einer guten kirschigen Frische, roten Beeren und sehniger Statur. Das Shirt steht diesem deutschen Pinot-Typen.

2018 Pinot Noir „Melandor"
48,00€ · 13,5%
Sehr erwachsen und ein rechter Statement-Pinot. Schießpulver und salziges Leder bringen Action an den Gaumen.

2018 Pinot Noir „Prago"
28,00€ · 13,5%
Verkugelt sich noch wie ein Igel, wirkt dabei fast so possierlich. Geschlossene Veranstaltung, von innen dringen Noten von Herbstlaub raus.

2018 Tempranillo
19,50€ · 14%
Rioja lässt grüßen, vielerorts versucht, selten gelungen. Ganz anders bei Uli Metzger, hier spricht der Meister!

Georg Mosbacher

Weinstraße 27, 67147 Forst
T +49 (0) 6326 329
www.georg-mosbacher.de

Inhaber Familien Mosbacher & Düringer
Betriebsleiter Jürgen Düringer
Verbände VDP, Vinissima
Rebfläche 22 ha
Produktion 150.000 Flaschen
Gründung 1921
Verkaufszeiten
Mo–Fr 9–12 Uhr und 13.30–18 Uhr
Sa 10–13 Uhr

Sabine Mosbacher-Düringer und ihr Mann Jürgen Düringer führen das Weingut seit vielen Jahren gemeinsam. Teil ihrer Erfolgsstrategie ist es, neugierig zu bleiben. Weiterbildung, Austausch mit Kolleginnen und Kollegen und Reflexion der eigenen Stilistik, gehören für beide zum täglichen Geschäft. Mosbacher-Düringer sieht die Stärke der eigenen Weine in der Präzision, der Frucht und der klaren Herausarbeitung der Lagen, auf denen sie gewachsen sind. Riesling ist zwar der Star des Betriebs, doch auch Sauvignon Blanc ist wichtig – das Weingut gehörte Ende der 1990er Jahre zu den ersten in der Pfalz, die diese Sorte pflanzten. Seit 2012 wird das Weingut nach den Richtlinien des Ökolandbaus bewirtschaftet – „nicht, weil es gut klingt, sondern aus Überzeugung", so Mosbacher-Düringer.

2018 Wachenheimer Altenburg Chardonnay „sl"
16,00€ · 13%
Das Holz beginnt gerade, sich zu integrieren; vielschichtig und stimmig. Braucht Zeit, um die Ecken und Kanten etwas zu glätten.

2019 Deidesheimer Leinhöhle Riesling 1. Lage
14,00€ · 13%
Harmonischer, nicht zu schlank gebauter Riesling mit feinem Säure-Süße-Spiel im Finale. Ein idealer Begleiter für das Gespräch unter Freunden.

2019 Forster Musenhang Riesling 1. Lage
14,60€ · 12,5%
Der Duft springt förmlich aus dem Glas, ein Wein mit fester Struktur und vibrierender Spannung.

2019 Forster Ungeheuer Riesling GG
35,00€ · 13%
Ein ruhiger Klassiker für große Runden. Unaufgeregt.

2019 Sauvignon Blanc „Fumé"
18,00€ · 13%
Dieser Wein schmeckt nach Sommer.

2019 Wachenheimer Gerümpel Riesling 1. Lage
16,00€ · 13,5%
Stimmige Lebendigkeit mit rauchigen Tönen und gelbfruchtigen Noten.

Sektgut Motzenbäcker

Weinstraße 80–82,
67146 Deidesheim
T +49 (0) 6326 6040
www.villa-im-paradies.de

Inhaber Familie Menger-Krug
Betriebsleiter
Marie Menger-Krug
Kellermeister
Marie Menger-Krug
Verbände DE-Öko-22
Rebfläche 20 ha
Produktion 170.000 Flaschen
Verkaufszeiten
Mo–Fr 10–18 Uhr
Sa, So 11–18 Uhr

Regina und Klaus Menger-Krug gründeten in den 1980er-Jahren das erste deutsche Sektgut. Den Namen „Motzenbäcker" hat ihre Tochter Marie, die für die Schaumweine der Familie seit 2015 verantwortlich zeichnet, von der Großmutter Anneliese „geliehen", um die Familientradition abzubilden. Motzenbäcker bezeichnet sich selbst als „Méhode-Rurale-Fanatikerin". Bei dieser Methode erfährt der Schaumwein nur eine Gärung. Die Stillweine werden mithilfe von Champagner-Hefen im Tank zur Angärung gebracht und dann unfiltriert auf Flaschen gezogen, wo sie weitere neun Monate reifen dürfen. Diese traditionelle Art der Sektbereitung bringt fruchtige, aromatische und dabei besonders feinperlige Schaumweine hervor – in diesem Fall mit der besonderen Handschrift von Marie Menger-Krug.

2015 Chardonnay „Méthode Rurale Motzenbäcker by Marie-Menger-Krug" brut
23,00€ · 12,21%
Elegante cremige Bitternis trifft feine Säure. Ein Gaumenschmeichler.

2017 Sauvignon Blanc „Méthode Rurale Motzenbäcker by Marie-Menger-Krug" brut
29,00€ · 12,5%
Zitrische Frische trifft elegante Bitternis und Steinfrüchte. Zu Salzigem eine spannende Kombination.

Chardonnay „Motzenbäcker by Marie-Menger-Krug" brut
15,50€ · 13,39%
Würzig und kräftig, dazu schleicht ein bisschen Rauch in die Nase. Dieser Sekt kann auch Hauptgänge begleiten.

Weingut Menger-Krug / Motzenbäcker by Marie Menger-Krug

Neueinsteiger

Weinstraße 80,
67146 Deidesheim
T +49 (0)6326 6040
www.villa-im-paradies.de

Inhaber Klaus & Marie Menger-Krug
Betriebsleiter Marie Menger-Krug
Außenbetriebsleiter Andrzej Hajduk
Kellermeister Marie Menger-Krug & Michael Kern
Verbände DE-Öko-22
Verkaufszeiten Mo–So 10–18 Uhr

Ganze drei Weingüter managt Marie Menger-Krug zusammen mit ihren Eltern. Im Weingut Motzenbäcker in Deidesheim spezialisiert sich die studierte Önologin nicht nur auf Ihre Sekte nach Methode Rurale, sondern auch auf Stillweine. Besonders im Fokus: der Riesling – ihre Lieblingsrebsorte. Ihre Leidenschaft zum Weinmachen entdeckte Marie relativ spät. Nach Stationen in Südafrika und Neuseeland zog es sie wieder nach Hause zurück, um dann doch in die Fußstapfen der Eltern zu treten.

2019 Riesling „... dem Himmel so nah"
16,00€ · 12,07%
Exotische Frucht, zarte Zitrusnote und dazu ein feiner Schmelz. Vielschichtig.

2019 Riesling „ALTE REBEN"
25,00€ · 12,68%
Noch etwas Weglegen wird sicherlich belohnt mit der besonderen Feinheit großer Weine – der man Luft, Luft und Luft gönnen sollte.

2019 Weißwein-Cuvée „ADAM IM PARADIES"
10,00€ · 11,88%
Duftet nach reifen Äpfeln und Birnen, etwas flach.

2017 Cabernet Sauvignon
19,00€ · 13,58%
Dunkle, von Röstaromen geprägte Würzigkeit. Ein kräftiger Begleiter für kalte Tage und Geschmortes.

Eugen Müller

Weinstraße 34a, 67147 Forst
T +49 (0) 6326 330
www.weingut-eugen-mueller.de

Inhaber Stephan Müller
Betriebsleiter Stephan Müller
Kellermeister Jürgen Meißner
Rebfläche 17 ha
Produktion 145.000 Flaschen

Eine nicht ganz alltägliche Geschichte hat das Weingut Eugen Müller. Die Familie war nämlich ursprünglich nicht im Wein, sondern in der Küferei tätig – bis 1935. Der heutige Seniorchef, Kurt Müller, ist selbst gelernter Küfer. Und seine eigens hergestellten Fässer sind sogar noch im Einsatz am Weingut. Inzwischen hat die junge Generation, namentlich Christine und Stephan Müller, die Geschicke übernommen und setzt beim Weinbau auf umweltschonende Methoden und naturnahes Arbeiten.

2019 Forster Jesuitengarten Riesling Spätlese trocken
20,00€ · 12,5%
Noch verschlossen zeigt der vielschichtige, kraftvolle Wein nur zögerlich seine Größe.

♥ **2019** Forster Kirchenstück Riesling Spätlese trocken
23,00€ · 13%
Ein feiner, eleganter Wein, der mit einem Hauch Süße auf der Zunge tänzelt.

Verkaufszeiten
Mo–Fr 8–12 Uhr und 13.30–18 Uhr
Sa 10–16 Uhr
So nach Vereinbarung

2019 Forster Pechstein Riesling Spätlese trocken
20,00€ · 12,5%
Ein Riesen-Ding: Saftig-mineralisch macht der Wein Druck am Gaumen und Lust auf den nächsten Schluck.

2019 Forster Ungeheuer Riesling „Ziegler" Spätlese trocken
20,00€ · 13%
Viel Kraft ohne überflüssiges Fett, harmonisch und anhaltend im Geschmack.

Weingut Müller-Catoir
Mandelring 25,
67433 Neustadt-Haardt
T +49 (0) 6321 2815
www.mueller-catoir.de

♥ **2019** Haardter Bürgergarten Riesling 1. Lage
20,40€ · 12,5%
Schlank und finessenreich, animierend knackig mit feinstem Säure-Süße-Aufspiel im Finale.

Georg Naegele – Schlossbergkellerei

Schloßstraße 27-29,
67434 Neustadt-Hambach
T +49 (0) 6321 2880
www.naegele-wein.de

Inhaber Eva & Ralf Bonnet
Betriebsleiter Eva & Ralf Bonnet
Kellermeister Alfred Leiner
Verbände Forum Pfalz, Pro Riesling
Rebfläche 35 ha
Produktion 350.000 Flaschen
Gründung 1796
Verkaufszeiten
Mo–Fr 9.30–17.30 Uhr
Sa 9.30–14.30 Uhr
und nach Vereinbarung

Eva und Ralf Bonnet zeichnen im Weingut Naegele verantwortlich – nicht nur mit langer Tradition im Rücken (das Weingut besteht seit 1796), sondern auch noch in geradezu pittoresker Lage in Hambach zu Füßen des Hambacher Schlosses. Zukunft leben und Tradition bewahren – unter diesem Motto bewirtschaften die beiden 35 Hektar Rebfläche rund um Hambach.

2019 Am Kirchenberg Riesling
12,00€ · 13,5%
Riesling mit Zurückhaltung und trotzdem Präsenz und Kraft.

2019 Im Kirschgarten Weißburgunder
12,00€ · 13,5%

2019 Sauvignon Blanc
7,50€ · 12,47%

2017 Hambacher Schlossberg Pinot Noir „Naegele Kairos"
20,00€ · 13,4%
Großer Pinot Noir, finessenreiche animierende Frucht mit Tiefgang.

Sascha Nehb

Neueinsteiger

Im Auweg 44,
67269 Grünstadt-Asselheim
T +49 (0) 6359 6437
weingut-nehb.de

Inhaber Sascha Nehb
Betriebsleiter Sascha Nehb
Kellermeister Sascha Nehb
Rebfläche 20 ha
Produktion 100.000 Flaschen
Gründung 1519
Verkaufszeiten
Mo–Sa 8–18 Uhr
So nach Vereinbarung

Engel und Teufel Hand in Hand: Weil sein Weingut am Fuß der Gemarkungen „Goldberg" und „Höllenberg" liegt, hat Sascha Nehb diese Symbolik aufgegriffen, um seine Philosophie zu transportieren, und daher auch seine Etiketten danach gestaltet. „Engel und Flügel stehen für den ruhigen, ausgeglichenen ‚goldenen Himmel', Teufel und Horn für die umtriebige, experimentierfreudige ‚Hölle'", erklärt der Winzer, dessen Gut auf das Jahr 1519 zurückgeht.

2019 Mühlheimer Grafenstück Chardonnay Spätlese trocken
6,50€ · 13,9%
Die jugendliche Frische sollte sich noch ein wenig austoben dürfen.

2019 Mühlheimer Grafenstück Riesling „Terrain Calcaire" Spätlese trocken
7,80€ · 13,05%
Grüne Kräuter im Wechsel mit Aromen von Pfirsich und Zitrusfrüchten. Fein und eher leise.

2019 Sauvignon Blanc Kabinett feinherb
7,00€ · 12%

2017 Asselheimer Goldberg Cabernet Mitos „Barrique" Spätlese trocken
10,00€ · 14%

2017 Asselheimer Höllenpfad Dornfelder „Barrique"
9,50€ · 13%
Warum kompliziert machen, wenn es auch leicht geht – leicht, frisch, tänzelnd für die ganze Familie.

2018 Asselheimer Goldberg Schwarzriesling „Terrain Calcaire" Spätlese trocken
7,80€ · 13%

Weingut am Nil

Neugasse 21, 67169 Kallstadt
T +49 (0) 6322 8011
www.weingutamnil.de

Betriebsleiter
Christine Andrea Ludt
Kellermeister Till Tempel
Rebfläche 30 ha
Produktion 200.000 Flaschen

Das Weingut am Nil ist nach seiner Lage benannt. Naja, nicht so, wie Sie jetzt vielleicht denken. Der Betrieb liegt nicht weit entfernt von der historischen Kallstadter Lage „Nil" und hat sich diesen Umstand marketingtechnisch zunutze gemacht – getreu dem Motto „Jahrtausendealte Lagen. Frische Ideen". Das Weingut hat für Interessierte weit mehr zu bieten als „nur" Wein. Ob in der Vinothek, im „Restaurant am Nil" oder gleich über Nacht in einem der sieben Gästezimmer – auf Gäste ist das Weingut geradezu perfekt vorbereitet.

2018 Chardonnay „Kallstadter"
14,50€ · 13,5%
Hier ist das Holz noch spürbar, der Wein dabei saftig, frisch und balanciert.

Gründung 2010
Verkaufszeiten
Mo–Fr 8–12 Uhr und 13–17 Uhr
Sa 15–20 Uhr
So 12–20 Uhr

2018 Kallstadter Saumgen Riesling
21,90€ · 13,5%
Noch vom Ausbau im Holz geprägt, recht würzig, in zwei Jahren zu deftiger Küche (Saumagen?).

2018 Riesling „Kallstadter"
14,50€ · 13%
Rund und harmonisch eingebaute Säure.

2018 Riesling „Ungsteiner"
14,50€ · 12,5%
Viel Frucht nach reifen Äpfeln und Birnen.

2018 Ungsteiner Herrenberg Riesling
19,50€ · 13%
Hier ist alles vorhanden: Frucht, Saft und Kraft.

2019 Sauvignon Blanc
10,90€ · 11,5%
Herb und animierend mit knackiger Säure.

2017 Kallstadter Saumagen Spätburgunder
24,90€ · 13,5%
Der eine schreibt ihm Potenzial zu, der andere freut sich heute schon an Kräutern, Gewürzen und Pfeffer auf einem Bett aus Brombeeren.

2017 Rotwein-Cuvée „Púrpura"
14,50€ · 13,5%
Bestens komponierte und strukturierte Rotwein-Cuvée mit feinem Gerbstoffgerüst.

2017 Spätburgunder
12,50€ · 13%
Selbstbewusster, würziger Auftritt, in Kombination mit Bresaola und Parmesan ganz wunderbar.

Weingut Petri

Weinstraße 43,
67273 Herxheim am Berg
T +49 (0) 6353 2345
www.weingut-petri.de

Inhaber Familie Petri
Verbände Junge Pfalz 2020
Rebfläche 22 ha
Produktion 170.000 Flaschen
Gründung 1655

Weingüter sind Generationenprojekte und auch bei Petris in Herxheim am Berg haben mit dem Jahrgang 2018 die Brüder Maximilian und Philipp die Verantwortung übernommen. Auch sonst ist keine Zeit für gemütliches Zurücklehnen – der Traubentransport wurde modernisiert, um weiterhin möglichst authentische Weinen der Region zu fördern. Die Petris können sich dabei auf Trauben von 22 Hektar Böden auf Höhen zwischen 130 bis 250 Meter über dem Meeresspiegel verlassen, die im Windschatten des Haardtgebirges auf Südhängen wachsen. Vorwiegend Handlese, Verzicht auf Herbizide, Insektizide und ertragssteigende Düngung sind einige der Eckpfeiler des Weinbaus. Und es geht weiter, eine neue Premiumlinie ist geplant – in den nächsten Jahren sollen von den Lagen Saumagen und Honigsack kleine, besondere Parzellen einzeln ausgebaut werden.

Verkaufszeiten
Mo–Fr 9–12 Uhr und 13.30–18 Uhr
Sa 9–12 Uhr und 13.30–17 Uhr

2018 Kallstadter Saumagen Riesling Spätlese trocken
8,80€ · 12,5%
Nussigkeit und phenolische Noten bringen Grip und Textur, die leicht bittere Säure sorgt für Spannung.

♥ **2019** Am Goldberg Riesling
13,00€ · 11%
Purer klarer erfrischend knackiger Wein, der einfach Spaß macht, easy going.

2019 Chardonnay
11,00€ · 13%
Cremekaramelschmeichler, der dank einer zu erahnenden Säure daran vorbeischlittert, im Bonbonregal einsortiert zu werden – mit einem Geflügelcurry ein Vergnügen und als solcher kaum besser zu machen.

2019 Kallstadter Saumagen Riesling Kabinett trocken
5,70€ · 12,5%

2017 Herxheimer Honigsack Spätburgunder „Selektion"
20,30€ · 13,5%
Schattenmorelle und Kirsche treffen Rhabarber und Kandiszucker. Spannend in seiner Aromatik und ein gutes Mitbringsel fürs Abendessen mit Freunden.

2018 Cabernet Sauvignon
11,00€ · 14,5%

2018 Chardonnay extra brut
10,50€ · 12%
Das Aromenspektrum von Mandarinenschale und Rauch wird von einem langen und weichen Finale gekrönt.

Weingut Pfeffingen

Pfeffingen 2,
67098 Bad Dürkheim
T +49 (0) 6322 8607
www.pfeffingen.de

Inhaber Doris & Jan Eymael
Betriebsleiter Jan Eymael
Kellermeister Rainer Gabel
Verbände VDP, Fair'n Green
Rebfläche 17 ha
Produktion 120.000 Flaschen
Verkaufszeiten
Mo–Fr 8–12 Uhr und 13–18 Uhr
Sa 9–12 Uhr und 13–16 Uhr

Dass ein Pfälzer Winzer als Lieblingsrebsorte die Scheurebe nennt, mutet exotisch an. Natürlich beherrscht man in Bad Dürkheim auch den Riesling, kann man doch auf so prestigeträchtige Lagen wie den Weilberg oder den Herrenberg zugreifen. Doch es ist die Scheurebe, die es Jan Eymael besonders angetan hat. Neu im Sortiment: die Scheurebe „o" aus dem Jahrgang 2019, bei der experimentiert wurde mit Maischevergärung und Holzfassausbau. Ziel war, die üblichen Grenzen der Scheureben-Aromatik zu sprengen und einen individuellen, dichten und würzigen Charakter-Wein zu schaffen. Der Name kommt übrigens nicht von ungefähr: Bei ersten Verkostungen war die Reaktion auf den Wein ein überraschtes „Oh!".

2019 Herrenberg Riesling GG
27,00€ · 14%
Beachtliche Erscheinung mit Dichte und Konzentration, gleichzeitig viel Feinheit. Umami am Gaumen, schon jetzt ein Hochgenuss.

2019 Herrenberg Ungstein Weißburgunder GG

22,00€ · 13,5%

So leicht, so zart, dass er in Balsaholz ausgebaut zu sein scheint. Da muss man aufpassen, nicht zu viel zu verpassen, so leise, aber bestimmt tritt er auf.

♥ **2019** Scheurebe „o"

41,00€ · 13,5%

Scheurebe mal gewagt anspruchsvoll anders, viel Kraft, holzbetont, enorme Dichte und trotzdem typisch.

2019 Weilberg Ungstein Riesling GG

27,00€ · 13%

Frucht, Würze, Druck am Gaumen, dabei kernig und trocken: Riesling pur.

Weingut Pflüger

Gutleutstraße 48,
67098 Bad Dürkheim
T +49 (0) 6322 63148
www.pflueger-wein.de

Inhaber Alexander Pflüger
Betriebsleiter Alexander Pflüger
Kellermeister Markus Lange & Ina Schwarzbach
Verbände Ecovin, Demeter
Rebfläche 30 ha
Produktion 370.000 Flaschen
Verkaufszeiten
Mo–Fr 9–12 Uhr und 14–18 Uhr
Sa 10–16 Uhr

Ein Acker, ein Pferd, ein Winzer – so präsentiert sich das Weingut. Ecovin, Demeter – Biodynamie. Und nicht erst seit heute. Alexander Pflügers hat sich bereits vor mehr als 20 Jahren einer ökologischen Anbauweise verschrieben, als einer der Pioniere. In den Augen Pflügers sind es Riesling und Spätburgunder, die ihre Herkunft von den vielfältigen Böden der Pfalz schmeckbar machen, weswegen ihnen beiden die Aufmerksamkeit gilt. Von 30 Hektar gewinnt Pflüger Trauben, deren Saft im Keller weder mit Schönungsmitteln, Aromahefen oder Enzymen bearbeitet wird. Neben seinen Lagenweinen und Gutsweinen füllt Pflüger auch seine „Biodynamite" ab, das sind Cuvées, die eine kraftvolle Hommage an den biodynamischen Weinbau sein sollen.

♥ **2018** Dürkheimer Michelsberg Weißburgunder

18,00€ · 12%

Hefig und kräuterig dank Spontangärung – regt zu Gesprächen über Weine und Stile an.

2019 Dürkheimer Spielberg Riesling 1. Lage
15,00€ · 12,5%
Ein Wein voller Energie und Lebendigkeit, mit dem man sich den ganzen Abend lang beschäftigen kann.

2019 Riesling „Tradition"
11,00€ · 12,5%

2019 Weißwein-Cuvée „Biodynamite"
11,00€ · 12%

2018 Dürkheimer Fronhof Spätburgunder
18,00€ · 13%

2018 Königsbacher Ölberg Spätburgunder 1. Lage
20,00€ · 12,5%
Sehr würzig (Liebstöckel, Zimt) mit animalischen Anklängen.

Weingut Reibold

Wallstraße 19, 67251 Freinsheim
T +49 (0) 6353 1821
www.weingut-reibold.de

Inhaber Philipp & Johannes Reibold
Rebfläche 13 ha
Produktion 90.000 Flaschen
Verkaufszeiten
Mo–Fr 10–18 Uhr
Sa 10–16 Uhr
So nach Vereinbarung

Junge Geschwister an der Spitze eines Weinguts scheinen sich in der Pfalz als Modell zu bewähren. Ein Beleg dafür sind zweifelsfrei Johannes und Philipp, die das – mit dem Gründungsjahr 1976 noch recht junge – Weingut von ihren Eltern übernahmen. Mit offenen Augen blicken sie in die Weinwelt, um die für sie passenden Elemente in der Arbeit auf ihren 13 Hektar anzuwenden, zu denen unter anderem der Freinsheimer Musikantenbuckel gehört. Auf ihren Flächen stehen mit Riesling, Chardonnay, Pinot Noir und Weißburgunder, Grauburgunder und Sauvignon Blanc klassische Sorten.

2016 Sauvignon Blanc „Reserve"
25,00€ · 13%
Konsequent trocken ausgebaute Reserve, die trotz feiner Reife einen ganz und gar diskret eleganten Auftritt hat.

2019 Chardonnay „Reserve" Spätlese trocken
32,00€ · 13%
Ist noch etwas verschlossen, macht aber mit seinen Zitrusnoten schon Appetit.

2019 Großkarlbacher Burgweg Riesling „Im großen Garten"
26,00€ · 12,5%
Viel Frucht und Körper, mit Schmelz am Gaumen.

2019 Sauvignon Blanc
8,20€ · 11,5%
Trocken, karg mit straffer Säure, ein sauberer, einfacher Wein.

2018 Großkarlbacher Burgweg Spätburgunder „Im großen Garten“

39,00€ · 13%

Kirschige, dichte Frucht trifft auf sanfte Kraft und einen langen Nachhall.

2018 Spätburgunder „Freinsheimer“

14,90€ · 13%

Dezenter Rauch und leicht ätherische Noten kühlen Gaumen und Gemüt.

Weingut Reinhardt
Hintergasse 58,
67150 Niederkirchen
T +49 (0) 6326 8372
www.weingut-reinhardt.de

2016 Blanc et Noir brut nature

15,00€ · 12%

Rassiger Apfel, kräftig im Antrunk. Mit festem Garn gestrickt.

2016 Riesling brut

14,00€ · 12%

Duftet nach reifer Guter-Louise-Birne und Hefegebäck, hinzu kommt rosa Grapefruit. Der Sekt hat eine klare Struktur. Die tragende Frische und knackige Säure geben Grip und bauen sanften Druck auf. Eine feine Perlage rundet das Bild ab.

Weingut Rings

Dürkheimer Hohl 21,
67251 Freinsheim
T +49 (0) 6353 2231
www.weingut-rings.de

Inhaber Steffen & Andreas Rings
Betriebsleiter Steffen & Andreas Rings
Kellermeister Niklas Raab
Verbände VDP
Rebfläche 31 ha
Produktion 190.000 Flaschen
Verkaufszeiten
Mo–Sa 10–12 Uhr und 13–17 Uhr

Der Jahrgang 2001 war der erste, den Steffen Rings im seinem neu gegründeten Weingut produzierte. „Das Weingut entstand aus dem landwirtschaftlichen Gemischtbetrieb unserer Eltern, die neben Obst auch Fasswein produzierten. Ich hatte da keine Lust drauf, deshalb habe ich begonnen, den Betrieb neu auszurichten“, erinnert er sich. „Weinberge wurden verkauft, getauscht und wann immer möglich in besten Lagen von Kallstadt oder Ungstein gekauft oder gepachtet. Holzfässer wurden angeschafft.“ Noch mehr Dynamik entwickelt das Gut, als Bruder Andi 2007 einsteigt. 2010 entdecken die beiden eine brachliegende, verlassene Parzelle im Naturschutzgebiet Berntal. Ein Kreidefelsen mit 25 Prozent Hangneigung und nach Süden. Die völlig verbuschte Parzelle wird gerodet, die Trockenmauern werden wieder hergestellt. „Mit Blut, Schweiß und Tränen“, erzählt Andi Rings. 2015 erfolgt die Aufnahme in den VDP, 2017 die Biozertifizierung. 2018 ist der erste Jahrgang, den die Rings-Brüder im neu gebauten Weingut im Freinsheimer Kreuz verarbeiten. Dieses ist in den Weinberg gebaut, fast vollständig mit Humus abgedeckt und bepflanzt. Wie schafft man das alles in 20 Jahren? „Wir sind Weinverrückte. Wein ist unser Leben, dafür arbeiten wir 365 Tage im Jahr“.

2019 Kallstadt Riesling

15,00€ · 12,5%

Tolle Würze und Mineralik, gepaart mit leisem Schmelz und Apfelfrucht. Elegant und erwachsen.

2019 Kallstadter Steinacker Riesling 1. Lage

24,00€ · 12%

Schießpulver, grüne Paprika, dann Zitrone. Expressiv, ausdrucksstark und mit Länge.

2019 Weilberg Riesling GG

36,00€ · 13%

Beeindruckende Harmonie aus der puren Kraft des Lesegutes und dem offensiv die reifen Noten unterstreichenden Ausbau. Potenzial ohne Ende.

2018 Kallstadt Spätburgunder

19,00€ · 12,5%

Immer noch verhalten zeigt auch dieser wundervoll balancierte Wein aus der Rings'schen Pinot-Noir-Kollektion, wohin die Richtung geht, zum Olymp.

2018 Kallstadter Steinacker Spätburgunder 1. Lage

32,00€ · 12,5%

Unglaublich, was hier an überragender Pinot-Noir-Qualität vorgelegt wird. Glaubte man vor Jahren noch daran, dass die Rings Brothers nur kräftig cuvetieren können, nein, hier hat die Eleganz das Sagen!

Karl Schaefer

Weinstraße Süd 30,
67098 Bad Dürkheim
T +49 (0) 6322 2138
www.karl-schaefer.com

Inhaber Dr. Job & Nana von Nell
Betriebsleiter Johann Seibt
Kellermeister Johann Seibt
Verbände
VDP Gründungsmitglied / EU-Bio
Rebfläche 17,5 ha
Produktion 80.000 Flaschen
Gründung 1843

Nana und Dr. Job von Nell wollen lagen- und jahrgangstypischen Wein erzeugen, der seine Herkunft ehrlich transportiert und widerspiegelt. Seit der Übernahme des Weinguts Karl Schaefer im Jahr 2009 setzen beide deshalb auf die biologische Bewirtschaftung ihrer Weinberge – und das mit besonderem Augenmerk auf den Boden. „Wenn alle im Weinbau über Terroir reden, aber die Böden kaputt machen, dann bleibt nur noch die geografische Lage übrig – eine Illusion von Terroir", so eine Aussage von Job von Nell (eigentlich promovierter Jurist). Diese Diskussion ist heute vielleicht wichtiger – und wahrscheinlich längst überfällig – denn je und sollte unbedingt von Winzern mit angestoßen werden, deren Kapital ganz besonders von der Qualität des Reben-Untergrunds abhängt. Wenn man über Lagen und Bodenformationen spricht, ist der Sprung zum Riesling nicht weit. Er gilt als besonders vielfältiger Botschafter und Vermittler seiner Herkunft. So ist es wohl auch kein Wunder, dass er mit 85 % den größten Anteil an den knapp 18 Hektar Rebfläche bei Karl Schaefer hat. Seit dem Jahrgang 2019 hat sich das Weingut dazu entschieden, den großen Weinen mehr Zeit zu geben – so kommen die Ersten und Großen Lagen erst ab 2021 in den Verkauf.

Verkaufszeiten
Mo–Fr 9–12 Uhr und 13–18 Uhr
Sa 10–16 Uhr

2018 Dürkheimer Michelsberg Riesling GG
28,27€ · 13,09%
Seriös und opulent, ein Klassiker, der noch viel Zeit hat und ganz ruhig daherkommt.

2018 Dürkheimer Spielberg Riesling 1. Lage
16,09€ · 12,8%
Wenn im Frühjahr die Natur zum Picknick lockt, dann ist eine Flasche davon dabei mit schöner Salzigkeit, Säure und Obstnoten.

2018 Ungsteiner Herrenberg Riesling GG
28,27€ · 13,23%
Saftig mit viel Grip am Gaumen. Ein Wein mit Schmackes.

2018 Ungsteiner Weilberg Riesling GG
32,17€ · 13,15%
Bei aller Kraft ist dieser Riesling fein gestrickt, klar und elegant.

2018 Wachenheimer Fuchsmantel „Quetschenbaum" Riesling 1. Lage
16,09€ · 12,49%
Er ist flüssiger Beleg, dass Terroir nicht nur Gerede ist. Regt zum Nachschenken an mit einer angenehmen Abfolge von Kreidetönen, Kräutern und Säure.

2018 Wachenheimer Gerümpel Riesling 1. Lage
16,09€ · 12,72%
Ein seriöser Essensbegleiter, dessen Kräuterwürze sich gut macht zu Gerichten mit Wachteln, Stubenküken und Kartoffelpüree.

2019 Riesling „Dürkheim Sonnentropfen"
11,21€ · 12,22%
Duftet nach tropischen Früchten und Blüten, am Gaumen zupackend mineralisch – macht Appetit.

2019 Riesling „Schaefer"
8,29€ · 11,88%
Duftet nach Zitrus und Pfirsich, puristisch und geradlinig.

2019 Riesling „Wachenheim Basalt"
11,70€ · 12,03%
Konsequent trocken ausgebauter, erfrischend schlanker Riesling mit feiner Extraktsüße für einen harmonischen und vielversprechenden Auftritt.

Weingut Schenk-Siebert

Leininger Straße 16,
67269 Grünstadt-Sausenheim
T +49 (0) 6359 2159
www.weingut-schenk-siebert.de

Inhaber Gerhard & Hildegard Siebert
Betriebsleiter Gerhard & Christoph & Johannes Siebert
Kellermeister Gerhard & Johannes Siebert
Rebfläche 37 ha
Produktion 220.000 Flaschen
Verkaufszeiten
Mo–Fr 10–18 Uhr
Sa 10–16 Uhr
und nach Vereinbarung

Die Familie Siebert ist die älteste Winzerfamilie in Grünstadt. Ihre Aktivitäten im Weinbau reichen zurück bis in das Jahr 1675. „In Symbiose mit den Senioren" drehen heute Christoph und Johannes Siebert an der Qualität, lässt das Gut verlauten und weiter: „Es wurde mit Holz und Spontangärung gearbeitet, bei den Rotweinen werden die Barriques selektioniert."

2018 Neuleininger Feuermännchen Chardonnay „Réserve" 1. Lage
18,00€ · 14%

2019 Grünstadter Riesling „Dry as a Bone"
8,50€ · 13%

2019 Neuleininger Feuermännchen Chardonnay
11,20€ · 14%
Verbene, Eisenkraut, Leder, Rauch und Tannennadeln. Extraktreich und wohlwollend.

2019 Riesling
5,70€ · 12,5%

2019 Röth Riesling „Reserve" 1. Lage
14,50€ · 13,5%

2019 Sausenheimer Honigsack Riesling „Kalkstein" 1. Lage
11,20€ · 13,5%
Krokant-Apfel und feine Säure. Verspielt am Gaumen mit toller Länge.

2019 Sausenheimer Hütt Riesling „Alte Reben" 1. Lage
11,70€ · 13,5%
Klebt sich fest im Mund, kämpft um Aufmerksamkeit. Gut so. Alles im grünen Bereich und worüber kann man das heute sonst schon sagen?

2019 Silvaner „Zweiter Haufen"
7,00€ · 13%

2017 Cabernet Franc „Cuveé Trio"
9,20€ · 13,5%

2018 Grünstadter Röth Spätburgunder „Roter Mohr" 1. Lage
14,20€ · 14%
Verbranntes Holz und salziger Speck mit ein wenig Leder. Bäuerlich und ohne Allüren.

♥ **2018** Neuleininger Feuermännchen Spätburgunder
16,70€ · 14,5%

2018 Neuleininger Feuermännchen Spätburgunder „Reserve" 1. Lage
20,00€ · 14,5%

2018 Spätburgunder „Grünstadter"
7,90€ · 14%

2017 Chardonnay „Réserve" brut
14,90€ · 13,55%
Dieser Sekt braucht Zeit. Sahnebonbons und Vanille, dazu fast schon wachsig-ölige Weichheit am Gaumen. Anstrengend? Nein, anspruchsvoll.

2017 Spätburgunder „Pinot Blanc de Noir" brut
10,50€ · 13,34%
Reifer, mürber Apfel, Quitte, Trüffel, Brotkruste, Rauch, Speck, Leder, auch grüne vegetabile Aromen kommen zum Vorschein und formen ein komplexes Geschmacksbild. Das CO_2 zeigt sich frisch und anregend.

Weingut Scheuermann

Hauptstraße 115,
67150 Niederkirchen
T +49 (0) 6326 7575
www.scheuermann-weine.de

Inhaber Karl-Josef & Dominique Scheuermann
Kellermeister Gabriel Scheuermann
Verbände Demeter
Rebfläche 31 ha
Produktion 60.000 Flaschen
Verkaufszeiten nach Vereinbarung

Gabriel und Simon Scheuermann aus Niederkirchen haben das Weingut der Eltern in neue Sphären gehoben. Seit die beiden die Fäden in der Hand haben, geht es mit dem jungen Betrieb stetig bergauf. Gerade die Chance des Neuaufbaus schätzen die Scheuermann-Brüder auch so: „Frei von Konventionen und Vorstellungen" gehen sie an ihre Weine heran und versuchen stetig, die Qualitäten zu verbessern und die eigenen Lagen und Böden besser zu verstehen. Seit 2012 arbeitet das Weingut nach den Grundsätzen der Biodynamie, für beide zugleich Inspirationsquelle als auch der richtige Weg zu einer vitalen Umwelt im Weinberg.

2018 Friedelsheimer Rosengarten Chardonnay
25,00€ · 13%
Kraftvoll zupackend, fast schon wuchtig. Da darf es zur Essensbegleitung auch etwas fettiger zugehen.

♥ **2019** Weißburgunder „Stein & Lehm"
12,50€ · 12,5%
Nomen est omen, nicht fruchtige Primäraromen stehen hier im Vordergrund, das ist Natur pur, eine ungeschminkte Schönheit, filigran und doch zupackend, ein großartiger Solist.

2018 Ruppertsberger Hoheburg Pinot Noir
36,00€ · 13%
Ungemein feiner Pinot Noir, der sein Alter Ego als kulinarischen Begleiter sucht, ein Freilandgeflügel dazu wäre wahrscheinlich eine gute Idee!

2018 Chardonnay brut nature
16,00€ · 11,5%

Egon Schmitt

Am Neuberg 6,
67098 Bad Dürkheim
T +49 (0) 6322 5830
www.weingut-egon-schmitt.de

Inhaber Familie Schmitt
Betriebsleiter Jochen Schmitt
Kellermeister Meike Schwaab
Verbände Fair'n Green, Partnerbetrieb Naturschutz, Wine in Moderation
Rebfläche 18,5 ha
Produktion 160.000 Flaschen
Gründung 1978
Verkaufszeiten
Mo–Di, Do–Fr 10–12 Uhr und 14–18 Uhr
Mi nach Vereinbarung
Sa 9–15 Uhr

Als „Familienangelegenheit seit 1978" bezeichnen die Schmitts ihr Weingut in Bad Dürkheim. Die Gründer Inge und Egon haben inzwischen an den Sohn Jochen übergeben, der für die Zukunft einige Pläne hat. Sein Anliegen ist vor allem der – zugegebenermaßen teilweise etwas überstrapazierte – Begriff der Nachhaltigkeit. Das Weingut achtet darauf, CO_2-neutral zu arbeiten. Das funktioniert nur, wenn neben der naturnahen Bewirtschaftung der Weinberge auch Themen wie Flaschengewicht, Transportwege und -arten und Energiegewinnung beachtet und in die Rechnung mit einbezogen werden. Ergänzend hierzu will sich Schmitt in den nächsten Jahren außerdem weiter mit den sogenannten PIWI-Rebsorten wie Sauvignac und Muscaris beschäftigen – für ihn eine konsequente Weiterentwicklung hin zu echter Nachhaltigkeit.

2018 Ungsteiner Herrenberg Riesling „Ausblick"
17,50€ · 13%
Gelbfleischige, leicht süßlich anmutende Frucht. Eher ein breiter Vertreter seiner Art für Menschen, die es mollig mögen.

2019 Dürkheimer Steinberg Sauvignon Blanc
12,00€ · 12%
Sehr präzise und wertvoll, den muss man sich ein bisschen erarbeiten.

♥ **2019** Dürkheimer Steinberg Sauvignon Blanc „Sherlock Schmitt Fall 2: Spiel mit dem Feuer"
16,50€ · 12,5%
Sehr zitrisch mit leisem Rauch. Nicht unbedingt ein Solist, eher ein Speisenbegleiter.

2017 Cabernet Sauvignon „Duca XI"
23,00€ · 13,5%
Rote Beerenfrucht trifft Weihnachtsgewürze. Nebenbei zum Plätzchenbacken trinken.

2017 „Herr Schmitt & die Pinots" extra brut
17,50€ · 12,5%
So schmeckt ein perfekter Spätsommertag: Mirabellenkuchen, ein fein-expressives Perlen am Gaumen, erfrischend und rund.

2018 Riesling brut
15,00€ · 12%
Brioche trifft grüne Frucht. Hat noch eine lange Zeit vor sich und freut sich, wenn er im Keller noch ein wenig reifen darf.

2018 Spätburgunder Rosé brut
15,00€ · 11,5%
Trockene Eleganz und geradezu knusprige Textur für besondere Momente.

Weingut Schneider

Am Hohen Weg 1, 67158 Ellerstadt
T +49 (0) 6237 7288
www.black-print.net

Inhaber Markus Schneider
Betriebsleiter Markus Schneider
Kellermeister Markus Schneider
Rebfläche 94 ha
Produktion 800.000 Flaschen
Gründung 1994
Verkaufszeiten
Mo–Fr 9–17.30 Uhr
Sa 10–16 Uhr

Geht mehr? Lässt sich mehr erreichen? Vorbild, Genre-Stifter, Anlass zahlloser Debatten, beneidet (und oft für den Erfolg bekrittelt) – Markus Schneider hat mit seinen Weinen wie Black Print, Einzelstück, Holy Moly oder gar Bubbly und Mele Kalikimaka und fast über allem als Prototyp des Schneiderschen Portfolios der Kaitui. Mit Weinen von 94 Hektar, grenzgenialem Marketing und sauberem Vertrieb ist es Schneider über die Jahre gelungen, nicht nur eine, sondern mehrere Marken zu bilden. Der Design-Ansatz seiner Etiketten reicht für erfolgreiche Epigonen – an Schneider orientiert oder reibt man sich. Egal ist er so gut wie keinem. Und von seinen Kunden so gut wie nie einer enttäuscht. Dass sich Schneider dafür damit zufrieden gibt, viele glücklich statt wenige sehr glücklich zu machen, kann man angesichts der durchgängig guten Qualität verstehen.

2019 Chardonnay „Réserve"
29,50€ · 12,5%
Minze, Haselnuss und Kokos nehmen einen fast mit ins Burgund. Engmaschig mit toller Textur.

2019 Fuchsmantel Bad Dürkheim Riesling 1. Lage
19,50€ · 13%
Offensiver Duft, saftig, (noch) nicht ganz harmonisch.

2019 Sauvignon Blanc „Kaitui Fumé"
19,50€ · 12,5%
Viel ausladende exotische Frucht, geht einher mit feinen Barrique-Noten, erinnert sehr an Sauvignon aus der neuen Welt.

2016 Rotwein-Cuvée „Steinsatz"
29,50€ · 14%
Ein Körnchen Salz, ein wenig Feuerstein. Dicht, dunkel und leicht bissig.

2017 Portugieser „Einzelstück"
29,50€ · 14%
Eine Nase voll Alkohol und er hat das Holz nicht nur gesehen, sondern umarmt, verinnerlicht und aufgesogen. Das fordert, hat aber Tiefe.

2017 Syrah „Holy Moly"
29,50€ · 14,5%
Toast, Pfeffer, Lakritz, dicht und konzentriert, New World Style, Everybody's Darling, einfach gut gemacht.

Weinbau Schreiber

Neueinsteiger

Hauptstraße 52,
67259 Großniedesheim
T +49 (0) 6239 9979 368
www.barfusswinzer.de

2018 Gewürztraminer extra trocken

12,50€ · 13,5%

Staubige Zitrusaromen fliegen in die Süße – feine Bitternoten geben Grip. Volumen ohne Schwere.

2018 Grauburgunder brut

12,40€ · 14%

Ein Hauch von frisch gebügelter Wäsche, dazu gelbe Früchte, floral, wachsig, dezent – guter Alltagssekt und Essensbegleiter.

Michael Schroth

Im Auweg 42, 67269 Grünstadt
T +49 (0) 6359 8015 251
www.weingut-schroth.de

Inhaber Michael Schroth
Betriebsleiter Michael Schroth
Kellermeister Michael Schroth
Verbände Forum Pfalz
Rebfläche 20 ha
Produktion 280.000 Flaschen
Verkaufszeiten
Mo–Sa 9–17 Uhr
So 13–20 Uhr

Michael Schroth hat seinen eigenen Betrieb vor 20 Jahren fast aus dem Nichts aufgebaut – 1,3 Hektar Weinberge im Nebenerwerb waren alles, über das er damals verfügte. Inzwischen vermarktet er ganze 35 Hektar und ist stolz auf seine Leistung. Seit 2014 residiert das Weingut in der Lage Goldberg, mit eigener Vinothek und Sonnenterrasse. Schroth ist der Typ „Handmade“ und das zeigt er auch – seine Etiketten ziert die eigene Hand, „mit der er Stein für Stein das Weingut gesetzt hat“.

♥ **2017** Asselheimer Goldberg Riesling

13,40€ · 13,5%

Rustikal, bester Holzeinsatz, Struktur und ein Begleiter zu deftigem Essen mit Niveau.

2018 Asselheimer St. Stephan Chardonnay

9,80€ · 13,5%

Zeigt neben einem vielschichtigen Duft ordentlich Muskeln und Saft.

2018 Asselheimer St. Stephan Grauburgunder

9,80€ · 13,5%

Malzig-warme Töne in der Nase und am Gaumen, milde Säure. Zu deftiger Küche.

2019 Asselheim Sauvignon Blanc
6,90€ · 12,5%
Intensiv gelbfruchtig, frisch und knackig. Dafür sollte noch Platz sein im Picknickkorb.

2019 Asselheimer Goldberg Sauvignon Blanc
6,90€ · 12,5%

2017 Asselheimer Goldberg Pinot Noir
17,40€ · 14%
Ungestüm, wild, ungezähmt – wir gönnen ihm Jahre für die Findung seines Charakters und wissen – das wird was Großes.

2017 Asselheimer St. Stephan Cabernet Sauvignon
17,90€ · 14%
Vanilleeis mit heißen Himbeeren. Animierende Säure und zupackende Tannine.

2015 „Handgeformt" brut
auf Anfrage · 12,5%
Etwas rauchig, Kaffee, Orangenmarmelade, komplex und in seinem selbstbewussten Auftritt kaum zu zügeln.

PFALZ 2021

Gerhard Schwarztrauber

Neueinsteiger

Lauterbachstraße 20,
67435 Neustadt an der Weinstraße
T +49 (6321) 9685 61
www.schwarztrauber.com

Verbände Bioland
Verkaufszeiten
Mo–Do 8–12 Uhr
Fr 8–12 und 13–18 Uhr
Sa 11–16 Uhr

1986, als das noch wenige Winzer in Europa taten, trat das Weingut dem Bioland-Verband bei, angeregt von Gerhard Schwarztrauber, der 1981 im elterlichen Weingut seine Lehre als Winzer begann. Seit also mehr als 30 Jahren bewirtschaftet Schwarztrauber die rund 20 Hektar Flächen am Rande des Mittelhardt-Gebirges. Die Mußbacher Eselshaut ist die Lage, aus der Schwarztrauber seine Trauben erntet, die er im Keller nicht ohne, aber mit möglichst wenig Schönungsmitteln (Tonerde) verarbeitet. Sämtliche Weine, auch die von den pilzwiderstandsfähigen Rebsorten Cabernet Blanc und Muscaris, sind vegan.

2019 Gimmeldinger Kapellenberg Riesling
13,50€ · 13%
Erdig und steinig, fast prickelige Mineralik. Braucht noch Zeit, die man ihm geben sollte.

2019 Haardter Herzog Riesling
15,90€ · 13%
Wunderschöner gegrillter Pfirsich, mollige Frucht. Bespielt entspannt auch große Runden.

2019 Mußbacher Eselshaut Riesling
13,50€ · 13%
Saftig und elegant zugleich, geradlinig mit schönem Trinkfluss.

2019 Mußbacher Glockenzehnt Grauburgunder
14,80€ · 13,5%
Noch stehen speckige und röstige Noten im Vordergrund, zeigt viel Kraft. Noch reifen lassen.

2015 Merlot
21,90€ · 14%
Pflaume, Kräuter (Liebstöckel) und animalische Noten treffen auf Saft und Kraft.

2015 Mußbacher Glockenzehnt Blaufränkisch
18,50€ · 13,5%
Tiefdunkle, violette Pflaumenseele mit guter Länge und ordentlichen Tannine.

2017 Rotwein-Cuvée „Red Opium"
23,90€ · 14%
Weihnachtswürziges Pflaumenmus. Zum Schmorbraten am Sonntagabend.

2018 Blaufränkisch
9,50€ · 12,5%
Die Extraktsüße bandelt bald mit dem Löffel an, um ein wenig davon in den Kaffee zu tun – Fruchtliebhaber klatschen.

2018 Mußbach Spätburgunder
12,90€ · 13%
Viel Frucht (Kirsche, Heidelbeere) und Würze (Pfeffer, schwarzer Tee), weiche Gerbstoffe.

2018 Mußbacher Glockenzehnt Pinot Noir
15,90€ · 13%
Ein Sommer-Pinot. Sehr fruchtig mit leiser Süße, zum Picknick mitbringen.

2019 Merlot „M rouge"
9,90€ · 13,5%
Ein richtig klassischer „Brot und Butter"-Merlot, der auch in großen Runden erfreut.

2017 Chardonnay „Emily" brut
23,70€ · 12,5%
Grüne Ananas, Quitte und Brioche verbinden sich in feinwürziger Eleganz. Bleibt im Gedächtnis

Weingut Schwedhelm

Klosterhof, 67308 Zellertal
T +49 (0) 6355 521
www.schwedhelm-zellertal.de

Inhaber Schwedhelm GbR
Betriebsleiter
Stephan Schwedhelm
Kellermeister
Stephan Schwedhelm
Rebfläche 18 ha
Produktion 130.000 Flaschen
Verkaufszeiten
Mo–Fr 8–18 Uhr
Sa 10–17 Uhr

Im Zellertal in der Nordpfalz wird dank der Römer bereits seit Jahrhunderten Wein kultiviert. Die Lage „Schwarzer Herrgott" mit eher kargen Kalkmergelböden gehört zu den ältesten Weinlagen Deutschlands und war noch um die Jahrhundertwende bekannt für besonders teuer gehandelte Weine. Natürlich finden sich auch im Sortiment der Familie Schwedhelm Weine aus ebendieser Lage – aber nicht nur. „Wotanfels", „Kreuzberg" und Co. komplettieren das Sortiment.

2018 Karlspfad Weißburgunder 1. Lage
12,00€ · 13,5%
Zurückhaltend, sanft und elegant.
Allrounder für große Tafeln.

2019 Wotanfels Riesling 1. Lage
16,00€ · 12,5%
Vibrierende Zitrusfrucht. Straff, knackig und sehr kraftvoll.

2019 Zeller Schwarzer Herrgott Riesling
19,50€ · 13,5%
Prickelnd zitrisch mit lauter, fast explosiver Säure. Unbedingt zu stark Gewürztem kombinieren, zum Beispiel Currys.

2016 Klosterstück Spätburgunder 1. Lage
19,50€ · 13,5%
Kräftiger, durch und durch strukturierter Spätburgunder mit viel Persönlichkeit und Zukunftsperspektive.

Weingut Seckinger

Neueinsteiger

Hintergasse 26,
67150 Niederkirchen
T +49 (0) 6326 9802 17
www.weingut-seckinger.de

Inhaber Josef Seckinger
Kellermeister Jonas Seckinger
Rebfläche 14 ha
Gründung 2012
Verkaufszeiten
Mo–Sa nach Vereinbarung

Verlassene Hänge, (fast) vergessene Lagen – wenn es sinnvoll erscheint, dann haucht das Weingut Seckinger Böden am Haardtrand neues Weinleben ein. 14 Hektar sind es inzwischen, die das Brüdertrio Lukas, Jonas und Philipp gemeinsam mit Oliver Metzger biodynamisch bewirtschaftet. Nicht jeder Wein verrät auf Anhieb, wo er herkommt, wenn er 1tal oder King genannt wird. Doch die (noch immer) jungen Winzer wissen, wie man mit Begriffen wie Pure einen wachsenden Markt bedient. Und zwar gut. Spontan vergoren sind alle Weine, ausgebaut wird vor allem im kleinen wie im großen Holz, teils von Lagen mit einer Ertragsmenge von gerade mal 15 bis 30 Hektoliter pro Hektar. Sonderabfüllungen wie ein im Solera-Verfahren erzeugter Weißburgunder ergänzen ein bereits umfassendes Portfolio, das Jahr zu Jahr an Statur (und Fans) gewinnt.

2017 Deidesheim In der oberen Petershöhle Riesling
25,00€ · 12,5%
Straight, puristisch und unglaublich Kraft und Mineralität ... zum Hummer perfekt.

2017 Deidesheim Kieselberg Riesling

30,00€ · 12,5%
Floral trifft Kraft, Williams-Christ-Birne mit Reife, dazu ein Strauß Lilien und bestes Holz. WOW-Effekt!

2017 Deidesheim Langenmorgen Riesling

25,00€ · 12,5%
Druckvoller, eleganter Wein mit reifer gelber Frucht und Tiefe.

2017 Deidesheim Paradiesgarten Weißburgunder

25,00€ · 12,5%
Kräftige Kräuternoten mit einem Akzent auf Liebstöckel, ein ganz eigener Charakter, der eine ebenso markante kulinarische Begleitung sucht, eine klassische Bouillabaisse könnte das sein!

2017 Königsbach Ölberg Riesling

21,00€ · 12,5%
Frischer reifer Apfel, Cidre, feinste Würze und viel Spannung . Ein perfekter Begleiter zu Wildgeflügel.

2018 Deidesheim Leinhöhle Riesling „Dezember Lese" feinherb

33,00€ · 11,5%
Tolles Spiel mit Süße und leichter Bitternis. Dazu ganz leise Raucharomen. Elegant.

2019 Deidesheim Mäushöhle Riesling „Terrassen" Kabinett

13,00€ · 8,5%
Typisch Seckinger, auch in dieser Kategorie mit etwas Restsüße kommt die weingutseigene Stilistik zum Tragen, immer etwas schräg und immer animierend, we love it!

2019 Grauburgunder „R Pinot Gris Pure"

14,50€ · 12,5%
Vielschichtiger, gelbfruchtiger Grauburgunder mit feinem Säurenerv und markantem Aufspiel.

2019 Riesling „R Riesling Pure"

13,00€ · 12%
Wilde Aromatik, Kräuter und Blüten, herausfordernd, animierend, feine Phenolstruktur, sehr, sehr gut!

2019 Riesling „vom Löss"

8,00€ · 11,5%
Mit Länge und Kraft, sehr eigenwillig und spannend, das macht Spaß.

2015 Cabernet Sauvignon „1 Deidesheim Paradiesgarten -R-"

35,00€ · 13,5%
Leder, Paprika, Würze. Richtig animalisch zuerst und dann – ganz schmeichelnd und warm.

2018 Rotwein-Cuvée „R Rouge Pure"

17,50€ · 12,5%

Georg Siben Erben

Neueinsteiger

Weinstraße 21,
67146 Deidesheim
T +49 (6326) 9893 63
www.weingut-siben.de

Inhaber Andreas Siben
Betriebsleiter Andreas Siben
Kellermeister Andreas Siben
Verbände VDP
Rebfläche 12 ha
Produktion 80.000 Flaschen
Gründung 1710
Verkaufszeiten
Di–Fr 10–17 Uhr
Sa, So 11–17 Uhr
und zu den Öffnungszeiten
des Restaurants

Auf eine über 300-jährige Geschichte kann man im Weingut Siben Erben bereits zurückblicken. Andreas Siben führt das Familiengut bereits in der zehnten Generation. Tradition verpflichtet und birgt Vorteile, so kann man in Sibens Schatzkammer noch Weine aus den 1920er-Jahren finden. Der seit 30 Jahren biologisch arbeitende Betrieb konzentriert sich vor allem auf Riesling, der 80 % der Rebfläche ausmacht. Hier achtet Siben auf Reifefähigkeit und Terroir – die Weine sollen Herkunft und Jahrgang klar zeigen. Das neu eröffnete gutseigene Restaurant (im ehemaligen Pferdestall des Gutes) versorgt Gäste auch kulinarisch in historisch angehauchter Atmosphäre.

2019 Deidesheimer Grainhübel Riesling GG
23,00€ · 13%
Satte Rieslingfrucht, saftig harmonische Struktur mit feinem Riesling-Säurespiel im Finale. Tradition mit Potenzial, wer noch etwas wartet, wird sicher belohnt.

2019 Deidesheimer Herrgottsacker Riesling 1. Lage
9,00€ · 12,5%
Sehr schüchtern, sehr zurückhaltend – und Zweifel, ob sich das je ändern würde.

2019 Deidesheimer Kalkofen Riesling GG
23,00€ · 13%
Warme karamellige Noten verbinden sich hier mit einer markanten Säure.

2019 Deidesheimer Kieselberg Riesling GG
23,00€ · 12%
Dicht und fest gebaut, opulent und kraftvoll passt er zu hellem Fleisch und gebratenem Fisch.

2019 Deidesheimer Langenmorgen Riesling GG
23,00€ · 13%
Geprägt von der Spontanvergärung. Bedienungsanleitung: Einschenken, riechen, wundern, warten, freuen.

2019 Deidesheimer Leinhöhle Riesling 1. Lage
9,00€ · 13%
Eine herzhafte Würze unterstreicht hier die exotische Rieslingaromatik.

2019 Deidesheimer Paradiesgarten Riesling 1. Lage
9,00€ · 12,5%
Nicht zu üppiger Körper mit feinem Säurenerv, ideal zu feinen Antipasti.

2019 Forster Ungeheuer Riesling GG
23,00€ · 13,5%
Kühl, lang, dicht und noch sehr jung. Weglegen und in ein paar Jahren riesig freuen!

2019 Ruppertsberger Reiterpfad Riesling 1. Lage
9,00€ · 13%

Heinrich Spindler

Weinstraße 46, 67147 Forst
T +49 (0) 6326 9629 10
www.weingutheinrichspindler.de

Inhaber Markus Spindler
Betriebsleiter Markus Spindler
Kellermeister Jochen Fleischmann
Rebfläche 20 ha
Produktion 140.000 Flaschen
Gründung 1620
Verkaufszeiten
Di–Fr 9–12 Uhr und 13–18 Uhr
Sa 9–17 Uhr
Weinverkauf auch im Gutsausschank

Ein historisches Jubiläum darf das Weingut der Familie Spindler 2020 begehen – 400 Jahre Weintradition sind wirklich ein Grund, zu feiern. Markus Spindler bewirtschaftet seine 20 Hektar Rebfläche, die zu 80 % mit Riesling bestockt sind, streng nach ökologischen Richtlinien. Auch der Sauvignon ist für Spindler ein wichtiger Einzelwein, bei dem er vor allem auf intensive Frucht setzt. Spindler selbst sagt über seine Philosophie: „Ich sehe das große Kino Deutscher Weine im Spannungsfeld von Feingliedrigkeit, Tiefe, Frucht, Mineralität, Präzision und leichtem Alkoholgehalt. Strotzende Kraft, schwerer Körper, Schmelz und intensive Holzaromatik sind nicht meine Ziele."

2019 Forster Jesuitengarten Riesling
28,00€ · 13,5%
Ein Maul voll Wein: voll, dicht und dabei auch noch elegant.

2019 Forster Kirchenstück Riesling
35,00€ · 13,5%
Mollig in der Ansprache, rauchige Noten, ein Wein mit Saft und Kraft.

2019 Forster Musenhang Riesling 1. Lage
12,90€ · 12,5%
Kühle Frucht und Kräuterwürze, viel Stoff, noch etwas kantig.

2019 Forster Pechstein Riesling
21,00€ · 13%
Elegant und fein, kämpft noch mit sich, sehr vielversprechende Zukunft.

2019 Riesling „Forster“
9,00€ · 12,5%
Kühlend mit schönem Biss. Der perfekte Begleiter für die Bergtour.

♥ **2019** Riesling „Forster“ Kabinett
9,00€ · 9%

2019 Sauvignon Blanc
9,20€ · 12%

Weinwerk Stepp

Friedelsheimerstraße 15,
67098 Bad Dürkheim
T +49 (0) 157 5950 5367
www.weinwerk-stepp.de

Inhaber Gerd Stepp
Betriebsleiter Gerd Stepp
Rebfläche 9 ha
Produktion 75.000 Flaschen
Gründung 2009
Verkaufszeiten nach Vereinbarung

Gerd Stepp ist kein „klassischer“ Winzer, er ist eigentlich ein „flying Winemaker“. Bereits seit über 25 Jahren in der Branche verwurzelt, prägten Stationen auf der ganzen Welt, so in Neuseeland, Italien und Südafrika, seinen Stil. Kein Wunder, dass seine Weine so fleischig und im besten Sinne international wirken und mit dichter Textur ausgestattet sind.

2019 Dürkheimer Fuchsmantel Riesling
14,90€ · 13%
Reife Frucht, die mit Luft immer intensiver wird, viel Saft, weich am Gaumen.

2019 Kallstadter Saumagen Riesling
14,90€ · 13%
Fülliger, barocker, dabei sehr stimmiger Wein mit animierendem Trinkfluss.

2018 Pinot Noir „Buntsandstein“
19,90€ · 13,5%
Prototyp eines deutschen Spätburgunders mit viel Charakter. Eine ehrliche Haut.

2019 Pinot Noir
12,90€ · 13,5%
Kräftig und knackig mit fleischiger Kirschfrucht und feiner Note von Leder.

Weingut Stortz-Nicolaus

Neueinsteiger

„Maximaler Einsatz im Weinberg – Minimalismus auf hohem Niveau im Keller.“ Um diesem Motto gerecht werden zu können, bewirtschaftet Roland Stortz-Nicolaus sein Weingut in Neustadt an der Weinstraße bereits seit einigen Jahren biologisch. Seit dem Jahr 2000 hat er selbst die Geschicke des Familienweinguts in der Hand. Seine internationale Erfahrung führte dazu, dass er sich auch vor den internationalen Rebsorten nicht scheut. Cabernet Sauvignon, Chardonnay, Syrah ... All diese Rebsorten finden sich in der Kollektion.

Weinstraße 601,
67434 Neustadt an
der Weinstraße
T +49 (0) 6321 31575
www.stortz-nicolaus.de

Inhaber Roland Stortz-Nicolaus
Betriebsleiter
Roland Stortz-Nicolaus
Kellermeister
Roland Stortz-Nicolaus
Verbände Bioland
Rebfläche 5 ha
Produktion 25.000 Flaschen
Gründung 1955
Verkaufszeiten
Sa 10–17 Uhr
und nach Vereinbarung

2018 Sauvignon Blanc „Fumé"
9,30€ · 12%

2018 Weißburgunder „Pinot blanc"
9,80€ · 14,5%

2018 Weißwein-Cuvée „Invictus"
9,80€ · 13,5%

2019 Sauvignon Blanc
8,30€ · 11,5%
Rauchig und kühl, straffe Säure.

♥ **2014** Rotwein-Cuvée „Cuvée P-A-N"
13,10€ · 14%

2015 Rotwein-Cuvée "Invictus"
14,60€ · 14,5%

2015 Syrah
19,00€ · 14%

2018 Spätburgunder „Reserve"
14,60€ · 13,5%
Feine Frucht, dazu Kräuter und etwas Schokolade, schlank und animierend. Hat Reifepotenzial.

Wachtenburg Winzer Neueinsteiger

Weinstraße 2,
67157 Wachenheim
T +49 (0) 6322 9798 20
www.wachtenburg-winzer.de

Betriebsleiter Albert Kallfelz
Kellermeister Theo Bassler
Rebfläche 325 ha
Gründung 1901
Verkaufszeiten
Mo–Fr 9–18 Uhr
Sa 9–17 Uhr
So 11–16 Uhr

Die Wachtenburg Winzer verstehen sich selbst als ein Mehrfamilienweingut – und das bereits seit über 110 Jahren. Aktuell bewirtschaften 24 Familien, die zum Teil bereits seit vielen Generationen im Weinbau verwurzelt sind, Rebflächen rund um das beschauliche Wachenheim. Zur Genossenschaft gehören außerdem noch eine neu gebaute Vinothek und die Weinbar „Unfassbar".

2019 Riesling halbtrocken
8,10€ · 12%

2019 Wachenheimer Fuchsmantel Riesling Spätlese trocken
7,70€ · 12,5%

2019 Wachenheimer Gerümpel Riesling „Premium" Spätlese trocken
12,70€ · 12,5%
Karamellisierte, mollige Frucht. Weich und anschmiegsam. Mit Schwiegermama am Sonntag Nachmittag zum Kuchen.

2019 Wachenheimer Riesling „Edition SL"
8,10€ · 12,5%
Fruchtig, schlank und frisch, ein geselliger Wein für warme Tage.

2019 Weißwein-Cuvée „Chardonnay & Weißburgunder crafted"
8,20€ · 13%

WIR WACHTENBURG WINZER

DIE GENOSSENSCHAFT

2017 Merlot „Réserve – unfiltered"
19,20€ · 14%
Typischer runder Merlot mit reifer, süßer und weicher Frucht.

2017 Spätburgunder „Premium"
13,70€ · 14,5%
Eine Skulptur mit glatter Oberfläche, die die Zunge die Form erkunden lässt. Wenn sich in einiger Zeit das Holz zurückzieht, bleibt pure Gestalt.

2018 Cabernet Sauvignon „Edition SL"
8,70€ · 14%

2018 Merlot „Premium"
13,90€ · 14,5%

2015 Weißwein-Cuvée „Cuvée Prestige – Nature Réserve" brut nature
14,10€ · 12,5%

Weingut Wageck

Luitpoldstraße 1,
67281 Bissersheim
T +49 (0) 6359 2216
www.wageck-weine.de

Inhaber Wageck-Pfaffmann GbR
Betriebsleiter Frank & Thomas Pfaffmann
Kellermeister Frank & Thomas Pfaffmann

Die Brüder Frank und Thomas Pfaffmann führen das Weingut nun in fünfter Generation. Ihr Fokus liegt auf Spätburgunder und Chardonnay und damit punkten sie auf den kalkreichen Böden der Nordpfalz. Ein beeindruckend innovatives und aufstrebendes Weingut: Naturnahe Bewirtschaftung, geringe Erträge und eine über 100jährige familiäre Weinbegeisterung sorgen für verheißungsvolle Qualitäten!

2017 Sauvignon Blanc „Fumé Réserve"
19,90€ · 14%
Kokospraline im Glas. Wenn das nicht neugierig macht ...

2018 Geisberg Chardonnay
34,90€ · 13,5%
Schwarztee und geriebener Apfel verbinden sich in rassiger und schlanker Eleganz.

Verbände Barrique Forum Pfalz
Rebfläche 60 ha
Produktion 350.000 Flaschen
Verkaufszeiten
Mo–Sa 9–12 Uhr und 13–18 Uhr
So 10–12 Uhr
und nach Vereinbarung

2018 Sauvignon Blanc „Fumé Réserve"
19,90€ · 14%
Spontan vergoren und polarisierend, bleibt im Gedächtnis.

2018 Sülzner Weg Chardonnay
21,90€ · 13,5%
Ein Körper, als wäre er aus dem Meer gestiegen, und in der Sonne trocknet das Salz auf der Struktur.

2019 Riesling „Fundament"
7,90€ · 12,5%
Das Fundament steht mit Kraft und trotzdem zitrischer Frische und viel Nachhall.

2019 Sauvignon Blanc „Tertiär"
9,90€ · 12%
Feingliedriger, schlanker Wein mit diskreter, ungekünstelter Frucht.

2019 Weißwein-Cuvée „Tertiär"
9,90€ · 13%

2016 Bissersheimer Goldberg Spätburgunder
29,90€ · 13,5%
Herzhaft, das packt und greift im Mund zu. Der darf und soll noch reifen.

2016 Bissersheimer Spätburgunder „Kalkmergel"
16,90€ · 13%
Dichte Frucht und pflanzliche Noten verbinden sich zu einem recht ausgewogenen Wein.

2016 Rotwein-Cuvée „Wilhelm"
21,90€ · 13,5%
Dunkle Frucht mit Tiefgang und peffrigen Noten.

2013 Cuvée extra brut
19,90€ · 12%
Kraftprotz – bringt frisch gebackenen Apfelkuchen mit –, oxidativer Stil und spürbares Holz, cremig und straff.

2014 Cuvée extra brut
19,90€ · 12%
Erfrischender Sekt mit viel Limette und Kräutern, würzige Rundungen, straff, sehr saftig.

Karl Wegner

Am Neuberg 4,
67098 Bad Dürkheim
T +49 (0) 6322 9893 27
www.weingut-wegner.de

Joachim Wegner gibt seinen Weinen Zeit. Seinen Barrique-Gewächsen lässt er satte 30 Monate im Fass angedeihen, bevor sie in die Flasche dürfen – um sich hier noch mal auszuruhen, bevor die Weine auf den Markt kommen. Das muss man wollen und (sich leisten) können. Wegner bleibt bescheiden, wenn er sagt, dass seine Weine schmecken und Lust auf „mehr" machen sollen. Mit Sohn Philipp ist die Nachfolge übrigens schon gesichert, da kann man weiterhin entspannt in die Zukunft blicken.

Inhaber Joachim Wegner
Betriebsleiter Joachim Wegner
Kellermeister Joachim Wegner
Verbände Forum Pfalz, ProRiesling
Rebfläche 12 ha
Produktion 100.000 Flaschen
Gründung 1979
Verkaufszeiten
Mo–Fr 9–12 Uhr und 13–18.30 Uhr
Sa 9–16 Uhr
und nach Vereinbarung

2018 Dürkheimer Feuerberg Sauvignon Blanc „Feuerspiel"
8,90€ · 12,4%

2018 Dürkheimer Feuerberg Sauvignon Blanc „Fumé"
16,30€ · 12,75%
Ein wenig tropische Früchte, rauchig, reif und saftig – hier ist alles da.

2018 Dürkheimer Spielberg Chardonnay „Augenstern"
17,30€ · 13,5%
Ein typischer Chardonnay, ein Vertrauter, ein Gefährte, den wir rausholen, weil er nie enttäuscht.

2019 Dürkheimer Schenkenböhl Sauvignon Blanc
8,80€ · 12%

2019 Dürkheimer Schenkenböhl Sauvignon Blanc
8,90€ · 12%
Das ist der perfekte Aperitif für einen gelungenen Start in den Abend.

2014 Dürkheimer Feuerberg Rotwein-Cuvée „Philipp"
19,30€ · 14%
Kräftig mit Aromen von schwarzer Johannisbeere und Zedernholz. Für kalte Winterabende.

2015 Dürkheimer Feuerberg Syrah „Sinnreich"
19,30€ · 14,5%
Rauch und Holz gepaart mit dunkler süßer Frucht.

2015 Dürkheimer Schenkenböhl Spätburgunder „Kleinod“ GG

21,30€ · 14%
Speck und Schwarztee, dann eine Idee von kaltem Rauch. Pikante Art, elegantes Spiel mit Süße und Säure.

2016 Dürkheimer Nonnengarten Spätburgunder

13,50€ · 13,5%
„Trink mich“, sagt dieser Wein. Feine Frucht, sanfte Kraft, und reife Fülle sprechen sehr dafür.

Weingut Weik

Bernd Weik, Weinbau-Ingenieur mit internationalen Erfahrungen aus Frankreich und Australien, leitet das gleichnamige Familienweingut bereits seit 1982. Seine Frau Joan, Quereinsteigerin aus Maastricht, ist für den Außenbetrieb und die Kundenbetreuung verantwortlich. In Mußbach am Rande des Haardtgebirges bewirtschaften beide 6,5 Hektar Rebfläche. In Zukunft wollen die Weiks weiter an der umweltschonenden Bodenbewirtschaftung arbeiten, um die Qualität der eigenen Weine stetig zu verbessern.

Lutwitzistraße 10,
67435 Neustadt-Mußbach
T +49 (0) 6321 66838
www.weingut-weik.de

Inhaber Bernd Weik
Betriebsleiter Bernd Weik
Kellermeister Bernd Weik
Verbände Forum Pfalz
Rebfläche 6,5 ha
Produktion 40.000 Flaschen
Gründung 1958
Verkaufszeiten
Di–Fr 14–18 Uhr
Sa 10–16 Uhr
und nach Vereinbarung

2019 Gimmeldinger Meerspinne Sauvignon Blanc

10,90€ · 12,5%
Grasig-grüne Aromatik und sehr frisch. Easy Drinking für den Sommertag.

2019 Mußbacher Eselshaut Weißburgunder

9,20€ · 13%
Durch die Tür drängeln sich gleichzeitig phenolische und geschmeidige Holztöne durch, die Säure nahezu zum Statisten degradiert – klärt souverän, dass es ohne sie nicht geht.

2019 Riesling „Königsbacher Idig“

9,20€ · 12,5%
Große Trinkigkeit mit zitrischen Noten und saftiger Frucht.

2019 Sauvignon Blanc „Löwenherz“

17,00€ · 12,5%
Sympathischer Abendbegleiter.

2017 Mußbacher Eselshaut Cabernet Sauvignon

13,50€ · 12,5%
Für Portwein-Fans. Säurebetont mit bereits spürbarer Reife.

Weinbiet Manufaktur

An der Eselshaut 57,
67435 Neustadt an
der Weinstraße
T +49 (0) 6321 67970
www.weinbiet.de

Betriebsleiter Dr. Bastian Klohr
Kellermeister Patrick Öttl
Verbände VPW, Die Junge Pfalz
Rebfläche 325 ha
Produktion 2.500.000 Flaschen
Verkaufszeiten
Mo–Fr 9–18.30 Uhr
Sa 9–16 Uhr

Die Genossenschaft Weinbiet bewirtschaftet mit ihren 50 Mitgliedern ganze 325 Hektar Weinberge inmitten der Pfalz. Der Namensgeber ist übrigens ein 554 Meter hoher Berg, der über den Dörfern Mußbach, Gimmeldingen und Haardt thront. Die Genossenschaft besteht bereits seit 1902 – aber auf Tradition ruht man sich nicht aus. Gerade die jungen Mitglieder werden gefördert und bestimmen die Geschicke der Genossenschaft und ihre Ausrichtung mit. Besonderes Augenmerk legen die Mitglieder auf die Gemeinschaft, das Zusammenschaffen und den ständigen Austausch der Mitglieder untereinander.

2018 Riesling „Haardter Herrenletten"
6,00€ · 12%
Energischer, zupackender Wein.
Sehr trocken im Abgang.

2019 Riesling „Haardter Schlossberg"
6,50€ · 12,5%

2019 Riesling „Philipp Bassler Großes Gewächs"
10,00€ · 13,5%
Animierende Cassis-Nase, sehr aromatisch und trinkfreudig, dabei nicht zu laut.

2019 Sauvignon Blanc
5,90€ · 12%

2019 Sauvignon Blanc „Philipp Bassler Fumé"
14,00€ · 13%
Intensive, anhaltende Frucht verbindet sich mit einem Hauch Süße und harmonischer Säure.

2019 Weißwein-Cuvée „VON ERSTEN LAGEN"
7,00€ · 13%

2017 Spätburgunder „Philipp Bassler Großes Gewächs"
11,00€ · 13,5%
Die Aromenfülle ist sehr komplex: Von Aprikose über Eukalyptus bis hin zu nassem Laub und verbranntem Zucker ist alles dabei. Da will man das Glas gar nicht mehr wegstellen.

2018 Merlot „Philipp Bassler Großes Gewächs"
11,00€ · 14%

Weingut Wick

Neueinsteiger

Zeller Hauptstraße 2,
67308 Zellertal
T +49 (0) 6355 2001
www.weingut-wick.com

Inhaber Jochen Wick
Verbände Ecovin, Slow Food
Rebfläche 11 ha
Produktion 100.000 Flaschen
Gründung 1900
Verkaufszeiten
Mo–Do nach Vereinbarung
Fr 14–18
Sa 10–14 Uhr

Bis zu 50 Jahre alt sind die Weinberge von Martina und Jochen Wick, die in Zell im Zellertal bereits seit 1986 Biowein nach Ecovin-Standards herstellen. Nachhaltigkeit und Respekt vor der Natur sind beiden bei der Arbeit in den Weinbergen und im Keller besonders wichtig. Gerade alte Rebstöcke sind für die Wicks ein Schlüssel zu hohen Weinqualitäten. Die tief wurzelnden Reben bringen für beide Tiefendimension ins Glas.

2017 Zeller Kreuzberg Grauburgunder „Barrique Edition Jochens Schätze" feinherb
20,00€ · 13,5%
Kraftvoll und mit Opulenz, reife frische Quitte, sehr viel Schmelz, Butter-und-Brot-Wein für alle, die es etwas ... mehr mögen.

2018 Zeller Schwarzer Herrgott Riesling „Alte Reben Edition Meisterstück"
13,00€ · 12,5%
Es wird eng in Nase und Mund, Frucht und Kräuternoten wollen gleichzeitig beachtet werden.

2019 Zeller Kreuzberg Riesling „Alte Reben Edition Meisterstück"
12,00€ · 12,5%

2019 Zeller Kreuzberg Riesling „Sauvage"
9,50€ · 12,5%

2019 Zeller Schnepfenflug Chardonnay
9,20€ · 13,5%
Ein unaufgeregter, saftiger Wein mit gutem Trinkfluss.

2015 Zeller Kreuzberg Portugieser „Barrique Edition Jochens Schätze"
22,00€ · 13,5%

Weingut von Winning

Weinstraße 10,
67146 Deidesheim
T +49 (0) 6326 9668 70
www.von-winning.de

Inhaber Familie Niederberger
Betriebsleiter Stephan Attmann
Kellermeister Kurt Rathgeber
Verbände VDP
Rebfläche 64 ha
Produktion 500.000 Flaschen
Gründung 1849
Verkaufszeiten
Mo–Fr 8–18 Uhr
Sa 10–18 Uhr
So und Feiertage 11–18 Uhr

Stephan Attmann will seine Weine weltweit in Top-Restaurants und in Kellern internationaler Sammler sehen. Das mag auf den ersten Blick ein wenig größenwahnsinnig wirken, aber auf den zweiten muss man zugestehen: Der Erfolg gibt ihm recht. Die Weine sind überwiegend holzgeprägt und das sollen sie auch sein. Riesling und Sauvignon aus dem 500er-Holzfass – das wirkt für manch konservativ geprägten Trinker noch immer wie eine Sensation. Attmann und sein Team beherrschen den Holzeinsatz aber so gekonnt, dass man nie gewollt wirkende oder zu laute Weine im Glas hat. Und eben dieses Können wird national und international geschätzt. Seit dem Jahrgang 2017 werden die Weine noch länger auf der Feinhefe belassen und kommen später in den Verkauf (die ersten Lagen ab August, die noch höheren Qualitäten erst im darauffolgenden Frühjahr) – für Attmann ein konsequenter Schritt, um den Weinen noch mehr Tiefe, Komplexität, Charakter und Feinheit zu geben.

2017 Sauvignon Blanc „I"
19,50€ · 13%
Eleganz vom ersten Berühren der Nasenflügel, streichelt sie, bettet die Zunge behutsam mit Keksnoten und Maracuja.

2018 Chardonnay „II"
14,50€ · 13%
Nasses Laub trifft saftige Cremigkeit. Gaumenschmeichler.

2018 Forster Jesuitengarten Riesling GG
59,00€ · 13%
Vanille, Kräuter gepaart mit ausladender exotischer Frucht, feine Röstaromen, enorme, üppige Länge.

2018 Forster Kirchenstück Riesling GG
79,00€ · 13%
Finessenreiche Zitrus-Aromatik, feingliedrig, linear und beeindruckend lang; bereits sehr harmonisch dank reifer Säure.

2018 Forster Ungeheuer Riesling GG
35,00€ · 13%
Röstaromen mit gelber Frucht vereint, burgundische Finesse, mächtiger Riesling mit Charme.

2018 Sauvignon Blanc „500"
40,00€ · 13%
Das ist Sauvignon at its best! Ausgewogen, balanciert, einfach toll.

2018 Weißburgunder „500"
40,00€ · 14%
Vanille, Toast, Brioche, in Verbindung mit feiner Mineralik und einem Touch Exotik, burgundische Textur.

2019 Deidesheimer Mäushöhle Riesling 1. Lage
15,50€ · 12%
Präzise, klar, komplex am Gaumen, toller Riesling mit Potenzial.

2019 Deidesheimer Paradiesgarten Riesling 1. Lage
15,50€ · 11,5%
Sehr exotische Aromatik, Fruchtkorb pur. Noch sehr jung, sollte sich noch ein wenig ausruhen dürfen.

2019 Riesling „Win Win"
11,00€ · 11%
Kühlend und erfrischend, mit tänzelnder Leichtigkeit am Gaumen. Der Sommer ruft!

2019 Ruppertsberger Reiterpfad Riesling 1. Lage
16,50€ · 12%
Elegantes Powerpaket mit grandiosem Trinkfluss und trotzdem druckvoll elegant.

2019 Sauvignon Blanc „II"
11,00€ · 12%
Sehr wahrscheinlich der beste preiswerte Sauvignon der Republik, ungemein saftig und animierend, Chapeau!

2018 Pinot Noir „Am Gutenberg"
59,00€ · 12,5%
Ein großartiger Pinot Noir, burgundisch, kühl, trinkig, gut eingebundenes Holz, mit viel, viel Potenzial.

Wein- und Sektgut Winterling Neueinsteiger

Im Brühl 15,
67150 Niederkirchen
T +49 (0) 6326 8952
winterling-sekt.de

Inhaber
Familiensektgut Winterling
Betriebsleiter
Martin Winterling
Kellermeister
Sebastian Winterling
Verbände Verband traditioneller Sektmacher | Vinissima
Rebfläche 12 ha
Produktion 100.000 Flaschen
Gründung 1983
Verkaufszeiten
Mo–Fr 9–12 Uhr und 14–18 Uhr
Sa 10–16 Uhr

Das „Familiensektgut" Winterling, namentlich Anne und Martin zusammen mit ihren Kindern Sebastian, Susanne und Stefan (der sich auf Mallorca dem Gin verschrieben hat), bewirtschaften zwölf Hektar Reben entlang der Mittelhaardt – seit 2008 komplett ökologisch. Die Schaumweine werden seit 1982 im Crémantverfahren hergestellt, das bedeutet: klassische Flaschengärung, klare Herkunftsbezeichnung, konsequente Handarbeit und ein Hefelager von mindestens neun Monaten. Die Weine aus Riesling, Chardonnay und Burgunder-Sorten wie Pinot Meunier sind ganz unterschiedliche Charaktere. Vom eleganten „Champagner-Typ" bis zum fruchtbetonten „Terrassen-Rosé" – bei diesem Sortiment werden die unterschiedlichsten Geschmäcker bedient.

2014 La Coulée d'Or brut
16,00€ · 12,5%
Die absolute Eleganz. Jetzt schon ein echter Klassiker.

2018 Chardonnay „Blanc de Blancs" brut
13,00€ · 12%
Ein Ausflug in die Champagne: Erfrischende Limette, Brioche umwirbt die Sinne, Apfelschalenstaub on top.

2018 Riesling „Ruppertsberger Reiterpfad" brut
14,50€ · 12,5%
Spannend! Hochkonzentrierte Aromen, extraktreich, saftig, überbordende Perlage, sehr viel Spannung. Im Mund zugänglich, offen und elegant.

2018 Spätburgunder „Pinot Rosé" brut
13,00€ · 12%
Erdbeer-Marshmallows und leiser Rauch bringen Freude auf die Terrasse im Sommer.

Weingut Wöhrle

Leininger Ring 64,
67278 Bockenheim
T +49 (0) 6359 4215
www.weingut-woehrle.de

Inhaber Andreas Wöhrle
Betriebsleiter Andreas Wöhrle
Kellermeister Andreas Wöhrle
Verbände Ecovin

Andreas Wöhrle bewirtschaftet seine Lagen in Bockenheim in der nördlichen Pfalz seit vielen Jahren biologisch, er gehört zu den Gründungsmitgliedern von Ecovin. Auf Löss- und Kalkböden kultiviert er hauptsächlich Riesling, aber auch Cabernet Sauvignon und Auxerrois gehören zum Sortiment. Ein interessanter und eher experimenteller Cabernet Blanc „Orange" rundet die Kollektion ab.

♥ **2018** Cabernet blanc „Orangewine"
18,00€ · 14,5%
Cabernet Blanc kann auch „orange". Bienenwachs, Orangenmarmelade und Spekulatius. Am Gaumen wunderbar texturiert, wie es sich für Orange Wine gehört.

Rebfläche 13,5 ha
Produktion 75.000 Flaschen
Gründung 1844
Verkaufszeiten
Sa 9–15 Uhr
und nach Vereinbarung

2019 Goldgrube Riesling Spätlese trocken
9,00€ · 13%
Wenn Sie ihn dann eines Tages, keines zu nahen, aus dem Keller holen, wickeln sie ein Stück Dry-Aged-Schwein aus, garen es sorgsam und feiern Sie die Kombination.

2019 Grafenstück Riesling
6,50€ · 12,5%
Dicht, mineralisch, zeigt Tiefgang und respektable Länge. Und das zu dem Preis!

2019 Vogelsang Auxerrois Spätlese trocken
9,00€ · 13,5%
Birne und Minze trifft Zirtusnoten. Das macht Spaß beim Picknick mit Freunden.

2019 Vogelsang Riesling „Alte Reben" Spätlese trocken
11,00€ · 13%
Er hört zu früh auf, denn wir hätten nach dem unverbindlich freundlichen Auftakt gerne länger zugehört. Ein paar Grad mehr Temperatur helfen ihm auf die Sprünge.

2018 Schloßberg Cabernet Sauvignon
17,50€ · 14%
In der Nase Pflaumenmus. Dann kommen Röstaromen und kühlende Kräutrigkeit.

Villa Wolf Neueinsteiger

Weinstraße 1A,
67157 Wachenheim
T +49 (6322) 9897 95
www.villawolf.de

Inhaber Ernst F. Loosen
Betriebsleiter
Patrick Möllendorf
Kellermeister
Patrick Möllendorf
Rebfläche 4,8 ha
Produktion 30.000 Flaschen
Gründung 1996
Verkaufszeiten
Do, Fr 10–17.30 Uhr
Sa 11–16 Uhr

1996, vor inzwischen 25 Jahren, hat Ernst – viele nennen ihn „Ernie" – Loosen das Weingut übernommen. Mehrere Einzellagen sind auf die Gemeinden Wachenheim und Forst verteilt, in der nördlichen Pfalz. Das Weingut hat sich entschieden, die Klassifikation der Königlich Bayerischen Regierung von 1828 anzuwenden. Das hat zur Konsequenz, dass in jeder Großen Lage nur ein trockener Wein produziert wird. Bei der Namensgebung wiederum schaut man ins Burgund – deswegen stehen auf den Vorderetiketten lediglich Produzent, Jahrgang, Weinbergslage und Rebsorte. Mit der Wachenheimer Belz bewirtschaftet die Villa Wolf eine Monopollage. Eine Besonderheit sind zweifelsfrei die Weine der Serie Phamilia – abgeleitet von Phaia, der „Drecksau", die Theseus erlegte. Sie zeichnet ein spielerischer Umgang mit Holz aus verschiedenen Eichen (Rotwein-Cuvées) oder Akazienfässern (Sauvignon Blanc) aus.

2019 Forster Pechstein Riesling
25,00€ · 12,5%
Keine Blüten ohne Stamm – so auch dieser Riesling, dessen Struktur ihm die Kraft verleiht, die Aromen von Apfel und weißen Blüten zu präsentieren.

2019 Ruppertsberger Hoheburg Riesling
19,00€ · 12%
Wenn im Obstladen alles fein arrangiert ist, die Äpfel glänzen, die Orangen duften – dann schreitet dieser Wein durch den Gang und nickt wohlwollend in jede Richtung.

2019 Wachenheimer Goldbächel Riesling
15,00€ · 12,5%
Die Nase zeichnet ein Bild von einem Riesling. Mit dem Hauch Liebstöckel und Kräutern im Mund verändert sich dieses Bild zu einer exzentrischeren Persönlichkeit, mit der man gerne einen Abend verbringt.

2019 Wachenheimer Königswingert Riesling
12,00€ · 12,5%
Akazie und Zitrone in der Nase gepaart mit feiner Salzigkeit am Gaumen machen Lust auf ein zweites Glas.

Weingut WoW

Freinsheimer Weg 9,
67281 Bissersheim
T +49 (0) 6359 3779
www.wolfgangsweine.de

Inhaber Wolfgang Bender
Betriebsleiter Wolfgang Bender
Kellermeister Wolfgang Bender
Verbände
Kontrolliert umweltschonender Weinbau, Generation Riesling
Rebfläche 13 ha
Produktion 65.000 Flaschen
Verkaufszeiten
Mo–Fr 8–19 Uhr
Sa 9–16 Uhr
und nach Vereinbarung

Es musste schnell gehandelt werden und Wolfgang Bender, damals 22 Jahre alt ohne Ausbildung zum Winzer, übernahm nach einer schweren Erkrankung seines Vaters das Familienweingut. Bender nutzt seinen Vornamen, um knackig mit WoW – Wolfgangs Weine – zu werben. Er geht in der Weinbergsarbeit pragmatisch vor und strebt einen niedrigen Einsatz von Pflanzenschutzmitteln an, indem er eine integrierte Methode anwendet, die sowohl biologische als auch systemische Mittel verwendet. Auch bei den Rebsorten geht Bender seinen Weg – Anfang Oktober 2020 wurde erstmals ein Zinfandel geerntet. Chenin Blanc ist bereits gefüllt in Folge der Umveredelung eines Weinbergs.

2018 „Samira Blanc de Noir Premium"
8,00€ · 13,5%

2019 Weißburgunder „Premium"
6,60€ · 13,5%
Karamellig und kräuterig, mollig am Gaumen, ein „gemütlicher" Wein.

2017 Merlot „Réserve"
16,50€ · 14%
Eingemachte Früchte und ledrige Noten, sogar ein wenig Anis in der Nase.

2017 Rotwein-Cuvée „TILT"
7,50€ · 13,7%

2017 Spätburgunder
14,50€ · 14%
Feine Nase und griffiger Auftakt im Mund mit punchy Säure, der hält was aus!

♥ **2018** Rotwein-Cuvée „Time to Say Peace"
15,00€ · 14%

Leonhard Zeter
Im Döppelter 5,
67434 Diedesfeld
T +49 (0) 6321 885 57
www.weingut-zeter.de

2019 Sauvignon Blanc
7,10€ · 12%

Weingut Zimmermann

Grabenstraße 5,
67157 Wachenheim
T +49 (0) 6322 2384
www.wein-zimmermann.de

Inhaber Jürgen Zimmermann
Betriebsleiter Jürgen Zimmermann
Kellermeister Jürgen Zimmermann
Rebfläche 12 ha
Produktion 80.000 Flaschen
Verkaufszeiten Mo–Fr 9–12 Uhr und 14–18 Uhr
Sa 9–15 Uhr

Jürgen Zimmermann sieht die Stärke seines Weinguts im Riesling. Man liest: „Riesling ist unsere Stärke und Leidenschaft, Burgunder und Rotweine sind die großartigen Ergänzungen dazu." Da ist es nur konsequent, dass zwei Drittel seiner Rebflächen in und um Wachenheim mit Riesling bestockt sind – insgesamt machen Weißweine 90 % seines Sortiments aus. Ertragsreduzierung, Handlese und naturnahes Arbeiten sind für ihn der Schlüssel zu großen Qualitäten.

2018 Altenburg Riesling Spätlese trocken
15,00€ · 13%
Eine veritable Spätlese, wenngleich auch nicht unbedingt spät gelesen. Was aber Ausdruck und Finesse anbelangt, ist das rundum bestens gelungen.

2019 Riesling „Gerümpel" Spätlese trocken
15,00€ · 13%
Easy Greatness, mit einer Wagenladung Extraktsüße, die von einer schüchternen Säure kontrastiert wird. Perfekt zu Feierabend und Entspannung.

2019 Sauvignon Blanc „Fumé"
12,00€ · 13%
Knackig mit gutem Mundgefühl, gut gemacht mit Ecken und Kanten.

2019 Wachenheimer Fuchsmantel Riesling
12,00€ · 13%
Mineralischer Riesling mit feinem Kernobst und einer gewissen Fruchtigkeit.

Fotocredit: Dr. Manfred Holz/Wikimedia Commons

DIE TIPPS DER WINZER

Wo gibt es die besten Grumbeere, Bratwürste oder Läwwerknepp? Wo den besten Blick in die Weinberge, wo das schönste Hotel? Wo kann ich Weine verkosten, regionale Produkte einkaufen? Wer, wenn nicht **der Winzer vor Ort,** kennt sich bestens in seiner Region aus? Darum haben wir Winzer und ihre Familien nach **ihren persönlichen Tipps** gefragt. Auf den folgenden Seiten finden Sie diese Empfehlungen für Ihren Aufenthalt in der Weinregion.

Anm.: Vergewissern Sie sich über die aktuellen Öffnungszeiten.

Essen

HALBSTÜCK

Hollergasse 2,
67281 Bissersheim
T +49 (0) 6359 9459 211
www.halbstueck.de

Dieses Restaurant, benannt nach dem traditionellen 600-Liter-Fass, gehört zum legendären Weingut Knipser und wurde 2014 eigentlich als Weinstube eröffnet. Es entwickelte sich zum kulinarischen Treffpunkt vieler weinaffiner Gäste und serviert in entspannter Atmosphäre mit extrem netten Service feine pfälzisch-internationale Küche. Viele Produkte wie Äpfel oder Brot stammen aus der Nachbarschaft.

Empfohlen von
Weingut WoW + HE Weine

BOCKENHEIMER WEINSTUBE

Weinstraße 91,
67278 Bockenheim
T +49 (0) 6359 4090 050
www.2020.
bockenheimerweinstube.de

Die Speisekarte in diesem Haus in der Nordpfalz ist zweigeteilt: eine Heimat- und eine Saisonkarte. Beiden gemeinsam ist authentische Pfälzer Küche, pfiffig und kreativ inspiriert. Die Gäste können Platz nehmen im Kreuzgewölbe, bei gutem Wetter im schönen Innenhof.

Empfohlen von
Weingut Wick

1718

Ketschauerhofstraße 1,
67146 Deidesheim
T +49 (0) 6326 70000
www.ketschauer-hof.com

FUMI

Im Kathrinenbild 1,
67146 Deidesheim
T +49 (0) 6326 7001 210
www.josef-biffar.de

L.A. JORDAN

18 | 20

Ketschauerhofstraße 1,
67146 Deidesheim
T +49 (0) 6326 70000
www.ketschauer-hof.com

LEOPOLD

Weinstraße 10,
67146 Deidesheim
T +49 (0) 6326 9668 888
www.von-winning.de

Saisonal, regional, aber auch international: Die Küche in diesem feinen Weinguts-Restaurant ist breit aufgestellt, vergisst aber niemals ihre pfälzische Herkunft. Benannt ist das Lokal nach Leopold von Winning, dem Gründer des gleichnamigen Weinguts. Auf der Weinkarte stehen natürlich eigene Tropfen, aber auch Weine von anderen befreundeten Winzern.

Empfohlen von
Weingut von Winning

SCHWARZER HAHN

17 | 20

Am Marktplatz 1,
67146 Deidesheim
T +49 (0) 6326 96870
www.deidesheimerhof.de

SUSHI B.

Weinstraße 18,
67146 Deidesheim
T +49 (0) 6326 7000 77
www.sushi-b.de

TURMSTÜB'L

Turmstraße 3,
67146 Deidesheim
T +49 (0) 6326 9810 81
www.turmstuebel.de

Die Pfalz und Frankreich stehen hier Pate für eine wunderbare Kombination von Speisen aus beiden Regionen: Volker Rau und Véronique Poignonec sind das deutsch-französische Team hinter diesem Konzept eines beliebten Restaurants, das in einer früheren Kelterhalle eingerichtet wurde.

Empfohlen von
Weingut Michael Andres

ZUM SCHWANEN

Weinstraße 40,
67146 Deidesheim
T +49 (0) 6326 7010 738
www.zum-schwanen-deidesheim.de

Gemütlich und gesellig geht es hier in einem ehemaligen Weingut in Hofgaststätte und Restaurant zu. Auf der Karte stehen Vespergerichte, Flammkuchen und viele pfälzische Spezialitäten.

Empfohlen von
Weingut Margaretenhof

BACH-MAYER

Gerberstraße 13,
67098 Bad Dürkheim
T +49 (0) 6322 92120
www.bach-mayer.de

Fürst Karl Friedrich Wilhelm zu Leiningen war im Jahr 1770 Bauherr dieses Gebäudes, das ihm als Jagdhaus diente und 100 Jahre später zur Weinstube umgebaut wurde. Heute begrüßt Carsten di Lorenzi hier seine Gäste und bewirtet sie mit pfälzisch-fränkisch-österreichischer Küche auf hohem Niveau.

Empfohlen von
Weingut Ritter

DÜRKHEIMER RIESENFASS

St. Michael Allee 1,
67098 Bad Dürkheim
T +49 (0) 6322 2143
www.duerkheimer-fass.de

Das riesengroße Fass, 1934 aus Schwarzwälder Tannenbäumen als Denkmal für den Wein gebaut, ist allein schon einen Ausflug nach Bad Dürkheim wert. Das Fass mit seinem Durchmesser von 13,5 Metern ist aber drinnen und draußen auch ein Restaurant und bietet eine Karte mit Leberknödelsuppe, Saumagen oder Kalbsfilet.

Empfohlen von
Weingut Karl Schaefer

KÄSBÜRO

Dorfplatz 1,
67098 Bad Dürkheim
T +49 (0) 6322 6809 63
www.kaesbuero.deDürk

Mehr Geschichte unter einem Dach geht kaum: Im 11. Jahrhundert erbaut, diente das Gebäude erst als Äbtissinnenhaus, danach wurde es Zehntscheune, in der Käse an die Pfalzgrafen abgeliefert werden musste. Jetzt wird dort gekocht: Und das gutbürgerlich mit regionalen Zutaten.

Empfohlen von
Weingut Karl Schaefer

KONRAD 2 IN DER KLOSTERRUINE LIMBURG

Luitpoldweg 1,
67098 Bad Dürkheim
T+49 (0) 6322 6001 191
www.klosterruine.de

Restaurant und Eventlocation erwarten die Gäste auf dieser Klosterruine, einer ehemaligen Benediktinerabtei, und bieten moderne pfälzisch-internationale Gerichte. Auch der Klostergarten bietet sich als Freiluft-Gastronomie an. Eingeschenkt werden Weine von Winzern aus Bad Dürkheim.

Empfohlen von
Weingut Hanewald-Schwerdt

WEINSTUBE DIE ZWIWWEL

Seebacher Straße 13,
67098 Bad Dürkheim
T +49 (0) 6322 9559 310
www.weinstube-zwiwwel.de

Fleeschknepp mit Meerettichsauce, Wirsingroulade oder geschmorte Ochsenbäckchen: Da weiß man, was man auf den Teller bekommt in diesem gemütlichen Restaurant, das ein Zuhause auf Zeit sein will.

Empfohlen von
Weingut Karl Schaefer

WEINSTUBE PETERSILIE IN DER TENNE

Römerplatz 12,
67098 Bad Dürkheim
T +49 (0) 6322 4394
www.weinstube-petersilie.de

Hier wird mitten in Dürkheim Landhausküche in rustikalem Ambiente serviert. Flammkuchen in vielen Variationen und Größer stehen ebenso auf der Karte wie typisch pfälzische Gerichte.

Empfohlen von
Weingut Karl Schaefer

GUTSAUSSCHANK ACHAM MAGIN

Weinstraße 67, 67147 Forst
T +49 (0) 6326 315
www.acham-magin.de

Bei der Speisekarte mit Feldsalat, Krokantblutwurst, Handkäs mit Musik oder Bratwurst mit Kastanien läuft einem schon das Wasser im Mund zusammen. Und wenn man dann noch gemütlich – drinnen oder draußen – sitzen und dazu einen hauseigenen Riesling trinken kann, ist die Welt in Ordnung. So wie in diesem Gutsausschank.

Empfohlen von
Weingut Karl Schaefer

GUTSAUSSCHANK SPINDLER

Weinstraße 44, 67147 Forst
T +49 (0) 6326 5850
www.spindler-weine.de

Eine Familie mit Weinbautradition: 1620 die ersten Reben gesetzt, 1933 kam der Gutsausschank dazu. Und den gibt es – in moderner Form – bei Familie Spindler immer noch. Regionale Lieferanten liefern Fleisch, Gemüse, Kaffee und Forellen, der Wein kommt vom eigenen Weingut. Das Allerschönste an diesem Ausschank aber ist der seit Jahrzehnten gewachsene Garten mit Rebenbaldachin und vielen blühenden Pflanzen.

Empfohlen von
Weingut Karl Schaefer

NOËLS PRINZ

Weinstraße 50a, 67147 Forst
T +49 (0) 6326 7016 47
www.noels-prinz.de

Der Klassiker hier ist die südfranzösische Fischsuppe „Marseiller Art" und auch die anderen Gerichte wie französische Entenbrust oder Perlhuhnsuprême machen klar, dass Chef Noël Matacz, gebürtiger Elsässer, am allerliebsten frankophil kocht. Dazu werden Weine aus der Region ausgeschenkt.

Empfohlen von
Weingut Margaretenhof

ZUM SCHOCKELGAUL

Weinstraße 96, 67147 Forst
T +49 (0) 6326 5669
www.schockelgaul.de

Hier isst man Cordon bleu mit Bratkartoffeln – und das seit Jahren. Denn mit diesem Gericht ist das Restaurant legendär geworden und bietet es in Variationen an. Aber auch Leberknödel, Bratwurst und Saumagen stehen auf der Karte. Die Weine wachsen allesamt in direkter Nachbarschaft.

Empfohlen von
Weingut Margaretenhof

WEINREICH

Gault&Millau

Hauptstraße 25,
67251 Freinsheim
T +49 (0) 6353 9598 640
www.weinstube-weinreich.de

LAMM

Bismarckstraße 21,
67161 Gönnheim
T +49 (0) 6322 95290
www.restaurantzumlamm.de

Getrüffelter Kalbs-Saumagen, gebratener Pulpo, kanadisches Rib-Eye-Steak oder Gönnheimer Ochsenfetzen: Wer die Karte liest, weiß, dass es hier, im Gebäude einer früheren Schule, einfach nur gut schmecken kann. Serviert wird in unterschiedlichen urigen Räumen des Gasthauses sowie im mediterranen Innenhof. Für Übernachtungsgäste stehen einige Zimmer zur Verfügung.

Empfohlen von
Weingut Bärenhof

KARLBACHER RESTAURANT

Hauptstraße 57,
67229 Großkarlbach
T +49 (0) 6238 3737
www.karlbacher.info

Der Elsässer Christian Rubert führt dieses Haus, dessen Grundmauern aus dem 17. Jahrhundert stammen. Umso moderner aber ist die französisch inspirierte Karte mit Wildmaultaschen, Elsässer Riesling-Sauerkraut mit bretonischen Wildfang-Edelfischen oder Rehrücken aus dem Pfälzer Wald.

Empfohlen von
Weingut Knipser

ALEX WEINLOUNGE

Weinstraße 1,
67273 Herxheim am Berg
T +49 (0) 6353 9325 630
www.alexweinlounge.de

INTENSE

17 | 20

Weinstraße 80, 67169 Kallstadt
T +49 (0) 6322 9591 150
www.restaurant-inten.se

WEINHAUS HENNINGER

Weinstraße 93, 67169 Kallstadt
T +49 (0) 6322 2277
www.weinhaus-henninger.de

400 Jahre Geschichte begegnen dem Gast in diesem Haus, in dem die Gastfreundschaft gepaart mit Genuss immer schon großgeschrieben wurde. Im Restaurant wird immer noch nach Rezepten von Luise Henninger gekocht – modern inspiriert natürlich: Wiener Schnitzel mit Kartoffelsalat, Kalbsnieren in Cognacrahm, Omas Rinderrouladen oder Sauerbraten vom Reh. Auf der Weinkarte stehen 200 Positionen von 30 Weingütern. Zum Haus gehören auch ein schickes Hotel mit dem Gästehaus Weincastell sowie eine Weinbar.

Empfohlen von
Weingut Pfeffingen

WEINKABINETT

Weinstraße 123, 67169 Kallstadt
T +49 (0) 6322 2644
www.weinkabinett-fleischmann.de

Pfälzer Gastlichkeit empfängt die Besucher dieser kleinen Weinstube – und nicht nur das. Schinkenteller, Weißer Käs, Pälzer Fläschknepp oder Steaks sorgen in großen Portionen dafür, dass hier niemand das Haus hungrig verlässt. Dazu ein Wein aus der direkten Nachbarschaft – und der Tag hat ein wunderbares Finale genommen.

Empfohlen von
Weingut Bärenhof

WINZERSTUBEN WEICK

Weinstraße 126 67169 Kallstadt
T +49 (0) 6322 5300
www.weick-kallstadt.de

Die Gaststätte der Winzergenossenschaft Kallstadt liegt direkt an der Deutschen Weinstraße und lädt nicht nur zum Kallstadter Saumagenteller mit Blutwurst und Bratkartoffeln ein, sondern serviert auch Kalbsleber oder saure Nierchen.

Empfohlen von
Winzergenossenschaft Kallstadt

SCHWARZ GOURMETRESTAURANT

15 | 20

Weinstraße Süd 1,
67281 Kirchheim
T +49 (0) 6359 9241 702
www.schwarz-restaurant.de

GASTHAUS ZUM WEISSEN LAMM

Hauptstrasse 38,
67229 Laumersheim
T +49 (0) 6238 9291 43
www.lamm-laumersheim.de

Unprätentiös, aber einnehmend bei Auswahl und Genuss der Speisen: So präsentiert sich dieses gemütliche Wirtshaus mit seiner wunderbar regionalen Karte. Bei gutem Wetter ist vor allem der Innenhof der Familie Hofheinz bei Touristen und Nachbarn aus dem Ort beliebt.

Empfohlen von
Weingut Knipser

ALTE PFARREY

15 | 20

Untergasse 54,
67271 Neuleiningen
T +49 (0) 6359 86066
www.altepfarrey.de

H'MANNS

Am Goldberg 2,
67271 Neuleiningen
T +49 (0) 6359 5341
www.hmanns.de

Chris Brigitte und Andreas Hegmann sind die Gastgeber dieses Hauses, die mit all ihrer Leidenschaft für gute Produkte dabei sind. Das Brot wird selbst gebacken, die Kräuter wachsen im Garten, Nudeln werden eigenhändig ausgerollt, das Mehl stammt aus der Uhl-Mühle, und die Saucenfonds werden auch selbst angesetzt. Auf der Karte stehen schottischer Label Rouge Lachs, Bouillabaisse oder Schwarzfederhuhn, donnerstags gibt es Tapas, am Wochenende kann man zwischen verschiedenen Menüs wählen.

Empfohlen von
Weingut Hahn-Pahlke

DAS ESSZIMMER

Hintergasse 38,
67433 Neustadt
T +49 (0) 6321 3549 96
www.esszimmer-neustadt.de

ESELSBURG

Kurpfalzstraße 62,
67435 Neustadt
T +49 (0) 6321 66984
www.eselsburg.de

Pfälzer Spezialitäten vom Schwäbisch-Hällischen Schwein nach hauseigenen Rezepten zubereitet, Käse, Gemüse, Salate und Obst von Pfälzer Bauern, und dann noch eine nette Runde zum Glas Wein: In diesem gemütlichen Wirtshaus mit regionaler Küche (und eigener Währung, dem Eselstaler) sollen sich alle einfach nur wohlfühlen.

Empfohlen von
Weingut Christmann

QUETSCHEKUCHE STUBB

Mandelring 163,
67433 Neustadt
T + 49 (0) 6321 9595 490
www.quetsche-kuche-stubb.de

Platz ist doch immer in der kleinsten Hütte: Den Eindruck hat man in diesem urigen Feinschmecker-Lokal, in dem pfälzisch-modern-regional gekocht wird. Meinolf Sachse ist nach Stationen bei Heinz Winkler, im Deidesheimer Hof, in Düsseldorf und im Knipsers Halbstück jetzt Chef im eigenen Lokal. Serviert werden Gimmeldinger Rehpastete oder Sülze vom Rinder-Tafelspitz, Maultaschen und Spinatknödel. Bei den Weinen spielt der Riesling die Hauptrolle. Im denkmalgeschützten Haus gibt es auch vier Ferienwohnungen.

Empfohlen von
Weingut Michael Andres

SPINNE

Eichkehle 58, 67433 Neustadt
T +49 (0) 6321 9597 799
www.restaurant-spinne.com

Jörg Friedrich am Herd und Christiana Mix im Service und in der Weinberatung sind das Team in diesem Haus: Hier wird sehr fein gekocht, stehen Jacobsmuscheln, Thunfisch oder Schwarzfederhuhn auf der Karte und werden immer die dazu passenden Tropfen eingeschenkt. Übernachtungsgästen stehen fünf Doppelzimmer zur Auswahl.

Empfohlen von
Weingut Stortz-Nicolaus

URGESTEIN

16 | 20

Rathausstraße 6a,
67271 67433 Neustadt
T +49 (0) 6321 4890 60
www.restaurant-urgestein.de

WEINSTUBE FASSDAUBE

Weinstraße 269,
67434 Neustadt
T +49 (0) 6321 9291 826
www.zurfassdaube.de

Pfälzisch-mediterrane Küche steht auf der Karte dieser Weinstube ganz in der Nähe zum Hambacher Schloss. Es gibt Rumpsteak oder Kalbschnitzel, aber auch krosse Pizza Napoletana oder Spaghetti frutti di mare.

Empfohlen von
Weingut Georg Naegele

WEINSTUBE MOHRE-JULE

Schlossstraße 58,
67434 Neustadt
T +49 (0) 6321 84072
www.mohre-jule.de

Denkmalgeschützt mit Blick aufs Hambacher Schloss zeigt sich diese Weinstube, die es schon im Jahr 1556 gab. Auf der Speisekarte stehen deftige, hausgemachte und unkomplizierte Spezialitäten wie Schwartenmagensalat, Wurst- oder Käsebrote oder Bauernbratwurst. Dazu werden Weine aus Hambach eingeschenkt.

Empfohlen von
Weingut Georg Naegele

BIO-RESTAURANT HOFGUT RUPPERTSBERG

Obergasse 2,
67152 Ruppertsberg
T +49 (0) 6326 9820 97
www.dashofgut.com

Im Restaurant, das zum biodynamisch arbeitenden Weingut Bürklin-Wolf gehört, stehen auch bei den Speisen Bio-Produkte im Mittelpunkt. Jean-Philippe Aiguier bezieht seine Produkte hauptsächlich von Bio- Erzeugern aus der Region und verarbeitet sie zu raffinierten Gerichten. Zum Haus gehört auch ein Hofladen.

Empfohlen von
Weingut Dr. Bürklin-Wolf

GERÜMPELSTUBE

Hintergasse 4,
67157 Wachenheim
T +49 (0) 6322 8550
www.geruempelstube.de

Nein, nein: Um Gerümpel im herkömmlichen Sinne geht es hier gar nicht. Im Gegenteil: Gerümpel heißt eine berühmte Riesling-Lage im Ort – und genau danach wurde dieses kleine feine Lokal benannt. Stattdessen wird hier wirklich ordentlich gekocht, gebraten und gebrutzelt, freundlich serviert und vor allem feiner Wein eingeschenkt. Das Schwäbisch-Hällische Landschwein oder das Freesisch Rind liefern die regionalen Grundzutaten für die Gerichte, aber auch der Handkäse wird in der Nachbarschaft hergestellt.

Empfohlen von
Weingut Karl Schaefer

IZAKAYA

16 | 20

Weinstraße 36,
67157 Wachenheim
T +49 (0) 6322 9593 729
www.the-izakaya.com

Japan und die Pfalz gehen hier eine ungewöhnliche Genuss-Kooperation ein. Regionale Zutaten werden mit asiatischen Einflüssen kombiniert. Auf der Karte: Lachsforelle mit Wachtelbohnen-Miso, Hühnerflügel mit grüner Yuzu Kosho (Paste aus Pfeffer und Zitrus) oder ein Kerscheplotzer (Kirschkuchen) im Izakaya-Style. Zum Restaurant gehört auch die benachbarte Weinhandlung „Rohstoff" von Johannes Lochner mit vielen regionalen, aber auch internationalen Tropfen.

Empfohlen von
Weingut Karl Schaefer

Schlafen

ADMIRAL

16 | 20

Leistadterstraße 6,
67273 Weisenheim
T 49 (0) 6353 4175
www.admiral-weisenheim.de

Früher hat hier wirklich ein Admiral gelebt: Ein Polarforscher richtete sich seine Sommerresidenz ein. Jetzt ist dort ein Gasthaus unter Regie von Holger und Martina Stehr, das bereits mehrfach für die besondere Fine-Dining-Küche zu gutem Preis-Leistungs-Verhältnis ausgezeichnet wurde. Der Bachsaibling kommt aus dem Spessart, das Lamm aus Irland, der Rohmilchkäse aus Frankreich, der Wein aus der ganzen Welt. Aber natürlich auch aus der Pfalz!

Empfohlen von
Weingut Hahn-Pahlke

GÄSTEHAUS ESCHMENT

Freinsheimer Weg 9,
67281 Bissersheim
T +49 (0) 6359 93030
www.gaestehaus-eschment.de

Zehn gemütliche Zimmer mit Blick in die Pfälzer Weinberge stehen Urlaubern oder Geschäftsreisenden in diesem persönlich geführten Haus zur Verfügung. Besonderes Angebot: Die Etage „Portugieserträume" bietet günstige Schlafmöglichkeiten, die Gäste teilen sich ein Badezimmer und können sich in einer kleine Pantyküche selbst verpflegen.

Empfohlen von
Weingut WoW

WQ WEINQUARTIER BISSERSHEIM

Bachgasse 4, 67281 Bissersheim
T + 49 (0) 6359 9104 905
www.weinquartier-bissersheim.de

Moderne Architektur, geräumige Zimmer und Apartments mit viel Liebe zu Design-Details eingerichtet, das erwartet die Gäste in diesem familiengeführten Hotel im Leiningerland – umgeben von vielen Weingütern und nah zu zahlreichen Ausflugszielen.

Empfohlen von
Weingut WoW

DEIDESHEIMER HOF

Am Marktplatz 1,
67146 Deidesheim
T + 49 (0) 6326 96870
www.deidesheimerhof.de

Es ist das Haus am Platz, in Deidesheim, wenn nicht sogar in der ganzen Pfalz. Im Deidesheimer Hof wurde nicht nur politische Geschichte geschrieben, sondern wird seit Jahrzehnten eine außergewöhnliche Gastkultur betrieben. 28 komfortabel eingerichtete Zimmer erwarten die Gäste, die sich in zwei Restaurants – dem St. Urban mit Pfälzer Landhausküche und dem Schwarzen Hahn mit einer Fine-Dining-Karte – verwöhnen lassen können. Der Weinkeller des Hauses ist legendär und wird zum großen Teil von Tropfen aus der nahen Region bestückt.

Empfohlen von
der Redaktion

HOTEL KAISERGARTEN

Weinstraße 12,
67146 Deidesheim
T + 49 (0) 6326 7000 77
www.kaisergarten-deidesheim.com

Dieses Hotel in zentraler Lage von Deidesheim offenbart sich auf den zweiten Blick: Zum einen ist es größer, als man beim Betreten denkt, zum anderen verbirgt sich – gewollt diskret – hinter den Mauern ein dezenter Luxus, den Urlauber wie Geschäftsreisende gerne genießen. Die Zimmer sind modern und gemütlich gleichermaßen eingerichtet, im Spa kann man schwimmen, saunieren oder einfach nur ruhen, im Restaurant Riva allerfeinst speisen und Weine nicht nur aus der Pfalz verkosten.

Empfohlen von
der Redaktion

KETSCHAUER HOF

Ketschauerhofstraße 1,
67146 Deidesheim
T +49 (0) 6326 70000
www.ketschauer-hof.com

Das Traditionshaus erwartet seine Gäste trotz aller mittelalterlichen Historie in modernem Ambiente. Zum Boutique-Hotel im ehemaligen Herrenhaus des Weinguts Bassermann-Jordan mit seinen individuell eingerichteten Zimmern, Suiten und einem kleinen Spa-Bereich gehören die Restaurants L.A. Jordan, Restaurant 1718 und das Sushi B. im Weingut Reichsrat von Buhl.

Empfohlen von
der Redaktion

STEIGENBERGER

Am Paradiesgarten 1,
67146 Deidesheim
T + 49 (0) 6326 9700
www.maxxhotel.de

Mit 124 Zimmern ein großes, aber dennoch gemütliches und in der Weinlandschaft verortetes Haus: Das Maxx by Steigenberger ist eine der ersten Adressen für Geschäftsreisende und Touristen, die zentral in Deidesheim wohnen wollen und von dort aus ihre Touren starten – egal, ob mit dem Rad, zu Fuß oder mit dem Auto. Restaurant, Bar und eine große Sommerterrasse laden zum Essen, Trinken und Genießen ein, außerdem gibt es einen Wellness- und Fitnessbereich.

Empfohlen von
der Redaktion

GARTENHOTEL HEUSSER

Seebacher Str. 50-52,
67098 Bad Dürkheim
T + 49 (0) 6322 9300
www.hotel-heusser.de

99 Zimmer stehen in diesem Wellness-Hotel mit Saunalandschaft sowie einem Schwimmbad drinnen und einem Freibad auf dem Dach zur Verfügung. Zum Haus gehören auch ein Restaurant, ein japanisches Teehaus sowie ein Grillhaus.

Empfohlen von
Weingut Karl Schaefer

HOTEL ANNABERG

Annabergstraße 1,
67098 Bad Dürkheim
T + 49 (0) 6322 94000
www.halbersbacher-hotel-annaberg.de

Eine historische Adresse: In Sichtweite des Annabergs bauten die Römer den ersten Wein an. Ausgrabungen belegen, dass dort mit dem Weingut Weilberg wohl das älteste Weingut der Welt stand. Heute noch sind Zeugnisse wie eine römische Tretkelteranlage zu besichtigen. Aus einer späteren Ziegelei wurde ein Gasthaus, jetzt können die Gäste in 27 Zimmern und acht Winzersuiten von ihrer Tour durch die Pfalz ausruhen und sich im Restaurant mit seinen alten Steinmauern kulinarisch verwöhnen lassen.

Empfohlen von
Weingut Pfeffingen

WINZERHOF SCHWERDT

Hinterbergstraße 61,
67098 Bad Dürkheim
T + 49 (0) 6322 5202
www.winzerhof.de

Dornfelder oder Riesling, Spätburgunder oder St. Laurent: Die Namen der acht Apartments sagen gleich, wo man sich in diesem Haus, das zum gleichnamigen Weingut gehört, befindet. Genau: inmitten der pfälzischen Weinlandschaft. Von hier lässt sich die Region mit Hambacher Schloss oder dem Dom in Speyer gut erkunden.

Empfohlen von
Weingut Hanwald-Schwerdt

BURGHOF STAUF

Burgweg 1, 67304 Eisenberg
T +49 (0) 6351 1460 893
www.burghof.stauf.de
Dieses Seminar- und Gästehaus bietet bewusst ruhig eingerichtete 15 Zimmer sowie ein Restaurant mit kreativ-pfälzischer Küche aus biologischen und regionalen Zutaten. Man kann dort Yoga machen, sich basisch ernähren oder die Ruhe genießen. Diese Ruhe kann übrigens so weit gehen, dass man sein Handy vom Netz frei schalten lässt.
Empfohlen von
Weingut Janson-Bernhard

KARLBACHER DOMIZIL

Hauptstraße 59,
67229 Großkarlbach
T +49 (0) 151 5047 1890
www.karlbacherdomizil.de
Mehrere Ferienwohnungen, im historischen Fachwerkhaus unterschiedlich eingerichtet, erwarten hier die Urlaubsgäste, die von dort aus über den Weinwanderweg, den Mühlenwanderweg oder viele gut ausgebaute Radwege die Region erkunden können.
Empfohlen von
Weingut Knipser

GASTHAUS FORELLE

Eiswoog 1, 67305 Ramsen
T + 49 (0) 6356 60880
www.seehaus-forelle.de
Zwölf Zimmer im Haeckenhaus, acht im Forsthaus, beide wegen der ausgefallenen Architektur mehrfach ausgezeichnet: Das ist das Gasthaus Forelle, das nach der Forellenzucht im Teich nebenan benannt wurde. Das Haus gehört einer Unternehmensberatung, wird von Mitarbeitern geführt, bietet Entschleunigung ohne Fernsehgeräte oder Handys an, aber mit feiner Küche im Jagdsaal, Kaminzimmer oder Grünen Salon.
Empfohlen von
Weingut Janson Bernhard

LINDNER HOTEL & SPA BINSHOF

Binshof 1, 67346 Speyer
T + 49 (0) 6232 6476 02
www.lindner.de/speyer-hotel-spa-binshof
Eine Spa-Landschaft, größer als 5000 Quadratmeter, mit Pools, sechs Saunen, Solegrotte und Hamam steht im Mittelpunkt dieses Hotels, das sich Urlaubern genauso wie Geschäftsreisenden anbietet. Ihnen stehen im Haus, das geografisch zur Rheinebene gehört und gleich entfernt von den Anbaubereichen Mittelhaardt und Südlicher Weinstraße liegt, 132 Zimmer und Suiten zur Verfügung.
Empfohlen von
der Redaktion

DER SCHWARZE HERRGOTT

Zeller Hauptstraße 4,
67308 Zellertal
T +49 (0) 6355 8639 968
www.derschwarzeherrgott.de
Es sind nur drei Gästezimmer in der Villa Golsen, die dem Gast zur Verfügung stehen. Die aber sind sehr geschmackvoll eingerichtet. Das kleine Hotel im Norden der Pfalz wird vor allem für sein tolles Frühstück gelobt, aber auch die Lage nahe den Rebstöcken begeistert viele.
Empfohlen von
Weingut Janson-Bernhard

Einkaufen

Die Pfalz ist bekannt als Region mit zahlreichen Hofläden – entweder direkt auf einem Weingut oder als eigenes Geschäft. Erzeuger und Manufakturen sind untereinander vernetzt, sodass der eine seine eigenen Kartoffeln, aber auch die Marmeladen oder den Honig des anderen anbietet. Zusätzlich verkaufen viele ihre Produkte auf den Pfälzer Bauern- oder Wochenmärkten – der größte findet dienstags, donnerstags und samstags in Neustadt statt. Alle Infos zu Hofläden, Manufakturen und den Terminen im Anbaubereich Mittelhaardt unter www.pfalz.de oder www.100Prozent-pfalz.de

ZÜRKERS HOFLADEN

Neustadter Straße 14,
67373 Dudenhofen
T +49 (0) 6232 94212
www.zuerkers-hofladen.de

Spargel, Erdbeeren, Äpfel, Kürbisse, Eier, Kräuter, selbst gemachte Nudeln, Blumen, die wunderbaren Pfälzer Kartoffeln (Grumbeere), Schnaps und zum Jahresende Tannenbäume: Das Sortiment in diesem ungewöhnlichen Hofladen lässt keine Wünsche offen. Da lohnt die Fahrt von rund 20 Kilometern zum Beispiel aus Deidesheim oder Neustadt, um das ein oder andere einzukaufen oder als Souvenir mit nach Hause zu nehmen. Oder man nimmt an einer Schnapsprobe teil. Oder an einer Führung über den Spargelacker...

Empfohlen von
der Redaktion

ANNAS KAFFEERÖSTEREI

Leiningerstraße 15,
67098 Bad Dürkheim
T +49 (0) 6322 7907 247
www.annaskaffeeroesterei.de

Schon als kleines Mädchen in ihrer armenischen Heimat hat Anna Alikhanyan das erste Mal Kaffee geröstet. Seitdem lässt sie dieses Getränk nicht mehr los. Sie lernte das Handwerk des Kaffeeröstens und bietet nun ihren eigenen Kaffee in mehr als 20 Sorten, aber auch Tee und Zubehör für die heimische Küche an.

Empfohlen von
Weingut Pfeffingen

SENFMANUFAKTUR SENFEMOL

Holzstraße 9,
67098 Bad Dürkheim
T + 49 (0) 6322 9882 215
www.senfemol.de

Ihre eigene kleine Senfmanufaktur hat Yvonne Ortloff im heimischen Keller gegründet – aus ihrer persönlichen Liebe zum Senf. So gibt es jetzt natürlich einen Saumagen-Senf, aber auch Zwiwwel- oder Riesling-Senf sowie einen Elwetritsche-Kaviar. Sie verkauft ihre Gläschen über befreundete Händler in der Region, in der Tourist-Info in Neustadt, aber auch selbst.

Empfohlen von
der Redaktion

MAGISCHER GARTEN

Friedrichstraße 3,
67433 Neustadt
T +49 (0) 6321 8589 649
www.magischergarten.de

Anis, Bärlauch, grüner Chili, langer Pfeffer, aber auch das Pfälzer Korrie für die spezielle Pfälzer Küche sind hier neben Teekräutern, Essig und Öl im Angebot. Das Team der Kräuterwerkstatt ist in seinem Lädchen, aber auch auf vielen Märkten anzutreffen und verkauft außerdem alle Produkte über seine Internetseite.

Empfohlen von
der Redaktion

Vinothek

Viele Winzer aus der Pfalz öffnen die ganze Woche über ihre Türen, um ihre Weine in ihren hauseigenen Vinotheken verkosten zu lassen. Egal, ob es die Weingüter Bremer, Mussler, Wegner, Naegele oder von Winning sind. Ein Besuch (nach dem Blick auf die Internetseite oder einem kurzen Anruf) lohnt in jedem der Wein-Orte der Pfalz. Weitere Infos zu Vinotheken auch auf der Internetseite www.pfalz.de.

APFELGUT ZIMMERMANN

Bahnhofstraße 36,
67157 Wachenheim
T +49 (0) 6322 8220
www.apfelgut-zimmermann.de

Mehr als 20 Apfelsorten, dazu Birnen, Kirschen, Pfirsiche, Aprikosen und Zwetschgen, aber auch Cidre, Apfelsekt oder Secco bekommt man bei Familie Zimmermann. Dort wird Obst auf fünf Hektar angebaut und direkt vermarktet.

Empfohlen von
der Redaktion

ZUGGERSCHNUD

Weinstraße 37,
67157 Wachenheim
T +49 (0) 6322 9541690

Süßes in vielen Variationen und vor allem Torten, individuell gefertigt: Das ist die Spezialität von Konditorin Bettina Eberle, die für ihre süßen Produkte ausschließlich Dinkelmehl verwendet.

Empfohlen von
Weingut Margaretenhof

MICHLERS HAUS DER GUTEN WEINE

Römerplatz 13,
67098 Bad Dürkheim
T +49 (0) 06322 9553 31
www.weinsensorik.de

Im Herzen von Bad Dürkheim lassen sich hier mit großer Wonne Pfälzer Weine verkosten. Die Karte enthält 250 Positionen von Weiß-, Rosé- oder Rotweinen, aber auch Winzersekte werden eingeschenkt. Wer nach der vinophilen Probe auf einen anderen Geschmack kommen will, kann Kaffeespezialitäten der Ludwigshafener Familienrösterei Mohrbacher probieren. Außerdem sind Feinkost sowie viele Sorten Single Malt Whisky im Angebot.

Empfohlen von
Weingut Karl Schaefer

WEINWERK REINHARDT

Hof am Deidesheimer Weg,
67152 Ruppertsberg
T +49 (0) 6326 8372
www.weingut-reinhardt.de

Eine außergewöhnliche Vinothek entsteht in einem Neubau, den die junge Generation des Weinguts Reinhardt aus Niederkirchen gebaut hat. Das Fachwerkhaus steht direkt an der Deutschen Weinstraße, im Erdgeschoss ist die Vinothek, aus dem Obergeschoss hat man einen Panoramarundumblick in die Pfälzer Weinlandschaft.

Empfohlen von
der Redaktion

GENIESSERLOUNGE AUF SCHLOSS WACHENHEIM

Kommerzienrat-Wagner-Straße 1,
67157 Wachenheim
T +49 (0) 6322 9427 380
www.schloss-wachenheim.pfalz.de

In diesem Weingut werden Sekte im traditionellen Flaschengär-Verfahren abgefüllt. Darum stehen die Sekte und ihre Verarbeitung auch im Mittelpunkt der Lounge auf dem Schloss. Besucher können eine Kellereiführung mitsamt Verkostung buchen und dazu einen Flammkuchen genießen. Im Sommer lockt der Dom-Perignon-Brunnen.

Empfohlen von
der Redaktion

2 SÜDLICHE WEINSTRASSE

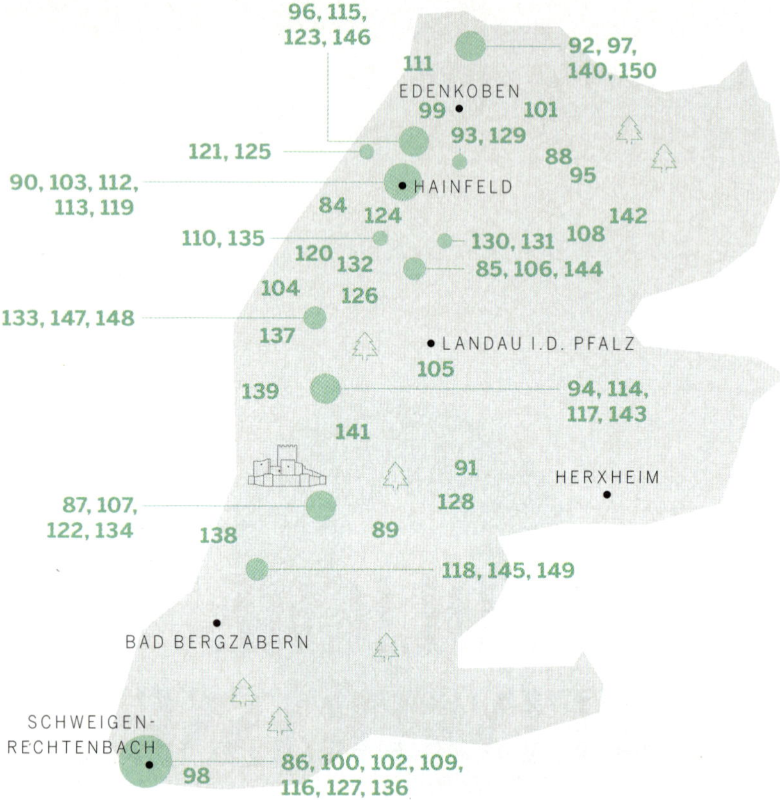

Wer diese Region durchfährt, landet automatisch in Frankreich – und erlebt spätestens dort, dass die Nachbarn jenseits der Grenze schon lange ihren Einfluss in Schweigen-Rechtenbach, Bergzabern oder Klingenmünster hatten. Das schlägt sich nach wie vor in der Sprache, aber auch im Weinbau nieder. Weil die Böden in diesem mediterranen Klima nährstoffreicher sind, wachsen im Süden der Pfalz vor allem mineralische Weine.

Geografische Lage Der südliche Teil des Weinbaugebietes Pfalz, der Bereich Südliche Weinstraße, beginnt etwa in der Mitte der Deutschen Weinstraße in Maikammer und erstreckt sich bis Schweigen-Rechtenbach an der französischen Grenze.

Klima Die jährliche Sonnenscheindauer beträgt rund 2000 Stunden.

Böden Rotliegendes, Buntsandstein, Löss, Mergel, Kalkstein, Schiefer

Rebfläche 12.659 ha gesamt, 8258 ha Weißwein, 4401 ha Rotwein

Rebsorten Riesling, Dornfelder; Müller-Thurgau, Grauburgunder

Besonderheiten mediterranes Klima, Mandelbäume, Feigen, Esskastanien; die 85 Kilometer lange Deutsche Weinstraße ist die erste Weintouristikroute; vor allem Weinlagen an Erhebungen und am Waldrand zählen zu den wertvollsten in der Südpfalz, z. B. Kalmit oder Kastanienbusch.

WEINGÜTER

84
WEINGUT ST. ANNABERG
St.-Anna-Straße 203
76835 Burrweiler

85
EMIL BAUER & SÖHNE
Walsheimer Straße 18
76829 Landau-Nußdorf

86
FRIEDRICH BECKER
Hauptstraße 29
76889 Schweigen-Rechtenbach

87
KARLHEINZ & DOMINIK BECKER
Hauptstraße 34
76831 Heuchelheim-Klingen

88
GUT VON BEIDEN
Hauptstraße 25
67483 Kleinfischlingen

89
WEINGUT BIETIGHÖFER
Oberdorfstraße 13
76831 Mühlhofen

90
WEINGUT BORELL-DIEHL
Weinstraße 47
76835 Hainfeld

91
BUS – BACCHUSHOF
Bacchushof
76865 Insheim

92
WEINGUT DENGLER-SEYLER
Weinstraße Süd 6
67487 Maikammer

93
WEIN- UND SEKTGUT-DESTILLERIE A. DIEHL
Eisenbahnstraße 3a
67483 Edesheim

94
WEINGUT ECK
Leinsweiler Straße 31
76831 Ilbesheim

95
ELLERMANN-SPIEGEL
Poststraße 3
67483 Kleinfischlingen

96
FADER – KASTANIENHOF
Theresienstraße 62
76835 Rhodt unter Rietburg

97
WEINGUT FAUBEL
Marktstraße 86
67487 Maikammer

98
STEFAN FISCHER
Kirchstraße 2
76889 Schweighofen

99
WEINGUT FITZ-SCHNEIDER
Klosterstraße 157a
67480 Edenkoben

100
WEINGUT GEISSER
Längelstraße 1
76889 Schweigen-Rechtenbach

101
DER GLÜCKSJÄGER
Raiffeisenstraße 5
67482 Venningen

102
WEINGUT GRIMM
Paulinerstraße 3
76889 Schweigen-Rechtenbach

WEINGÜTER

103
LOTHAR HAGENBUCH & SÖHNE
Weinstraße 63
76835 Haineld

104
WEINHAUS FRANZ HAHN
Kirchstraße 17
76857 Albersweiler

105
HE WEINE
Rheinstraße 3
76829 Landau

106
VILLA HOCHDÖRFFER
Lindenbergstraße 79
76829 Landau-Nußdorf

107
WEINGUT HOF
Klingbachstraße 29
76831 Heuchelheim-Klingen

108
HÖRNER – HAINBACHHOF
Hainbachhof
76879 Hochstadt

109
WEINGUT JÜLG
Hauptstraße 1
76889 Schweigen-Rechtenbach

110
WEINGUT KERN
Hauptstraße 17
76833 Böchingen

111
WEIN & SEKTHAUS ALOIS KIEFER
Mühlstraße 2
67487 St. Martin

112
WEINGUT KLEIN
Weinstraße 38
76835 Hainfeld

113
BERNHARD KOCH
Weinstraße 1
76835 Hainfeld

114
WEINGUT KRANZ
Mörzheimer Straße 2
76831 Ilbesheim

115
THORSTEN KRIEGER
Theresienstraße 71
76835 Rhodt unter Rietburg

116
WEINGUT LEILING
Hauptstraße 3
76889 Schweigen-Rechtenbach

117
WEINGUT LEINER
Arzheimer Straße 14
76831 Ilbesheim

118
WEINGUT LEONHARD
Hauptstraße 19
76889 Pleisweiler-Oberhofen

119
WEINGUT LERGENMÜLLER
Weinstraße 16
76835 Hainfeld

120
WEINGUT LIDY
Frankenburgstraße 6
76833 Frankweiler

WEINGÜTER

121
WEINGUT MEIER
Hübühl 9
76835 Weyher

122
KARL-HEINZ UND ANDREAS MEYER
Bahnhofstraße 10
76831 Heuchelheim-Klingen

123
KLAUS MEYER
Theresienstraße 80a
76835 Rhodt unter Rietburg

124
THEO MINGES
Bachstraße 11
76835 Flemlingen

125
WEINGUT MÖWES
Hübühl 10
76835 Weyher

126
WEINGUT MÜNZBERG
Böchinger Straße 51
76829 Landau-Godramstein

127
WEINGUT NAUERTH-GNÄGY
Müllerstraße 5
76889 Schweigen-Rechtenbach

128
BIOLAND WEINGUT NEUSPERGERHOF
Neuspergerhof 1
76865 Rohrbach

129
WEINGUT OBERHOFER
Am Linsenberg 1
67483 Edesheim

130
KARL PFAFFMANN
Allmendstraße 1
76833 Walsheim

131
HEINZ PFAFFMANN
Hauptstraße 19–25
76833 Walsheim

132
TINA PFAFFMANN
Am Stahlbühl
76833 Frankweiler

133
ÖKONOMIERAT REBHOLZ
Weinstraße 54
76833 Siebeldingen

134
WEINGUT RINCK
Klingbachstraße 11
76831 Heuchelheim-Klingen

135
WEINGUT FAMILIE SAUER
Hauptstraße 44
76833 Böchingen

136
WEINHOF SCHEU
Hauptstraße 33
76889 Schweigen-Rechtenbach

137
WEINGUT SCHOLLER
Alte Kirchstraße 7
76831 Birkweiler

138
HEINRICH SCHÖNLAUB
Bergstraße 14
76889 Gleiszellen-Gleishorbach

WEINGÜTER

139
WEINGUT SIEGRIST
Am Hasensprung 4
76829 Leinsweiler

140
ERICH STACHEL
Bahnhofstraße 40
67487 Maikammer

141
JÜRGEN UND ASTRID STENTZ
Mörzheimer Hauptstraße 47
76829 Landau-Mörzheim

142
WEINGUT STERN
Hauptstraße 199
76879 Hochstadt

143
WEINGUT STURM
Hauptstraße 6
76831 Ilbesheim

144
JOCHEN UEBEL
Bauerngasse 40
76829 Landau-Nußdorf

145
WEINGUT ULLRICH
Schäfergasse 25
76889 Pleisweiler-Oberhofen

146
FELIX WALDKIRCH
Weinstraße 53
76835 Rhodt unter Rietburg

147
DR. WEHRHEIM
Weinstraße 8
76831 Birkweiler

148
WEIN- & SEKTGUT WILHELMSHOF
Queichstraße 1
76833 Siebeldingen

149
WEINGUT WILKER
Hauptstraße 30
76889 Pleisweiler-Oberhofen

150
AUGUST ZIEGLER
Bahnhofstraße 5
67487 Maikammer

Weingut St. Annaberg

St.-Anna-Straße 203,
76835 Burrweiler
T +49 (0) 6323 9492 60
www.sankt-annaberg.com

Betriebsleiter Victoria Lergenmüller
Kellermeister Victoria Lergenmüller
Verbände Generation Riesling
Rebfläche 6,9 ha
Produktion 30.000 Flaschen
Gründung 2012
Verkaufszeiten Di–Sa ab 15 Uhr

Victoria Lergenmüller gehört zur Lergenmüller-Dynastie, leitet aber mit dem St. Annaberg ihr eigenes Weingut. Aktuell stellt sie den Betrieb auf ökologische Bewirtschaftung um und nimmt dabei gleich die Biodynamie in den Blick. Ihre Rieslinge kommen neben der Monopollage St. Annaberg aus dem Burrweiler Schäwer, der Gleisweiler Hölle und dem Ollbesheimer Kalmit. „Riesling ist Riesling ist Unsinn", sagt sie und beweist es mit individuellen Weinen von verschiedene Bodenformationen und Mikroklimata. Dass sie nicht nur Riesling macht (und kann), zeigt sie mit der Premiere ihres Pinot Noir St. Annaberg.

2016 Burrweiler Schäwer Riesling
29,90€ · 13,5%
Weißfruchtig, floral mit schöner Frische und Gelassenheit.

2018 Riesling „Edition Johanniskreuz"
20,00€ · 13%
Was Victoria Lergenmüller hier vorlegt, ist atemberaubend und ganz, ganz große Klasse!

2019 Burrweiler St. Annaberg Riesling „355 NN" feinherb
11,00€ · 11,5%
Exotische Früchte satt. Da bleibt es nicht bei einem Glas.

2019 Gleisweiler Hölle Riesling
13,50€ · 12,5%
Hat Fülle, Würze, Saft, ist konzentriert und dabei doch elegant.

2019 Ilbesheimer Kalmit Riesling
24,00€ · 13%
Saftigkeit, Würze und typische Rieslingsäure vereinen sich bei diesem großen Wein zu einem unvergesslichen Geschmackserlebnis.

2018 Pinot Noir „St. Annaberg"
28,00€ · 14%
Kraft und Eleganz ist eine Idealkombination, die man leider nur zu selten antrifft, hier ist ein Paradebeispiel dafür.

Emil Bauer & Söhne

Walsheimer Straße 18,
76829 Landau-Nußdorf
T +49 (0) 6341 61754
www.bauerwein.de

Die Brüder Bauer haben in wenigen Jahren den Betrieb enorm vergrößert und neue Gebäude in Betrieb genommen, mit flotten und provokanten Sprüchen auf bestimmten Etiketten für Aufmerksamkeit gesorgt und vielleicht den ganz großen Wurf gelandet, indem sie mediterrane Rotweinsorten von Grenache und Mourvèdre bis Barbera gepflanzt haben – auf 20 Hektar! Das ist meilenweit jenseits von Versuchen eine Weichenstellung für Generationen. Das Weingut selbst hat 30 Hektar, insgesamt vermarkten die Bauers Wein von rund 100 Hektar – volle Kraft voraus heißt der Kurs.

Inhaber Alexander & Martin Bauer
Kellermeister Stefan Jung
Verbände Fair'n Green
Rebfläche 33 ha
Produktion 250.000 Flaschen
Verkaufszeiten
Mo–Fr 9–12 Uhr und 14–18 Uhr
Sa 9–16 Uhr

2018 Nußdorfer Herrenberg Viognier „beachball"
24,50€ · 12,5%
Erdnuss und ein wenig Wachs. Klingt kompliziert? Ist es aber nicht. Viognier zum Entdecken.

2018 Sauvignon Blanc „Insomnia"
24,50€ · 12,5%
Karamellig mit etwas Eisbonbonnoten, weich in der Ansprache.

2019 Chardonnay „Nußdorf"
9,90€ · 13%
Verspielt, stimmig und unkompliziert. Angenehmer Trinkfluss.

2019 Essinger Osterberg Chardonnay „sky & sand"
24,50€ · 13%
Ein Klassiker mit Anspruch. Mocca und Karamell wirken geschmeidig am Gaumen und bringen Ruhe mit.

2019 Nußdorfer Sauvignon Blanc
9,90€ · 13%
Mit diesem Wein wird der Sommertag noch schöner.

2019 Sauvignon Blanc „Insomnia"
24,50€ · 12,5%
Dezente Frucht und eine markante Säure bestimmen diesen Wein.

2017 Rotwein-Cuvée „Altor"
45,00€ · 14%
Komplexe dunkle Frucht Aromen, Fleisch, Rauch, BBQ-Aromen.

2017 Rotwein-Cuvée „Amator"
45,00€ · 14%
Schokolade, sehr extraktreich dicht mit ordentlich Holz ausgestattet.

2017 Rotwein-Cuvée „Cultor"
45,00€ · 14%
Kraftvoll und dicht, Rumtopf, feinkörniges Tannin, modern.

2017 Rotwein-Cuvée „Servator"
45,00€ · 14%
Saftige, sehr harmonisch komponierte Rotwein-Cuvée, ideal zum klassischen Sonntagsbraten, wie Kalbsschulter mit Estragonsauce.

2018 Rotwein-Cuvée „Meisterstück"
18,90€ · 14%
Nicht zu schwer, noch vom Holz geprägt, feines Tannin, Sauerkirsche, würzig.

Friedrich Becker

Hauptstraße 29,
76889 Schweigen-Rechtenbach
T +49 (0) 6342 290
www.friedrichbecker.de

Inhaber Friedrich Becker
Betriebsleiter
Friedrich Wilhelm Becker
Kellermeister
Friedrich Wilhelm Becker
Verbände VDP
Rebfläche 29 ha
Produktion 120.000 Flaschen
Verkaufszeiten
Mo–Do nach Vereinbarung
Fr 14–16 Uhr
Sa 12–16 Uhr

Die besten Weinberge der Beckers liegen auf französischem Boden. Mag sein, dass dies und die unmittelbare Nähe des Guts zum Nachbarland Friedrich Becker beeinflussten, als er 1973 begann, seine Weine selbst zu füllen und zu vermarkten. „Erst um die Mitte des vergangenen Jahrhunderts dämmerte die Erkenntnis, dass unsere Böden und Hanglagen am Rande des Pfälzerwaldes herausragende Voraussetzungen für beste Weine bieten", erinnert sich Friedrich Becker, der sich heute auch als der „Alte Fritz" bezeichnet. Ihm gebührt das Verdienst, die Sorte Spätburgunder auf ein kaum gekanntes Niveau gebracht zu haben. Der „Kleine Fritz", Sohn Friedrich Becker jr., hat seit 2005 mehr und mehr die Verantwortung für den Keller übernommen und geht den Weg seines Vaters mit ausdrucksstarken Burgundern weiter; wobei er auch mit Chardonnay und Grauburgunder bemerkenswerte Ergebnisse erzielt. Weine mit Kraft, Finesse und Reifepotenzial.

2016 Grauburgunder „Reserve"
42,00€ · 13,5%
Immer wieder frappierend, was diese Becker'sche „Late Release" dieser Rebsorte an Finesse abringt.

2017 Chardonnay „Mineral"
42,00€ · 13,5%
Graziles Model, geschliffen und elegant.

2017 Weißburgunder „Reserve"
42,00€ · 13,5%
Ja, er ist laut, ja, er ist präsent – die Zeit wird ihm den Weg zeigen und aus dem noch jugendlichen ungestümen Wesen den Charakter formen.

2019 Chardonnay „Schweigen“

22,00€ · 13%

Einer der allerbesten Chardonnays in Deutschland, mehr Saftigkeit gepaart mit edler, feinaromatischer Würze geht kaum!

2019 Grauburgunder „Kalkmergel“

17,50€ · 13%

Satte Farbe, sehr griffig, fast kantig am Gaumen.

2019 Weißburgunder „Kalkgestein“

16,80€ · 13%

Quasi aus dem Nichts entwickelt sich mit Luft und Zeit ein feiner Duft und Aroma, das zu verfolgen lohnt.

2019 Weißburgunder „Schweigen“

22,00€ · 13,5%

Noch etwas vom Holz geprägt, lebendig, kraftvoll und füllig. Braucht Luft oder besser noch Reife.

2018 Pinot Noir „Herrenwingert“ 1. Lage

38,00€ · 13,5%

Fast undurchdringliche dunkelfruchtige Aromatik, geheimnisvolle Tiefe, viel Ausdruck, mystisch!

2018 Pinot Noir „Heydenreich“ GG

125,00€ · 13,5%

Komplexe Würze, dicht und druckvoll, feine Extraktsüße im Nachhall. Ausgeprägte Gerbstoff- und Säurestruktur, ein Langläufer par excellence.

2018 Pinot Noir „KB“ GG

65,00€ · 13,5%

Was zum drüber Nachdenken. Nehmen Sie Sessel, Zeit, Ruhe in Abgeschiedenheit. Der Wein will erzählen. Vielleicht auch erst der nachkommenden Generation.

2018 Pinot Noir „Sankt Paul“ GG

58,00€ · 13,5%

Faszination Pinot Noir: tiefgründiges, komplexes Wesen, dessen herausragender Charakter sich mit der Reife vollständig offenbaren wird.

2010 Salomé Reserve brut

28,00€ · 12%

Ganz fein im Duft, Brioche und Zitrusabrieb. Die prägnante Säure sorgt für Frische und Trinkfreude.

Karlheinz & Dominik Becker

Hauptstraße 34,
76831 Heuchelheim-Klingen
T +49 (0) 6349 5328
www.beckersweine.de

Inhaber Karlheinz & Dominik Becker
Rebfläche 14 ha
Produktion 70.000 Flaschen
Verkaufszeiten nach Vereinbarung

„Wir machen Weine, wie sie uns am besten schmecken", erklären Karlheinz und Dominik Becker. Das bedeutet vor allem Burgunder, dazu Riesling – und trocken. Und weiter: „Unsere Weine sind wie wir: bodenständig und kraftvoll. Sie machen Spaß und sind ambitioniert." Aus der Top-Lage des Gutes, dem Appenhofener „Im Käferflug", kommen kraftvolle, strukturierte Spätburgunder sowie Chardonnay, die mittlere Linie ist mit „Weißer Kalk", „Bunter Sand" und „Schwarzer Ton" nach den jeweils vorherrschenden Bodenformationen benannt.

♥ **2019** Appenhofener Im Käferflug Chardonnay
15,00€ · 13%
Ein Parade-Chardonnay, wuchtig und mit Nerv. Ein richtiger Bär.

2019 Grauburgunder „Weißer Kalk" Spätlese trocken
9,90€ · 13,5%
Apfel, Birne und Vanillekipferl treffen mit Eleganz und Grip auf den Gaumen. Fein und doch kraftvoll.

2019 Riesling „Bunter Sand"
9,90€ · 12,5%
Exotische Opulenz trifft Karamell-Schokolade.

2019 Riesling „Weißer Kalk"
9,90€ · 12,5%
Herzhaft und saftig: klassisch-traditioneller Riesling im besten Sinne.

2019 Riesling „erdreich"
7,70€ · 12,5%

2019 Spätburgunder Spätlese trocken
8,80€ · 13%

2019 Weißburgunder „Schwarzer Ton" Spätlese trocken
9,90€ · 13,5%
Geschliffen wie ein Kieselstein, klar wie ein Bergfluss.

2019 Weißburgunder „erdreich" Kabinett trocken
7,70€ · 13%
Wenn ein Wein vieles richtig macht mit gelben Früchten, sauberer Säure und guter Struktur, dann wünscht man diesem als Begleiter noch einen Teller gut gewürzter Speisen.

2018 Appenhofener Im Käferflug Pinot Noir
22,00€ · 13,5%
Nicht jede schöne Nase ist perfekt. Und hier erfreut Cassis. Die gute Struktur rettet den Abend.

2018 Frühburgunder „Bunter Sand"
10,40€ · 13,5%
Schattenmorelle trifft Tabak zum eleganten Tanz.

2018 Spätburgunder „Bunter Sand"
11,50€ · 13,5%

2019 Spätburgunder „erdreich"
8,10€ · 13%
Rauch und Speck in der Nase. Tief, geheimnisvoll und dicht verwoben.

Gut von Beiden

Hauptstraße 25,
67483 Kleinfischlingen
T +49 (0) 6347 7008 96
www.gutvonbeiden.com

Inhaber Jochen Laqué & Philipp Müller
Betriebsleiter Jochen Laqué & Philipp Müller
Kellermeister Philipp Müller
Verbände Bioland
Rebfläche 19,5 ha
Produktion 80.000 Flaschen
Gründung 2013
Verkaufszeiten
Mo–Fr 8–12 Uhr und 13–17 Uhr
Sa 10–15 Uhr
und nach Vereinbarung

Im Jahr 2013 gegründet, ist das Gut von Beiden noch recht jung. „Die Beiden" sind Philipp Müller, der in Geisenheim Weinbau in Önologie studiert und dazu bei Ellermann-Spiegel (Pfalz), in Kalifornien und Australien Erfahrungen gesammelt hat, und Jochen Laqué, ausgebildeter Betriebswirt, der in einem Weinbaubetrieb mit Landwirtschaft aufgewachsen ist. Das Sortiment besteht überwiegend aus Riesling und Burgundersorten, komplettiert von Pfälzer Klassikern wie Gewürztraminer und Muskateller. Die Lagenweine stammen aus dem kalkigen Appenheimer Steingebiss.

2017 Riesling Kabinett
8,50€ · 9,5%

2018 Appenhofener Steingebiss Chardonnay
11,50€ · 13,5%
Die fast ins Rosa spielende Farbe kann leicht in die Irre führen. Verführt in der Nase mit Duft von frischem Brot, belebt mit rassiger Säure.

2018 Appenhofener Steingebiss Grauburgunder
9,50€ · 13,5%
Enorm lebhaft, fast explosiv am Gaumen und mit einem saftigen Trinkfluss ausgestattet.

2019 Chardonnay
8,00€ · 12,5%

2019 Grauburgunder
6,50€ · 12%

2019 Riesling
6,00€ · 12,5%

2019 Scheurebe
6,50€ · 13%

2019 Weißwein-Cuvée „HELLSEHER" halbtrocken
6,50€ · 12%

2019 Weißwein-Cuvée „LEUCHTSTOFF"
7,50€ · 11,5%

2017 Rotwein-Cuvée „SCHEINWERFER"
10,00€ · 14%

2017 Spätburgunder
8,00€ · 14%
Brooooom – Wolf im (hellen) Schafspelz. Ein Teppich der Dunkelheit legt sich auf die Zunge, hüllt den Gaumen in Schwärze und beschwört Geister der Länge und Unergründlichkeit.

2018 Appenhofener Steingebiss Rosé-Cuvée „DURCHBLICK"
9,50€ · 13,5%

2019 Rotwein-Cuvée „Secco Rosé" halbtrocken
6,50€ · 12,5%

2018 Spätburgunder „Blanc de Noir" Eiswein
18,90€ · 7,5%

PFALZ 2021

Weingut Bietighöfer

Oberdorfstraße 13,
76831 Mühlhofen
T +49 (0) 6349 8698
www.bietighoefer.de

Inhaber Eckhard & Stefan Bietighöfer
Betriebsleiter Eckhard & Stefan Bietighöfer
Kellermeister Stefan Bietighöfer
Verbände Demeter
Rebfläche 40 ha
Produktion 150.000 Flaschen
Verkaufszeiten nach Vereinbarung

Stefan Bietighöfer hat es gerne etwas doppelbödig. So nennt er seinen Liter-Riesling „Billigheimer" – nach seiner Herkunftsgemeinde Billigheim-Ingenheim. Auch den Tiger, der in verschiedenen historischen Stichen auf den Etiketten auftaucht, kann man als feine Ironie sehen. Ziemlich ernst ist es Bietighöfer mit dem Umweltschutz und der Nachhaltigkeit, er produziert nach den strengen Vorgaben von Demeter. Das Sortiment wird klar von Burgunder-Sorten dominiert, die „Grande Réserve" Weine vergären spontan und reifen in 500-Liter-Tonneaux.

♥ **2017** Weißburgunder „Kalmit"
25,00€ · 13,5%
Funky Marzipanbrotcurry – ein Wein, der an keiner der bekannten Ausfahrten abbiegt, bremst, wo andere beschleunigen, und Gas gibt, wo andere halten.

2018 Chardonnay „Grande Réserve"
18,90€ · 13,5%
Gewinnt mit einem auf der zitrischen Seite liegenden Charakter, der phenolische Töne sowie salzkaramellige Noten bietet.

2018 Sauvignon Blanc „Fumé Blanc"
79,00€ · 13,9%
Tropische Frucht, dahinter Holz, kühl und straff gehalten.

2018 Sauvignon Blanc „Grande Réserve"
18,90€ · 13,5%
Rauchig und würzig, klar vom Ausbau im Holz geprägt. Hat Reifepotenzial.

2018 Sauvignon Blanc „Roter Berg"
25,00€ · 13,5%
Intensive Rauchnoten, speckig, mutig gemachter Wein mit Persönlichkeit.

2018 Weißburgunder „Grande Réserve"
18,90€ · 13,5%
Rauchig, speckig-würzig und reichhaltig. Rund und weich im Abgang.

2016 Roter Berg Spätburgunder
25,00€ · 13,5%
Recht entwickelter Duft nach Früchten, Holz und Kräutern, wie bei einem Spaziergang im Herbst.

Weingut Borell-Diehl

Weinstraße 47, 76835 Hainfeld
T +49 (0) 6323 9805 30
www.borell-diehl.de

Inhaber
Thomas Diehl & Georg Diehl & Annette Borell-Diehl
Betriebsleiter Georg & Thomas Diehl
Kellermeister Georg & Thomas Diehl
Rebfläche 32 ha
Produktion 265.000 Flaschen
Gründung 1619
Verkaufszeiten
Mo–Fr 8–12 Uhr und 13–18 Uhr
Sa 9–17 Uhr

Bereits in den 1960er-Jahren legte Adolf Borell besonderen Wert auf Burgunder-Sorten und pflanzte Grau- und Weißburgunder. Davon profitieren heute zwei nachfolgende Generationen, die gemeinsam das Weingut mit 32 Hektar betreiben. Vater Thomas und Sohn Georg teilen sich dabei die Aufgabe des Kellermeisters. Georg ist Techniker für Weinbau und Önologie und hat nach der Ausbildung zum Winzer in namhaften Weingütern der Pfalz (Möwes und Rebholz) und Rheinhessen (Wittmann) bei Van Volxem (Saar) und bei Drautz-Able (Heilbronn) sowie in Neuseeland Erfahrungen gesammelt.

2019 Burrweiler Schloßgarten Weißburgunder „Réserve"
13,00€ · 13,5%
Röstaromen und pikante Salzigkeit sind in sich stimmig. Komplex und kräftig.

2019 Edesheimer Rosengarten Riesling
9,50€ · 13%
Sehr zugänglicher, fruchtiger Wein mit Wärme und Fülle.

♥ **2019** Gewürztraminer „Réserve"
16,00€ · 13,5%
Sehr floral, mit Kraft und Länge am Gaumen, kein Leichtgewicht.

2019 Hainfelder Kirchenstück Chardonnay

20,00€ · 13,5%

Malzige Noten, Erdnuss und Salz spielen gekonnt mit einer fast derben Stilistik. Durchtrainierter und eher „maskuliner“ Vertreter seiner Art.

2019 Sauvignon Blanc

7,20€ · 12,22%

Füllig, saftig, präsente Säure, fordernd …

2018 Edesheimer Rosengarten Spätburgunder „Kupperwolf“

14,00€ · 13,5%

Ansprechender Typ, verlässlich und sympathisch. Bleibt sich selbst treu.

2018 Flemlinger Herrenbuckel Pinot Noir „Kastanienberg“

25,00€ · 13,5%

Prägnante Kirschfrucht. Dabei pfeffrig und mit Saftigkeit und Potenzial für den Keller.

2017 Weißburgunder „Pinot“ brut nature

14,00€ · 12%

Feine, elegante Art, durchzogen von einem feinen Säurenerv, perfekter Apéro.

Bus – Bacchushof

Neueinsteiger

Bacchushof, 76865 Insheim
T +49 (0) 6341 83653
www.weingut-bus.de

Inhaber Carsten Bus
Betriebsleiter Carsten Bus
Kellermeister Carsten Bus
Rebfläche 42 ha
Produktion 150.000 Flaschen
Verkaufszeiten
Di–Fr 9–12 und 14–18 Uhr
Sa 9–12 Uhr

Bis ins späte 16. Jahrhundert zurück reicht die Geschichte des Weinguts, Inhaber Carsten Bus ist Winzermeister in siebter Generation. Das Portfolio umfasst 55 Etiketten, vom Liter-Silvaner bis zum im Granitfass gereiften Riesling. Mit dem Beinamen Bacchushof ist es wohl auch Ehrensache, die Rebsorte gleichen Namens zu pflegen. Das Augenmerk von Carsten Bus liegt darauf, Frucht und Frische in den Weinen zu betonen.

2019 Goldmuskateller feinherb
7,90€ · 12%

♥ **2019** Grauburgunder
9,70€ · 13,5%
Zart, schüchtern lugt die Frucht um die Ecke, ziert sich mehr, als sie müsste. Wer ihm ein wenig Zeit im Glas gibt, hat den perfekten Begleiter zu Kaiserschmarren.

2019 Riesling
9,70€ · 13%
Vanille trifft spritzig-frische Säure. Lebensfreude pur.

2017 Saint Laurent
8,20€ · 13,5%
SEHR lieblich. Das muss man wollen, wenn man es will, will man viel davon.

2018 Riesling Auslese
14,00€ · 9,5%
Exotischer Fruchtcocktail, sehr ausladendes Aroma.

Weingut Dengler-Seyler

Weinstraße Süd 6,
67487 Maikammer
T +49 (0) 6321 5103
www.dengler-seyler.de

Inhaber Eva & Matthias Seyler
Betriebsleiter Eva & Matthias Seyler
Kellermeister Matthias Seyler
Rebfläche 15 ha
Produktion 120.000 Flaschen

„Keiner unserer Weine gleicht dem anderen. Jeder hat seine eigene Persönlichkeit, die sich entwickelt hat an seiner Rebe, auf seinem Boden und mit seinem Jahrgang", erklären Eva und Matthias Seyler und fügen hinzu: „Vorausgesetzt, wir haben unsere Arbeit im Weinberg und im Keller gut gemacht." Ihre Arbeit gut zu machen, bedeutet für die beiden unter anderem die Umstellung auf Öko-Weinbau, die bald abgeschlossen sein wird. Das Wahrzeichen des Gutes, das auch die Etiketten ziert, ist das im antik-griechischen Stil 1913 erbaute Weinbergshäuschen „Sonnentempel" auf dem Heiligenberg, den die Seylers zu ihren besten Lagen zählen.

2019 Alsterweiler Kapellenberg Weißburgunder 1. Lage
13,50€ · 13,5%
Opulent und mollig mit Macht und Länge. Pikanter Abgang.

2019 Maikammer „Am Heiligen Berg" Riesling
18,00€ · 13%
Aromatisch verspielter Wein, schon zugänglich und anhaltend im Geschmack.

Verkaufszeiten
Mo–Fr 9–12 Uhr und 13–18 Uhr
Sa 9–17 Uhr
Di, So und Feiertag
nach Vereinbarung

2019 Maikammer Chardonnay
11,50€ · 13%
Ein absoluter Publikumsliebling dürfte dieser Chardonnay werden. Leiser Schmelz mit wärmender Stilistik am Gaumen.

2019 Maikammer Im Obern Weinsper Riesling
18,00€ · 13%
Sehr vielschichtige Aromatik, hat Kraft für ein langes Leben.

♥ **2019** Muskateller
8,00€ · 11,5%

2017 Maikammer Heiligenberg Spätburgunder 1. Lage
19,00€ · 13,5%
Cassis und schwarzer Tee umspielen die Nase. Am Gaumen saftige, fast fleischige Frucht.

2016 Autumnus Cuvèe brut
14,20€ · 12%
Hervorragend komponierter Sekt mit feiner, vielschichtiger Aromatik.

Wein- und Sektgut-Destillerie A. Diehl Neueinsteiger
Eisenbahnstraße 3a,
67483 Edesheim
T +49 (0) 6323 9389 30
diehl-wein.de

2017 Edesheimer Ordensgut Sauvignon Blanc „Superior"
17,00€ · 13%
Etwas kräuterig (Brennnessel), viel Holz, viel Säure.

2019 Sauvignon Blanc „eins zu eins Premium"
7,50€ · 13%
Saftige Trinkfreude im Sommer.

Weingut Eck

Leinsweiler Straße 31,
76831 Ilbesheim
T +49 (0) 6341 32046
www.weingut-eck.de

Seit über 300 Jahren wird in der Familie Eck Weinbau betrieben. Frischen Wind bringt Jungwinzerin Jasmin Eck in den Betrieb. Nach zahlreichen Praktika und dem Abschluss ihres Weinbau- und Önologie-Studiums hat sie Erfahrungen in Südafrika gesammelt, bevor sie in den elterlichen Betrieb eingestiegen ist. Seither wurden Inhalt und Ausstattung der Flaschen sowie die Vertriebswege modernisiert. Neben den Burgunder Sorten ist der Sauvignon Blanc Jasmins Steckenpferd.

Inhaber Jürgen Eck
Betriebsleiter Jürgen Eck
Kellermeister Jasmin Eck
Rebfläche 13 ha
Produktion 50.000 Flaschen
Verkaufszeiten
Mo–Sa nach Vereinbarung

2019 Ilbesheimer Kalmit Weißburgunder
9,90€ · 13%
Wunderbar sortentypischer Alltagswein, klassisch und unanstrengend.

2019 Ilbesheimer Rittersberg Chardonnay
8,90€ · 13%
Elegant, frisch und lebendig, mit seinem Schmelz ein guter Solist, aber auch Begleiter zu Fusion-Küche.

2019 Riesling „Alte Reben“
7,50€ · 13%
Feiner Riesling mit zarter Mineralik, der die leisen Töne beherrscht.

2019 Sauvignon Blanc
7,50€ · 12,5%
Ein echter Allrounder mit Feierqualitäten.

2018 Göcklinger Kaiserberg Frühburgunder
8,90€ · 13%
Mollig-samtige Cassis-Frucht, angenehm trinkfreudig und unkompliziert.

Ellermann-Spiegel

Poststraße 3,
67483 Kleinfischlingen
T +49 (0) 6347 8811
www.ellermann-spiegel.de

Inhaber Frank Spiegel
Kellermeister Frank Spiegel
Verbände Confrérie de la Chaîne des Rôtisseurs
Rebfläche 40 ha
Produktion 450.000 Flaschen
Gründung 2009
Verkaufszeiten nach Vereinbarung

Sortentypische Weine mit Substanz und Trinkfluss – so lassen sich die Gewächse von Ellermann-Spiegel in Kurzform beschreiben. Frank Spiegel hat in Geisenheim Weinbau, Önologie und Kellertechnik studiert und im Bordelais Erfahrungen gesammelt, bevor er 2007 in den Betrieb seines Stiefvaters einstieg. In 13 Jahren hat er es zu einer Größe von 40 Hektar gebracht, die fast ausschließlich mit klassischen Sorten der Pfalz bepflanzt sind. Die Spitze des Sortiments stellen die „Goldkapsel“-Weine dar, zu denen auch ein spät gelesener und im Holzfass vergorener Rosé gehört.

2019 Grauburgunder „Goldkapsel“
9,50€ · 13,5%
Verlässlich und saftig mit leisem Salz und dezenter Rauchnote.

2019 Sauvignon Blanc „Goldkapsel“
9,90€ · 13%
Herrlich aromatisch, harmonisch balanciert, ein ganz wunderbarer Allrounder.

2019 Weißburgunder
6,80€ · 13%
Frisch und fein mit vibrierender Säure. Der bringt Spaß in den frühen Abend.

2017 Pinot Noir „Goldkapsel"
14,00€ · 14%
Kühl und anschmiegsam. Am Gaumen tolles Spiel von Fruchtsüße und leiser Schärfe.

2019 Rotwein-Cuvée „WINDROSÉ GOLDKAPSEL"
10,50€ · 12,5%
Animierend und provokativ. Für Roséweintrinker mit Anspruch, die schon viel probiert haben.

Fader – Kastanienhof

Theresienstraße 62,
76835 Rhodt unter Rietburg
T +49 (0) 6323 5193
www.wein-fader.de

Inhaber Knut Fader
Kellermeister Knut Fader
Rebfläche 20 ha
Produktion 160.000 Flaschen
Verkaufszeiten
Mo–Sa 9–12 Uhr und 13–18 Uhr

Familie Fader, beginnend bei den Senioren Hedwig und Karl-Heinz über die amtierende Generation Knut und Heike bis zum Junior Paul, der bereits die Ausbildung zum Winzer begonnen hat, pflegt gemeinsam Tradition, Reben und Weinberge. Als Genussmenschen sehen sie sich, die das Glück haben, das zu produzieren, was sie selber genießen – Wein. Riesling, Silvaner, Gewürztraminer bei den Weißen, Cabernet Sauvignon, Merlot, Spätburgunder und Pinot Noir bei den Roten – Faders schöpfen dabei aus einer Vielzahl von Rebsorten.

2019 Muskateller
7,20€ · 12,78%

2019 Rhodter Rosengarten Gewürztraminer
10,50€ · 14,13%
Nomen est omen, ein nach gelbblütigen Rosen duftender Wein aus dem Rosengarten, welch ein Genuss!

2018 Rhodter Klosterpfad Cabernet Sauvignon
13,50€ · 14,04%
Cabernet mit Anspruch und schönen Röstaromen, Cassis, Paprika. So macht es Freude.

Weingut Faubel

Marktstraße 86,
67487 Maikammer
T +49 (0) 6321 5048
www.faubel-maikammer.de

Selten ist die Haltung, die Tradition zu bewahren und dennoch innovativ zu bleiben, so sichtbar wie beim Weingut Faubel. Angrenzend an das 1904 erbaute historische Gutshaus befinden sich architektonisch angemessen die neuen Gebäude samt modern eingerichteter Weinstube. In der weingutseigenen Klassifikation thronen die „Kostbar"-Füllungen, die auf dem Etikett mit diesem Wort auch den Weingutsnamen Faubel verdrängen, der sich auf den Lagen, Orts- und Gutsweinen prominent wiederfindet. Je nach Qualitätsstufe reicht die Spanne bei der Erntemenge zwischen bis zu 85 Hektoliter pro Hektar bei den Gutsweinen und 35 Hektoliter pro Hektar bei den Kostbar-Weinen.

Inhaber Gerd Faubel
Kellermeister Gerd Faubel
Rebfläche 30 ha
Produktion 280.000 Flaschen
Gründung 1900
Verkaufszeiten
Mo–Fr 10–18 Uhr
Sa 10–16 Uhr

2018 Heiligenberg Riesling „Reserve" Spätlese trocken
12,00€ · 12%
Verrucht und provokativ. Rauchige Mineralität trifft auf Dillwürze. Für Mutige!

2019 Haardter Herrenletten Riesling Spätlese trocken
12,00€ · 12,5%
Duftet reif nach Kräutern, Orangenschale und etwas Petrol, hat Substanz.

2019 Maikammer Heiligenberg Riesling „Kostbar" Spätlese trocken
18,00€ · 13%
Karamell trifft Pfirsich. Weiche Frucht mit ordentlich Wumms.

2019 Maikammer Heiligenberg Spätburgunder „Blanc de Noirs" Spätlese trocken
12,00€ · 13%
Für die unkomplizierten Momente, trotzdem Rückgrat und Anspruch. Saftige Kirschfrucht.

2019 Maikammer Kapellenberg Chardonnay Spätlese trocken
12,00€ · 13%
Saftige, pure Trinkfreude. Erst Rauch, dann wuchtige Frucht. Braucht Luft, bitte karaffieren.

2019 Maikammer Kapellenberg Grauburgunder Spätlese trocken
12,00€ · 13%
Ein junger Wilder mit erdigen Noten, sehr trocken mit viel Grip am Gaumen.

2019 Maikammer Kapellenberg Weißburgunder Spätlese trocken
12,00€ · 13%
Kompakter Ausflug mit Frucht, Holz, Säure, alles da, alles gut – wenn auch keine Fernreise draus wird und die Nase erobert werden will.

2019 Maikammer Kapellenberg Weißburgunder „Kostbar" Spätlese trocken
18,00€ · 13%
Ganz würzige und spannende Nase, wild und überraschend. Gesprächsanregend.

2019 Maikammer Kirchenstück Riesling Spätlese trocken
12,00€ · 12,5%
Viel Wein im Glas, saftig und süffig – ein klassischer Vesperwein.

2018 Maikammer Kapellenberg Pinot Noir „KOSTBAR" Spätlese trocken
19,00€ · 14%
Betörende Nase: Cassis, Minze und Lakritz verbinden sich auch am Gaumen zu samtiger Trinkfreude.

Stefan Fischer Neueinsteiger
Kirchstraße 2,
76889 Schweighofen
T +49 (0) 6342 7197
www.stefan-fischer-weingut.de

2019 Schweigener Sauvignon Blanc
6,30€ · 13,4%
Fleischig und kraftvoll, das schreit nach einem gegrillten Fisch.

Weingut Fitz-Schneider

Klosterstraße 157a,
67480 Edenkoben
T +49 (0) 6323 5210
wein-fitz-schneider.de

Inhaber Ludwig & Erna Schneider
Betriebsleiter Ludwig & Erna Schneider
Kellermeister Christine Lidy
Rebfläche 14 ha
Produktion 90.000 Flaschen
Verkaufszeiten
Mo–Sa 9–12 und 14–18 Uhr

Christine Lidy hat in Neuseeland gearbeitet, bevor sie in das Weingut der Eltern einstieg. Das erklärt bestimmt ein Stück weit die Herangehensweise in der Weinbereitung: Die Weißweine (65 Prozent des Sortiments) werden fruchtbetont im Stahl ausgebaut, die Lagenweine bekommen einen Hauch Barrique ab. Bei den Rotweinen setzt Christina Lidy voll auf den Ausbau im kleinen Holz, der Lagen-Spätburgunder wurde mit 20 Prozent Rappen in Bütten vergoren. Das Sortiment besteht überwiegend aus Riesling und Burgunder-Sorten, dazu kommen Silvaner, Sauvignon Blanc und Scheurebe.

2019 Edenkoben Bergel Riesling
8,50€ · 13%
Viel Zitrusfrucht auch Zitronengras, frisch und belebend; passt zu leichten asiatischen Gerichten.

2019 Edenkoben Kirchberg Silvaner
5,50€ · 13%
Wie eine Seidenrobe übers Parkett gleitet, schwebt diese zarte Figur über den Boden – und ziert jeden Gang mit Fisch, aber begleitet auch jede Party.

2019 Edenkoben Scheurebe „nahtlos“ halbtrocken
6,30€ · 12,5%
Knackig, Holunder, lecker, saftig, macht Spaß.

2018 Edenkoben im Mai Spätburgunder
11,00€ · 14%
Würzig und dicht, dabei sanft und schmeichlerisch und in feiner Balance.

Rotwein Cuvée „Patchwork in red“
6,50€ · 13,5%

Weingut Geisser

Längelstraße 1,
76889 Schweigen-Rechtenbach
T +49 (0) 6342 7502
www.geisser-schweigen.de

Inhaber Uwe Geisser & Florian Geisser
Betriebsleiter Uwe Geisser
Kellermeister Florian Geisser
Rebfläche 18 ha
Produktion 170.000 Flaschen
Gründung 1967
Verkaufszeiten nach Vereinbarung

Seit über 50 Jahren ist die Familie Geisser im Weinbau aktiv, Junior Chef Florian Geisser ist seit zwölf Jahren für den Keller verantwortlich. Ein guter Teil der 18 Hektar Reben liegt im Elsass, in das sich der Schweigerner Sonnenberg hinein erstreckt. Auf unterschiedlichen Bodenformationen vom Buntsandstein über Lehm bis Kalkboden wachsen hier bevorzugt Burgunder-Sorten, dazu kommen Klassiker wie Muskateller, Gewürztraminer sowie die Weltenbummler Sauvignon Blanc und Merlot. Gerade die Weißweine zeigen sich fruchtbetont und geschmeidig bis opulent.

2019 Höllisch Riesling
7,50€ · 12,5%
Karamell? Salz? Phenolik? Abweichler für Grübler. Frech in der Nase, spannend im Mund. Gerne tief durchatmen lassen.

2019 Sonnenberg Chardonnay
17,00€ · 13,5%
Ein Chardonnay für Holz-Freunde. Leise angereift mit durchgängiger Stilistik, Kompott und Vanille am Gaumen.

2019 Sonnenberg Goldmuskateller
8,90€ · 12,5%
Saftiger, animierender, richtig traubiger Wein, klar und geradeaus.

2019 Sonnenberg Grauburgunder
9,50€ · 13,5%
Feine Röstnoten vom Ausbau im Holz, hat Biss und Substanz, ein talentierter Essensbegleiter.

2019 Sonnenberg Sauvignon Blanc
8,50€ · 12,5%

2019 Steinwingert Weißburgunder
7,80€ · 13%
Der Wein für den Herbst. Wenn man schon am Kamin sitzen möchte, aber noch nicht zum Rotwein greifen will.

Der GlücksJäger

Raiffeisenstraße 5,
67482 Venningen
T +49 (0) 6323 5505
www.dergluecksjaeger.de

2018 Sauvignon Blanc „Réserve Fumé"
24,00€ · 13,5%
Noch stark vom Holz geprägt, buttrig und breitschultrig.

2019 Sauvignon Blanc „Fumé"
18,00€ · 13%

Weingut Grimm

Paulinerstraße 3,
76889 Schweigen-Rechtenbach
T +49 (0) 6342 7106
www.weingutgrimm.de

Inhaber Andreas & Nina Grimm
Betriebsleiter Andreas Grimm
Kellermeister Andreas Grimm
Rebfläche 10 ha
Produktion 80.000 Flaschen
Verkaufszeiten
Sa 10–17 Uhr
und nach Vereinbarung

Grenzüberschreitenden Weinbau betreibt das Weingut Grimm in Schweigen-Rechtenbach. Mehr als die Hälfte der Parzellen liegen auf französischem Staatsgebiet – typisch für die Ortschaft und ihre Winzer. Reben, die bereits 1966 (Grauburgunder) und 1969 (Spätburgunder) gepflanzt wurden, sind der Stolz von Andreas Grimm, der seinen Nachnamen für neckische Sprachspiele nutzt, seine Weine „märchenhaft“ findet und den Qualitätsstufen Goldkapsel bis Blaukapsel die Zusatznamen „Aschenputtel“ und „Schweigener Stadtmusikanten“ gibt. Das 1974 gegründete elterliche Weingut führt Grimm so mit Erfolg, der sich in Auszeichnungen ausdrückt. Die Spitzengewächse baut Grimm im Holz aus, die Weine der zweiten Stufe stammen aus Lagen auf französischem Boden, denen er deswegen auch französische Namen gibt.

2019 Chardonnay „âgé“
15,00€ · 13%
(Noch) deutlich vom Holz geprägt, schlank und frisch.

2019 Grauburgunder „Pinot Gris“
7,30€ · 13%
Wunderbar nussig. Grüne Walnuss und Mandel bringen leise Eleganz.

2019 Riesling „Buntsandstein“
7,30€ · 12%
Der Wein für den Strand. Einpacken und den heißen Sommertag genießen.

2019 Weißburgunder
6,10€ · 12,5%
Saftiger und animierender Wein mit lässigem Trinkfluss. Macht Lust auf mehr.

2017 Spätburgunder „Pinot Noir âgé“
18,00€ · 13,5%
Präsente, klare Stilistik mit Noten von Tabak und roten Beeren, toller Trinkfluss.

Lothar Hagenbuch & Söhne Neueinsteiger

Weinstraße 63, 76835 Haineld
T +49 (0) 6323 2770
www.weinguthagenbuch.de

Es ist mit den Söhnen Tobias und Stefan die nun fünfte Generation, die seit 2017 – mit den noch immer aktiven Eltern Lothar und Annemarie – die Geschicke des Betriebs leitet. Und die Brüder kommen sich bei den Vorlieben nicht in Quere, Tobias schwärmt für Sekte, Stefan für feinherbe Weine. Als Dritte im Bunde wacht die Apothekerin Judith Hagenbuch-Dettling über den Außenauftritt des Weinguts. So entstehen in Stahltanks und verschiedenen Holzfässern in einem großzügigen Weinkeller heutzutage (ausschließlich vegane) Weine aus den in der Pfalz typischen Sorten.

Inhaber Tobias & Stefan Hagenbuch
Betriebsleiter Tobias & Stefan Hagenbuch
Kellermeister Stefan Hagenbuch
Rebfläche 25 ha
Produktion 150.000 Flaschen
Verkaufszeiten Mo–Fr 8–12 und 13–18 Uhr

2019 Hainfelder Letten Grauburgunder Spätlese trocken
7,00€ · 13%
Leicht süßlich-dropsige Frucht, sanft und trinkig, wie für den Sommer gemacht.

2019 Riesling
5,30€ · 12%
Fruchtig (Zitrus), saftig, mineralisch, so geht bodenständiger Riesling.

2019 Sauvignon Blanc
6,60€ · 12,5%

2019 Weißburgunder
6,20€ · 13%
Umarmt mit angenehmer Fülle die Zunge, eine Kuschelfrucht, die durch Säure belebt wird. Die einen sagen „Feldsalat, Schafskäse, Nüsse", die anderen „Ich trink den so".

2013 Flemlinger Bischofskreuz Spätburgunder „Weißes Kreuz"
13,00€ · 14%
Viel Frucht, sehr dicht und dabei doch elegant, ein Gentleman der alten Schule.

„Cuvée Weißes Kreuz" extra trocken
15,60€ · 12,5%
Reife Noten in der Nase, spitze Säure, feiner Nachhall. Mit Sashimi.

Weinhaus Franz Hahn

Neueinsteiger

Kirchstraße 17,
76857 Albersweiler
T +49 (0) 6345 3421
www.weinhaus-franzhahn.de

Inhaber Martin Hochdörffer
Betriebsleiter Thomas Kautz
Produktion 300.000 Flaschen
Gründung 2016
Verkaufszeiten Mo–Fr 7.30–17 Uhr
Sa nach Vereinbarung

Vor fünf Jahren übernahmen Yvonne Fuchs-Hochdörffer und Martin Hochdörffer das Weingut Franz Hahn, für das in der Familie keine Nachfolger gefunden werden konnten. Ihre Stärken sehen die beiden in der Kellerarbeit, weshalb sie den Anbau der Trauben befreundeten und verwandten Winzern überlassen, gleichsam einer Erzeugergemeinschaft. Neben sortenreinen Klassikern finden sich auch eine ganze Reihe von Cuvées im breit gefächerten Sortiment.

2018 Sauvignon Blanc
9,50€ · 13,02%

2019 Chardonnay Spätlese trocken
7,50€ · 12,35%
(Noch) vom Holz geprägt, tiefgründig und elegant zugleich. Braucht Zeit.

♥ **2019** Grüner Veltliner „Einstieg" Kabinett trocken
6,50€ · 12,56%
Man entlockt ihm sein Geheimnis, auch wenn es Zeit braucht, die man gerne mit ihm verbringt. Stählerne Säure, würzige Noten und innere Spannung.

2019 Riesling Kabinett trocken
7,50€ · 11,75%
Kristallklar mit gelber Frucht. Da ist die Flasche schnell ausgetrunken.

2019 Riesling Spätlese trocken
7,50€ · 11,7%
Ein Gratwanderer des Holzeinsatzes, der sich in ein stimmiges Bild zu fügen beginnt. Mehr Zeit = mehr gut.

2019 Sauvignon Blanc
9,50€ · 11,83%

2019 Weißburgunder Kabinett trocken
6,50€ · 12,3%

HE Weine

Rheinstraße 3, 76829 Landau
T +49 (0) 170 7748 752
www.he-weine.de

Inhaber Hans-Erich Dausch
Kellermeister
Hans-Erich Dausch
Rebfläche 1 ha
Produktion 3.800 Flaschen
Gründung 1986
Verkaufszeiten
nach Vereinbarung

Pinot-Flüsterer, -Papst, -Magier – als was wurde Hans-Erich „HE" Dausch nicht alles schon tituliert. Zweifellos hat sich der ehemalige Banker und Immer-Noch-Skilehrer um die Sorte verdient gemacht – gerade in der Pfalz. Er beriet und berät namhafte Weingüter und hat sich und seinen einen Hektar auch zu hundert Prozont dor Diva untor don roton Sorton vorcchriobon. Vior Versionen keltert er von verschiedenen Bodenformationen, penible Handarbeit und Ausbau in besten (und teuren) Fässern sind bei ihm selbstverständlich. Die Ergebnisse werden zu Recht mit großen Burgundern verglichen.

2018 Pinot Noir „Eschbacher Hasen"
78,00€ · 13,5%
Charakterdarsteller, der Raum, Luft und Zeit braucht, Geduld des Käufers erfordert und dafür mit einzigartiger Typizität belohnt.

2018 Pinot Noir „HE“
98,00€ · 13,5%
Schlank, fast leichtfüßig, dabei insgesamt eher klassisch gebaut.

2018 Pinot Noir „Herrschaft“
58,00€ · 13,5%
Jugendlich mit Druck und Saft am Gaumen, noch etwas ungestüm. Großes Entwicklungspotenzial.

Villa Hochdörffer

Lindenbergstraße 79,
76829 Landau-Nußdorf
T +49 (0) 6341 649630
www.weingut-villa.de

Die Hochdörffers betreiben in siebter Generation Weinbau. Ihre 45 Hektar Reben stehen auf für die Südpfalz typischer Vielfalt von Bodenformationen. 60 Prozent sind mit Weißweinreben mit dem Schwerpunkt Riesling und Grauer Burgunder bestockt, bei den roten Sorten dominiert der Spätburgunder. Sohn David Hochdörffer ist unter die besten 20 Jungwinzer der Pfalz gewählt worden, um ein Jahr lang die junge Winzergeneration der Pfalz zu repräsentieren. Zum Weingut gehört ein Gästehaus mit zehn Zimmern und einer Ferienwohnung.

Inhaber
Hans Martin Hochdörffer
Betriebsleiter
David Hochdörffer
Kellermeister
David Hochdörffer
Verbände Vinissima, Generation Pfalz
Rebfläche 45 ha
Produktion 150.000 Flaschen
Verkaufszeiten
Mo–Fr 8–12 Uhr und 14–18 Uhr
Sa 8–12 Uhr
So nach Vereinbarung

2018 Birkweiler Kastanienbusch Riesling
12,50€ · 14,5%
Rassig, pikant und wild mit süß-saurem, leicht bitzelndem Finale.

2018 Nußdorfer Kirchenstück Grauburgunder Auslese trocken
12,50€ · 14%
Kandierte Früchte im Duft, cremig, füllig und harmonisch im Geschmack – alles da.

2019 Chardonnay „Muschelkalk“
7,80€ · 13%
Noch ein bisschen zaghaft, leise floral mit Noten von Kamille. Hat Potenzial, das sich noch nicht komplett zeigt.

2019 Grauburgunder
6,55€ · 12%

2019 Grauburgunder „Löß“
7,80€ · 12%
Fruchtig, schlank und süffig, prickelt noch leicht auf der Zunge.

2019 Riesling
6,55€ · 12,5%
Ein durchaus selbstbewusster Einstiegswein, trotz spürbarer Restsüße kein Schmeichler, dafür mit Potenzial und Charakter.

2019 Riesling „Kalkstein“
7,80€ · 13%
Zarte Frucht, feine Würze und viel Saft am Gaumen.

2019 Sauvignon Blanc „Letten"
8,15€ · 13%

2019 Weißburgunder „Löß"
7,80€ · 12,5%
Erinnert mit seinem grasig-kräuterigen Duft an Sauvignon Blanc. Schlank und frisch.

2017 Nußdorfer Kaiserberg Spätburgunder
19,50€ · 13%
Lädt dank seines mediterranen Charakters zu einer Tafel mit Lamm mit Oliven aus dem Ofen und Thymiankartoffeln ein.

Weingut Hof

Klingbachstraße 29,
76831 Heuchelheim-Klingen
T +49 (0) 6349 1591
www.weingut-joachim-hof.de

Inhaber Familie Hof
Betriebsleiter Philipp & Julian Hof
Kellermeister Philipp & Julian Hof
Verbände Die junge Pfalz
Rebfläche 22 ha
Produktion 55.000 Flaschen
Verkaufszeiten nach Vereinbarung

Seit 1769 betreibt die Familie Hof Weinbau, über die Jahrhunderte als typischen Gemischtbetrieb mit Ackerbau und Viehzucht, bis sich die Spezialisierung auf Wein aufdrängte. Seit zehn Jahren sind Philipp und Julian Hof in der Verantwortung, also keine wirklichen Jungwinzer mehr. Ihr Ziel sind sortentypische Weine mit Frische und einer „knackigen Säure". Diese werden im Edelstahl ausgebaut, weiße Lagenweine reifen im großen Holz, die besten Rotweine im Barrique.

2019 Herrenpfad Chardonnay
10,50€ · 13,5%
Ein Wein für tiefgehende Gespräche. Die begleitet er mit Aromen von Akazie, Birne und Kokos, sogar ein wenig Dill und leise Fichte lassen sich finden.

2019 Muskateller
7,10€ · 12,5%

♥ **2017** Herrenpfad Merlot
14,00€ · 13,5%
Das Holz steht noch vor der Beerenfrucht, schlank und griffig am Gaumen.

Hörner – Hainbachhof
Hainbachhof, 76879 Hochstadt
T +49 (0) 6347 8814
www.hoerner-wein.de

2015 Sauvignon Blanc „Widder"
15,00€ · 13%
Intensiver Duft nach tropischen Früchten, frisch und lebendig, anhaltend im Geschmack.

2019 Sauvignon Blanc „Steinbock"
8,00€ · 12%

Weingut Jülg

Hauptstraße 1,
76889 Schweigen-Rechtenbach
T +49 (0) 6342 9190 90
www.weingut-juelg.de

Betriebsleiter Werner & Johannes Jülg
Kellermeister Sören Söllner & Heinrich Eck (Außenbetrieb)
Verbände Forum Pfalz
Rebfläche 20 ha
Produktion 200.000 Flaschen
Verkaufszeiten
Mo–Fr 9–12 Uhr und 13–17 Uhr
Sa 10–15 Uhr

„50 Prozent Frankreich, 50 Prozent Deutschland, 100 Prozent Jülg", ein Statement, dem eine Geschichte innewohnt. Zum einen liegen Weinberge der Familie Jülg zu knapp der Hälfte auf Elsässer Boden, zum anderen „stammt die Hälfte unseres erfahrenen, langjährigen Leseteams aus dem Elsass", wie Johannes Jülg erklärt. „Uns eint die Liebe zum Wein und das Bewusstsein für die beste Qualität." Und weiter: „Wir sind tägliche Grenzgänger, heute ist das völlig selbstverständlich, aber mein Großvater musste im Weinberg immer seinen Pass dabei haben." Im Jahr 2010 ist er in die Führung des Gutes eingestiegen, an den Rebsorten hat er festgehalten. In den Elsässer Weinbergen stehen vor allem Burgunder-Sorten, auf der deutschen Seite Riesling & Co. „Wir haben ihre Eigenschaften über Jahrzehnte studiert und uns deshalb darauf spezialisiert", erklärt er weiter und beschreibt so seinen Stil. „Ich liebe Weine, die einen hohen Trinkfluss haben, die auch gleichzeitig ein gutes Reifepotenzial mit sich bringen."

2019 Chardonnay „Opus-Oskar"
48,00€ · 13,5%
Bezaubernder Rohdiamant mit großem Potenzial. Jetzt schon mit großer Länge und Komplexität am Gaumen.

2019 Sauvignon Blanc „Opus-Oskar"
48,00€ · 13,5%
Großartige Anlage, man versteht sofort, wohin der Weg führen soll, bitte auf Wiedervorlage in fünf Jahren.

2019 Schweigener Sonnenberg Sauvignon Blanc
17,50€ · 13%
Feine Fumé-Stilistik aus Stahl und Holz.

2019 Sonnenberg Chardonnay
17,50€ · 13,5%
Ungemein würzige Aromatik, dazu eine Bouillabaisse, das wäre wunderbar!

2019 Sonnenberg Weißburgunder
17,50€ · 13,5%
Noch etwas vom Holz geprägt, dabei rassig und vielversprechend.

2019 Sonnenberg Weißburgunder „Reitschul"
35,00€ · 13,5%
Fight for your right! Ein Wein, der nicht leisetritt. Weicht die erste Verwunderung, überwiegen die Freude und die Vorfreude auf Wiedervorlage in ein paar Jahren.

2018 Pinot Noir „Opus-Oskar"
84,00€ · 13%
Pflaume, Cassis und Kirsche bringen fleischig-mollige Saftigkeit. Wuchtig, fast brachial.

2018 Sonnenberg Pinot Noir

19,00€ · 13%
In sich stimmig und ruhig, feine Noten von Leder und dunkler Frucht. Zum gediegenen Abendessen.

2018 Sonnenberg Pinot Noir „Kammerberg"

38,00€ · 13%
Klassiker für große Runden und fröhliche Abende.

2018 Sonnenberg Pinot Noir „Wormberg"

29,00€ · 13%
Duftet nach Beeren und gebrannten Mandeln; sehr harmonisch dank reifer Tannine.

2015 Pinot Noir „Pinot Réserve" extra brut

28,00€ · 12,5%
Gebranntes Karamell, Steinobst, Birne, rundlich, eigenwillig.

2015 Weißwein-Cuvée „Réserve" extra brut

28,00€ · 12,5%
Selbstbewusster, markanter Auftritt, ideal zu Vorspeisen von Krustentieren.

Weingut Kern

Hauptstraße 17,
76833 Böchingen
T +49 (0) 6341 63461
www.weingut-kern.com

Inhaber Weingut Kern
Betriebsleiter Michael Kern
Kellermeister Michael Kern
Verbände KUW
Rebfläche 23 ha
Produktion 50.000 Flaschen
Verkaufszeiten
Mo–Fr 10–12 Uhr und 14–18 Uhr
Sa 10–16 Uhr

Es wird umgestellt im Weingut Kern, und zwar auf Anbau nach den Kriterien des Vereins Kontrolliert Umweltschonender Weinbau Pfalz, zu denen eine Reihe von Pfälzern Weingütern gehört. Schutz der Artenvielfalt und Böden steht im Vordergrund für den im Ruhestand aktiven Lothar und Sohn Michael Kern. 23 Hektar gilt es zu bewirtschaften, dort wachsen klassische Sorten von Riesling bis Spätburgunder, aber auch Morio Muskat, Cabernet Mitos und Ortega werden angebaut. Von letzterem gar eine Beerenauslese.

2019 Böchinger Bischofskreuz Riesling „Tradition"

4,30€ · 12%

2019 Böchinger Bischofskreuz Silvaner „Tradition"

3,90€ · 13,5%
Hier wurde Geschichte beschleunigt und das Holz zeitig zum Podest eines festen Charakters genutzt, der eine Geschichte erzählt. Freundet sich mit asiatischem Essen an.

2019 Böchinger Rosenkranz Riesling „Privat Edition"

5,90€ · 12,5%
Rieslingfrucht mit Aprikosen, frischen Quitten und entspannt saftigem Trinkfluss.

2019 Böchinger Rosenkranz Weißburgunder „Privat Edition"
5,90€ · 14%
Ein schlendernder Spaziergang durch einen Kräutergarten an einem milden Frühlingstag.

♥ **2019** Böchinger Bischofskreuz Cabernet Sauvignon „Privat Réserve" 1. Lage
12,00€ · 14%
Johannisbeere trifft rauchigen Pfeffer. Würzig und extraktreich.

Wein & Sekthaus Alois Kiefer

Mühlstraße 2, 67487 St. Martin
T +49 (0) 6323 2099
www.aloiskiefer.de

Inhaber Bernhard & Michael & Andreas & Philipp Kiefer
Kellermeister Philipp & Bernhard Kiefer
Verbände Barrique Forum Pfalz
Rebfläche 22 ha
Produktion 260.000 Flaschen
Verkaufszeiten Mo–Sa 9–12 Uhr und 13–17 Uhr

Mit Philipp ist die nächste Generation in der Verantwortung im Wein & Sekthaus Kiefer, in dem viele Familienmitglieder Aufgaben übernehmen. 22 Hektar werden so bewirtschaftet. Darunter zwei historische Weinlagen in St. Martin, die in den Jahren 2010 bis 2012 rekultiviert wurden. Aus Wald wurde Weinberg. Dazu gesellen sich Am Guckuckberg, St. Martiner Baron und Kirchberg. Letzterer ist geprägt von rotem Buntsandstein. Auf 300 Metern konnten hier Klonselektionen aus wurzelechten Rieslingstöcken gepflanzt werden, die schon vor der Pflanzung der Neuanlage wuchsen. Wie der Name nahelegt, bietet das Haus eine Reihe von Schaumweinen an.

2017 Am Guckuckberg Sauvignon Blanc „Fumé Ambrosia"
19,00€ · 13,92%
Der aromatische Tiefstapler hat mineralische Kraft und eine gute Zukunft.

2018 Am Guckuckberg Sauvignon Blanc „Fumé Ambrosia"
19,00€ · 13,9%
Er will sich gar nicht verabschieden auf der Zunge. Und dank geradlinigem Charakter mit vielschichtigen Aromen lassen wir ihn nur ungern ziehen.

2018 Am Guckuckberg Sauvignon Blanc „Was zum Guckuck"
19,00€ · 13,5%
Hinter den polarisierenden Aromen der spontanen Gärung kommt Holunderblüte zu Vorschein.

♥ **2019** Am Guckuckberg Riesling
22,90€ · 13,5%

2019 Am Guckuckberg Sauvignon Blanc „Ambrosia"
22,90€ · 13%

2019 Am Guckuckberg Sauvignon Blanc „Fumé Ambrosia"
19,00€ · 13,39%
Hat eine kühlere Ansprache als sein 2017er Bruder, dabei ist er ebenfalls recht mineralisch.

2019 Kirchberg Riesling
16,90€ · 13,5%

2017 Baron Pinot Noir
19,00€ · 13,5%
Dicht und saftig, aromatisch und balanciert. Das rauchige Finish ist das Tüpfelchen auf dem i.

2017 Cabernet Sauvignon „Alois K."
13,50€ · 14%

2017 Merlot „Réserve"
24,00€ · 14%
Balsamische Noten treffen auf reife Frucht, saftig, voll und lebendig.

2016 Pinot Noir brut
10,90€ · 12,5%
Kräftiger Sekt auf Pinot-Noir-Basis mit viel Grip und feiner Säure, perfekter Apéro.

Weingut Klein
Weinstraße 38, 76835 Hainfeld
T +49 (0) 6323 2713
www.kleinwein.com

2018 Sauvignon Blanc „Reserve"
25,00€ · 13,5%
Er macht alles fein. Der geschickte Einsatz von Holz sollte ihm das Potenzial geben, später aus der Reserve gelockt zu werden.

2019 Sauvignon Blanc „Fumé"
13,50€ · 13%
Stoffig, würzig, mit Schmelz und Zug, großer Wein, ein stimmiges Gesamtkonzept.

Bernhard Koch

Weinstraße 1, 76835 Hainfeld
T +49 (0) 6323 2728
www.weingut-bernhard-koch.de

50 Hektar Reben sind schon ein Größenordnung. Davon Jahr für Jahr ein durchweg empfehlenswertes Portfolio zu produzieren, vom Gutswein bis zum Spitzen-Burgunder, ist eine mehr als respektable Leistung. Ein großes Kapital des Weinguts Bernhard Koch sind die Weinberge, vor allem im Hainfelder Letten mit seinem kalkigen Boden. Gute Voraussetzung für ausdrucksstarke Burgunder. Bernhard Kochs Credo: „Der Winzer soll sich im Weinberg quälen, nicht den Wein im Keller." Für die Kellerarbeit ist Chie Sakata verantwortlich. Die Japanerin war nach Deutschland gekommen, um die Sprache zu lernen, machte daneben ein Weinbau-Praktikum, eine Winzerlehre, arbeitete an der Nahe, in der Steiermark, in Südafrika und in Neuseeland, um noch ein Studium der Weinbautechnik in Weinsberg dranzuhängen. Die markanten, saftigen Weine des

Inhaber Bernhard Koch
Betriebsleiter Bernhard & Alexander Koch
Kellermeister Chie Sakata
Verbände Barriqueforum Pfalz, Fair'n Green
Rebfläche 50 ha
Produktion 450.000 Flaschen
Verkaufszeiten
Mo–Fr 10–12 Uhr und 13–18 Uhr
Sa 10–12 Uhr und 13–17 Uhr
So 12–16 Uhr

Guts tragen nicht zuletzt auch ihre Handschrift. Mittlerweile in der Betriebsleitung aktiv ist Sohn Alexander Koch, der bei ausgewiesenen Burgunder-Spezialisten wie den Knipsers und Joachim Heger gelernt hat, bevor er in Geisenheim studierte und u. a. bei Fritz Keller weiter Erfahrungen sammelte. Als Preisträger beim Wettbewerb „Junge Pfalz", mit Bruder Konstantin, wurde er für seine „herausragende Burgunder-Kompetenz" ausgezeichnet und durfte als Botschafter seine Region bekannt machen.

2019 Hainfelder Letten Chardonnay „Grande Réserve"
29,00€ · 12,8%
Ein Spätentwickler, den wir mit Nase und Mund gerne dabei betrachten, wie sich seine super Struktur und sein seriöser Charakter entwickeln.

2019 Hainfelder Letten Chardonnay „Réserve"
16,00€ · 13,1%
Deutlich vom Holz geprägt: Latschenkiefer, Kokosfett und leise Harz, aber auch reife Birne. Spannend und kein „Jedermann".

2019 Hainfelder Letten Grauburgunder „Réserve"
9,80€ · 13,3%

2019 Hainfelder Letten Riesling „Réserve"
13,00€ · 12,9%
Offen und mollig mit Power. Der darf ein scharfes Curry begleiten.

2019 Walsheimer Silberberg Weißburgunder „Réserve"
9,00€ · 12,9%

2018 Hainfelder Kirchenstück Pinot Noir
18,00€ · 13,6%
Ein bereits zugänglicher, einladender Wein mit dichter Frucht und pfeffrigen Noten.

2018 Hainfelder Letten Pinot Noir „Alte Reben"
28,00€ · 13,6%
Viel Beerenfrucht, rauchig, speckig, braucht noch Zeit, um sich zu öffnen.

2018 Hainfelder Letten Pinot Noir „Grande Réserve BK"
50,00€ · 13,5%
Rauchig, speckig, sehr kraftvoll, strukturiert und anhaltend, braucht Zeit zur Reife.

2018 Hainfelder Letten Pinot Noir „Grande Réserve"
40,00€ · 13,5%
Kühle Frucht gesellt sich zu Röstaromen, dank feiner Gerbstoffe sehr elegant.

2018 Hainfelder Letten Pinot Noir „Réserve"
24,00€ · 13,6%
Sehr klassisch gehaltener Spätburgunder. Wirkt etwas schlanker als die „Grande Réserve".

2017 Pinot Meunier „Rosé" brut 🍇🍇🍇
9,20€ · 12,9%
Mineralik trifft schmelzige Frucht.
Ausgewogen und harmonisch.

2017 „Pinot Blanc" extra brut 🍇🍇🍇🍇
11,00€ · 12,5%
Feine Hefenote und Brioche. Wunderbar angereift und schmeichelnd – und das alles auf leisen Pfoten.

Weißburgunder & Pinot Meunier „Réserve" brut 🍇🍇
13,50€ · 12,7%

Weingut Kranz

🍇🍇🍇🍇

Mörzheimer Straße 2,
76831 Ilbesheim
T +49 (0) 6341 9392 06
www.weingut-kranz.de

Inhaber Boris Kranz
Betriebsleiter Boris Kranz
Kellermeister Boris Kranz
Verbände VDP
Rebfläche 24 ha
Produktion 120.000 Flaschen
Verkaufszeiten
Mo–Mi 8–12 Uhr
Do–Fr 8–12 Uhr und 14–18 Uhr
Sa 9–16 Uhr

2020 fällt es vielen nicht leicht, unbeschwert die Korken knallen zu lassen – aber im Weingut Kranz gibt es Grund dafür, denn erstmals wurden Grundweine im Weingut versektet. Bei Kranz wird gekämpft und gefochten – so auch für die Eintragung der Lage Ilbesheimer Kalmit, die nach Jahren der „Illegalität" dann 2009 gelang. Das geschieht nicht aus Gründen des Marketings, sondern Boris und Kerstin Kranz sind überzeugt, dass nur passende Rebsorten auf ihre biologisch bewirtschafteten Lagen gehören und entscheiden deswegen sorgsam, was wo angebaut wird. Im Keller setzt Kranz vornehmlich auf Spontanvergärung, die ebenfalls die Typizität der Weine von Riesling über Weißburgunder und Chardonnay bis Spätburgunder unterstreichen sollen.

2019 Arzheim Chardonnay „RF" 🍇🍇🍇
18,00€ · 14%
Trägt sein Sportshirt über einem sehnigen, wohlproportionierten Körper mit aufrechter Haltung.
Macht von Beginn an keinen Hehl aus seiner Kraft.

2019 Arzheimer Klingenwingert Weißburgunder 1. Lage 🍇🍇🍇🍇
18,00€ · 13,5%
Tannennadeln und Brot in der Nase.
Ein Weißburgunder für Chardonnay-Liebhaber.

2019 Ilbesheimer Kalmit Riesling GG
30,00€ · 13,5%
Stimmiger Auftritt eines Chors, der einen Kanon aus Säure, Frucht und Mineralität gekonnt anstimmt.

2019 Ilbesheimer Kalmit Weißburgunder GG
30,00€ · 14%
Blumig, verspielt, dabei zart wie ein sacht ausbleichendes Muster von Kenzo. Zeit, hinzuschauen, ist vonnöten.

2019 Ilbesheimer Kirchberg Riesling GG
32,00€ · 13%
Saftige Frucht, barocke Ausstattung, fast opulent. Zieht einen in seinen Bann. Ruhe und Zeit mitbringen, dieser Wein will es behaglich.

2019 Ilbesheimer Westerberg Riesling 1. Lage
18,00€ · 13%
Gaukelt in der Nase eine romantische Ausfahrt vor, zieht dann aber mit beherztem Tritt aufs Säurepedal die Fahrt kräftig an.

2019 Ranschbach Riesling „Rotliegend"
13,00€ · 13%
Zupackender Wein mit mineralischen Noten, trocken am Gaumen.

2017 Arzheimer am Fürstenweg Spätburgunder 1. Lage
20,00€ · 13%
Kirsche und Karamell verwöhnen die Nase, am Gaumen dann wunderbar angereift mit kräftigem Zug.

2017 Ilbesheimer Kalmit Spätburgunder „KALMIT" GG
35,00€ · 13%
Everybody's darling? Auf jeden Fall mit Holz, Kirschfrucht, Säure und guter Länge für jeden was dabei.

Thorsten Krieger

Neueinsteiger

Theresienstraße 71,
76835 Rhodt unter Rietburg
T +49 (0) 6323 7049 98
www.weingut-thorsten-krieger.de

Inhaber Thorsten Krieger
Betriebsleiter Thorsten Krieger
Kellermeister Thorsten Krieger

Das Weingut Thorsten Krieger befindet sich seit 1652 im Familienbesitz, vor 20 Jahren übernahm Krieger, ausgebildeter Winzer, Diplom-Betriebswirt der Weinwirtschaft und staatlich geprüfter Sommelier, die Führung. Die 26 Hektar Weinberge liegen um Rhodt unter Rietburg in den Lagen Rhodter Rosengarten, Rhodter Klosterpfad, Rhodter Schlossberg und Burrweiler Schäwer. Wichtig sind Krieger bei der Bewirtschaftung der Weinberge die intensive Laubarbeit zur Belüftung der Trauben und damit die Vorbeugung gegen Pilzbefall sowie die Ertragsreduzierung und selektive Lese.

2019 Gewürztraminer Auslese süß
15,00€ · 8%
Quittengelee und Maracuja, Mango und exotischer Fruchtcocktail.

Verbände Forum Pfalz, Sommelier Union
Rebfläche 26 ha
Gründung 1652
Verkaufszeiten nach Vereinbarung

2019 Rhodter Rosengarten Grauburgunder „-S-" Spätlese trocken
15,00€ · 13,5%
Holladiholz! Ich bin's, die Vanille. Aber da ist mehr, Struktur und Körper. Und das schreit nach Saumagen, Röstaromen, Seelenküche.

2019 Sauvignon Blanc
8,00€ · 13%

2019 Scheurebe
8,00€ · 13%

2018 Rhodter Rosengarten Merlot „-S-"
19,00€ · 14%

2018 Rhodter Rosengarten Syrah
29,00€ · 13,5%
Eingemachte dunkle Früchte, orientalische Gewürzaromen.

2018 Rotwein-Cuvée „Rhodter Kult"
14,00€ · 14,5%
Würzig, mollig. Internationale Stilistik, gemacht für die große Tafel.

2018 Grande Cuvée Blanc de Blancs brut
15,00€ · 12%
Sehr präzise mit Brioche und Kräutern. Tänzelnde Leichtigkeit gepaart mit Volumen und einer erfrischenden Säure lassen an Champagner denken.

Weingut Leiling

Neueinsteiger

Hauptstraße 3,
76889 Schweigen-Rechtenbach
T +49 (0) 6342 7039
www.weingutleiling.de

Inhaber Herbert Leiling
Betriebsleiter David Leiling
Kellermeister David Leiling
Rebfläche 15 ha
Produktion 75.000 Flaschen
Verkaufszeiten nach Vereinbarung

Das Weingut Leiling liegt nahe bei Frankreich und ein guter Teil der Reben steht auf französischem Boden. Darunter die über 50 Jahren alten Spätburgunderreben, die David Leiling „Grandfather Clones" nennt. Zum Portfolio gehören neben Spätburgunder überwiegend Weiß- und Grauburgunder sowie Riesling und Chardonnay. Die Künstleretiketten der Linie „Boom Bottles" gestaltet David Leiling selbst, einen Besuch wert ist der großbürgerlich-rustikale Gutsausschank mit bodenständiger Küche.

2015 Schweigener Sonnenberg, Steingrube Grauburgunder „THE BOOK 1512"
12,00€ · 13,5%
Wild und ungestüm, mit Grip am Gaumen, ausgefallen und eigenwillig, interessant.

2018 Schweigener Sonnenberg Chardonnay „Fräulein Hildegart" Spätlese trocken
9,50€ · 14%
Pfirsich-Joghurt. Cremiges Easy Drinking fürs Picknick mit Freunden.

2018 Schweigener Sonnenberg Riesling „LE PATRON“ Spätlese trocken
9,50€ · 12,5%
Feines Holz, eigenwillig, spontan, mit reifer gelber Frucht und mit Anspruch.

2018 Schweigener Sonnenberg, Steingrube Grauburgunder „Hôpital“ Spätlese trocken
9,50€ · 13%

2019 Schweigener Sonnenberg, Steingrube Grauburgunder „Hôpital“ Spätlese trocken
9,50€ · 13,5%

2019 Schweigener Sonnenberg, Steingrube Weißburgunder „Hôpital“ Spätlese trocken
9,50€ · 12,5%
Duftig mit leisem Schmelz und delikater Bitternote.

2018 Schweigener Sonnenberg Pinot Noir
11,50€ · 14%

2019 Schweigener Sonnenberg Spätburgunder Spätlese trocken
12,50€ · 13,5%

Weingut Leiner

Arzheimer Straße 14,
76831 Ilbesheim
T +49 (0) 6341 30621
www.weingut-leiner.de

Inhaber Sven Leiner
Betriebsleiter Sven Leiner
Verbände Demeter
Rebfläche 16 ha
Produktion 120.000 Flaschen
Verkaufszeiten
Mo–Fr nach Vereinbarung
Sa 9–16 Uhr

Biodynamischer Anbau, zertifiziert nach Demeter. Spontangärung. Keine Schönungsmittel. Stattdessen Fingerarbeit im Weinberg, um zum Beispiel die Spannkraft von Triebspitzen zu überprüfen. Sven Leiners Weinbau-Philosophie, wenn er zum Beispiel Weidenblätter auf dem Boden verteilt (die Salicin enthalten, sozusagen natürliches Aspirin), um Kupfereinsatz im Pflanzenschutz zu reduzieren, basiert auf einem festen Wertekanon, den er so konsequent wie möglich anwendet. Als Folge seines Tuns beschränkt sich Leiner mit dem Jahrgang 2018 beginnend darauf, seine Weine als Landweine zu vermarkten.

2018 Riesling „Kalkbank“
20,00€ · 13%
Florale Noten und Akazienhonig bringen Leichtigkeit und Frische.

2018 Weißburgunder „Kalkbank“
20,00€ · 14%
Kräuterwürzig, dicht, reif und rund. Braucht Luft, also ein großes Glas.

2019 Chardonnay „Tonmassiv“
20,00€ · 14%
Vanilleschote und geröstetes Brot bringen eine eher ins Süßliche spielende Stilistik mit. Dabei aber leicht und tänzelnd.

2019 Grauburgunder „Lehmdecke“
15,00€ · 13%
Da duftet es nach tropischen Früchten und Kräutern. Schlank und elegant angelegter Wein.

2019 Riesling „handwerk“
9,00€ · 11,5%
Eine Fensterbank, ein Polster, ein Wein. Zum Ausruhen und Entspannen auch ohne Gesellschaft.

2018 Spätburgunder „Kalkbank“
35,00€ · 13%
Ungemein vielschichtig angelegt ist dieser große Pinot Noir, ein Rebhuhn dazu wäre ein absoluter Traum.

Weingut Leonhard
Hauptstraße 19,
76889 Pleisweiler-Oberhofen
T +49 (0) 6343 8290
www.weingut-leonhard.de

2019 Sauvignon Blanc
6,20€ · 12%

Weingut Lergenmüller

Weinstraße 16, 76835 Hainfeld
T +49 (0) 6323 9492 60
www.lergenmueller.com

Inhaber Jürgen & Stefan Lergenmüller
Kellermeister Jürgen Lergenmüller
Rebfläche 112 ha
Produktion 900.000 Flaschen
Gründung 1538
Verkaufszeiten nach Vereinbarung

In 15. Generation, seit dem Jahr 1538, betreibt die Familie Lergenmüller nachweislich Weinbau. Das sind imposante Zahlen. Ebenfalls imposant sind die 112 Hektar, die bewirtschaftet werden. Der Schwerpunkt des Portfolios liegt auf Burgunder-Sorten, die im internationalen Stil ausgebaut werden – geschmeidig und trinkfreudig. Die gehobenen Qualitäten sind nach Bodenformationen benannt, die Top-Linie Privatreserve kommt erst nach längerer Reife auf den Markt.

2019 Sauvignon Blanc „Feuerstein“
14,90€ · 12,5%
Ein Prince Charming konzentriert aufs Wesentliche: den unbeschwerten Genuss. Toller Essensbegleiter für mediterran inspirierte Vorspeisen.

2019 Weißburgunder „Muschelkalk“
13,60€ · 13%
Feine Pfirsichnoten, harmonisch saftiger Wein, ein Top-Allrounder mit unbestreitbarer Qualität als Party-Highlight.

2017 Merlot „Roter Lehm“
15,50€ · 14,5%
Zugänglicher Allrounder für große Tafeln und lange Abende.

2018 Merlot „Black OX - Blood Edition“
28,00€ · 15,5%
Schmeichelnde Nase nach schokolierter Banane und Kakao. Für Abende am Kamin.

2018 Rotwein-Cuvée „Handschrift"
18,50€ · 14,5%
Gekonnt komponierte Rotwein-Cuvée nach französischem Vorbild. Nicht nur die Flasche erinnert an Châteauneuf-du-Pape.

2018 Spätburgunder „Angiolino"
14,90€ · 14,5%
Klare Frucht und schwarzer Tee. Leicht kühlend und dabei sehr klar.

Weingut Lidy

Frankenburgstraße 6,
76833 Frankweiler
T +49 (0) 6345 3472
www.weingut-lidy.de

Inhaber Bertram & Marcel Lidy
Betriebsleiter Bertram & Marcel Lidy
Kellermeister Marcel & Nicolay Lidy
Rebfläche 22 ha
Produktion 150.000 Flaschen
Verkaufszeiten
Mo–Fr 9–11 Uhr und 13–17 Uhr
Sa 9–15

Es hat sich viel getan auf dem Weingut Lidy. Die Familie hat die Verantwortlichkeiten neu geregelt. Marcel Lidy kümmert sich um den Außenbetrieb, sein Bruder Nicolai um den Keller, Vater Bertram betreibt die Brennerei und pflegt die Kundenkontakte. Das ist noch nicht alles, das Sortiment wurde neu aufgestellt. „Wir sind als komplette Familie sehr stolz auf das ‚Facelifting' unserer Weine" lässt das Gut verlauten. Die Linien tragen nun die Bezeichnung Kupfer (Cu) für die Einstiegsweine, Silber (Ag) für die Gutsweine, Gold (Au) für die Ortsweine und Platin (Pt) für die Lagenweine.

2019 Frankweiler Kalkgrube Grauburgunder
13,90€ · 13,5%
Saftig und animierend, griffig am Gaumen, macht Appetit auf den nächsten Schluck – und Krustentiere.

2019 Frankweiler Kalkgrube Riesling „Steinacker"
13,90€ · 13,5%
Sehr straight, fast ein wenig karg.
Dieser Wein weiß, was er will.

2019 Frankweiler Kalkgrube Weißburgunder
13,90€ · 13,5%
Der weiß, was er will, hat einen Kern, um den sich filigran Mirabelle webt. Das schmeckt zu Geflügel mit Estragon.

2019 Frankweiler Sauvignon Blanc
9,50€ · 12,5%

2018 Frankweiler Biengarten Spätburgunder
13,90€ · 13,5%
Ein Muskelprotz im Ballett. Vereint Kraft und Eleganz.

2018 Frankweiler Kalkgrube Spätburgunder
17,90€ · 13,5%
Sauerkirsche und grüne Gartenkräuter.
Noch sehr jung, darf sich gerne noch ein wenig ausruhen im Keller.

Weingut Meier

Hübühl 9, 76835 Weyher
T +49 (0) 6323 9885 99
www.wein-meier.de

Inhaber Barabara Meier
Betriebsleiter Helmut & Georg Meier
Kellermeister Georg Meier
Verbände Forum Pfalz
Rebfläche 17 ha
Produktion 100.000 Flaschen
Gründung 1885
Verkaufszeiten
Mo–Fr 14–19 Uhr
Sa 9–16 Uhr

Meier in Weyher – ein selbstbewusster Auftritt eines Betriebs mit einem fast ungewöhnlichen Hintergrund. Helmut Meier widmete sich nach 17 Jahren im Beruf des Schlossers vollständig der Bewirtschaftung der damals 3,5 Hektar, deren Trauben für den Fassweinmarkt bestimmt waren. Georg Meier hat von Beginn an auf Winzer gesetzt und nach Stationen bei Bernhard Koch, Siegrist und Christmann im Jahr 2005 die Geschicke im Keller übernommen. Zu den Besonderheiten gehört ein auf der Maische vergorener und ungeschwefelter Riesling, aber die Kollektion umfasst ansonsten die vertrauten Sorten der Pfalz vom Literwein bis zu Reserve-Weinen aus Cabernet Sauvignon und Merlot. Die mittlerweile 17 Hektar Anbaufläche befinden sich in der Umstellung zum ökologischen Weinbau.

2017 Riesling „Steinwerk"
18,90€ · 13%
Präzision als Wein mit viel Würze, Tiefe, Struktur und Eleganz

2018 Burrweiler Altenforst Riesling
22,00€ · 13%
Eine kühle Schönheit, karg und etwas kantig. Nicht ganz einfach, aber schon jetzt mit monumentaler Eigenständigkeit.

2018 Riesling „2G"
18,90€ · 13%
Steinig, mineralisch. Ein wuchtiger Wein, der weiß, was er kann.

2018 Riesling „Schiefer"
22,00€ · 12%
Herbe, fast bittere Orangentöne, welkes Laub, fordernd rau am Gaumen: Hier prüft der Wein den Trinker.

2019 Burrweiler Schiefer Riesling
9,90€ · 13%
Viel Frucht und Grip am Gaumen, lässt einem das Wasser im Mund zusammenlaufen.

2019 Weyher Michelsberg Riesling
17,00€ · 13%
Intensive Zitrusfrucht mit leiser Bitternote wie bei einer Grapefruit. Sehr straff verwoben.

2015 Hainfeld Cabernet Sauvignon „-Réserve-"
22,00€ · 14%
Röstaromen und ein Hauch von Schießpulver. Wunderbares Spiel mit Säure und Würze. Packt zu.

2015 Hainfelder Letten Spätburgunder
32,00€ · 13,5%
Kühle Ansprache mit feiner Kräuterwürze, mineralisch-rauchig. Braucht noch Zeit.

Karl-Heinz und Andreas Meyer

Bahnhofstraße 10,
76831 Heuchelheim-Klingen
T +49 (0) 6349 5895
www.meyer-weingut.de

Inhaber Karl-Heinz & Andreas Meyer
Betriebsleiter Karl-Heinz & Andreas Meyer
Kellermeister Andreas Meyer & Hauke Kerkau
Rebfläche 17,5 ha
Produktion 100.000 Flaschen
Verkaufszeiten
Mo–Fr 9–12 und 13–17 Uhr
Sa 9–15 Uhr

Mit dem kommenden Jahrgang 2020 wird im Weingut von Karl-Heinz und seinem Sohn Andreas Meyer erstmals ausschließlich zertifizierte Bio-Weine geben, nachdem die Umstellung des Betriebes 2019 abgeschlossen wurde. Etwas mehr als 17 Hektar bewirtschaftet das Weingut so mit Lagen wie dem Heuchelheimer Herrenpfad, Klingenmüster Maria-Magdalena oder Appenhofener Steingebiss. Bei den Rebsorten zeigt sich das Weingut fast salomonisch paritätisch – mit einem Viertel Riesling, je einem Fünftel Weiß- und Grauburgunder, 15 Prozent Spätburgunder und immerhin weiteren 20 Prozent für Sorten wie Dornfelder, Schwarzriesling oder Rieslaner und Chardonnay. Rückwärtsgewandt will das Weingut nicht sein, im Gegenteil – Innovation auch mit modernster Technik ist den Meyers wichtig, um ihrer Linie und ihrer Handschrift treu zu bleiben.

2019 Chardonnay
14,90€ · 13,5%
Vom Holz gestreichelt, gelingt es dennoch der Extraktfrucht und der feinen Säure, die Deutungshoheit zu behalten. Von allem, was andere haben, hat er mehr: Harmonie, Finesse, Schmelz und Struktur.

2019 Heuchelheim Grauburgunder „Kalkmergel"
8,90€ · 13,5%
Saftig und geradlinig mit leisem Schmelz. Für große Runden.

2019 Heuchelheimer Herrenpfad Riesling
13,90€ · 13%
Hat noch reichlich Ecken und Kanten, aber auch das Potenzial, zur Harmonie zu kommen.

2019 Heuchelheimer Herrenpfad Weißburgunder
13,90€ · 13,5%
Säure, Rückgrat, Struktur und keine Angst vor Frucht.

2017 Heuchelheim Spätburgunder „Kalkmergel"
9,50€ · 13,5%
Ein freundlich lächelndes zartes Monster, das sein Gewicht sanft ablädt. Schmeckt heute und auch in ein paar Jahren.

Klaus Meyer

Theresienstraße 80a,
76835 Rhodt unter Rietburg
T +49 (09 6323 93233
www.weingut-meyer.com

Inhaber Klaus & Marius Meyer
Kellermeister Marius Meyer
Verbände Forum Pfalz
Rebfläche 17 ha
Produktion 200 Flaschen
Verkaufszeiten
Mo–Sa 14–18 Uhr
So 10–12 Uhr

Klaus Meyer gründete sein Weingut in Rhodt in der Südpfalz im Jahr 1987 – dem Geburtsjahr seines Sohnes. Vielleicht war es Schicksal, dass Marius Meyer das Weinmachen im wahrsten Sinne des Wortes in die Wiege gelegt wurde – auf jeden Fall ist er diesem Ruf gefolgt und leitet das Weingut heute zusammen mit seinen Eltern. Unterstützt wird er dabei auch von seiner Frau Claudia, die ebenfalls aus einer Winzerfamilie stammt – und auch die Kinder Leonie und Theo dürfen schon mit anpacken. Die Meyers versuchen, den Spagat zwischen Tradition und Moderne zu meistern und dabei so naturnah zu arbeiten wie möglich.

2019 In der Blenk Sauvignon Blanc
15,00€ · 13,5%
Feine gelbe Früchte, feste Struktur, eine Entdeckung.

2019 Rhodt unter Rietburger Sauvignon Blanc „Fumé"
9,70€ · 13%
Schöne fleischige, elegante Struktur, in die sich Feuerstein-Noten mischen. Sie hat die Kraft, sich im Mund zu entfalten.

2019 Sauvignon Blanc
7,50€ · 12%
Nimmt Nase und Mund höflich, aber bestimmt voll. Es lugen Feuersteinnoten, Kaffeeanklänge und Cremigkeit hervor – alles das stützt statt verdeckt das Holz.

2017 In der Blenk Sauvignon Blanc Beerenauslese
19,50€ · 7,5%
Saftig satt und betörende Beerenauslese, gebaut für Jahrzehnte.

Theo Minges

🍇🍇🍇🍇

Bachstraße 11,
76835 Flemlingen
T +49 (0) 6323 93350
www.weingut-minges.com

Inhaber Theo Minges
Betriebsleiter Theo Minges & Regine Minges
Kellermeister Theo Minges & Lukas Hammelmann
Verbände VDP
Rebfläche 24 ha
Produktion 180.000 Flaschen
Verkaufszeiten
Mo–Fr 9–12 Uhr und 13–18 Uhr
Sa 9–17 Uhr

Vater Theo und Tochter Regine Minges leiten gemeinsam das gleichnamige Weingut mit der Unterstützung des Kellermeisters Lukas Hammelmann. Es sind somit die siebte und achte Generation, die über die Weinlagen wachen. Zum Selbstverständnis des Weinguts gehört auch ein enger Kontakt zur Stammkundschaft, die sich, so Regine Minges, zu Hause fühlen soll, wenn sie vor Ort ist. Ein Wohlfühlort mit Wohlfühlweinen – produziert im ökologischen Weinbau. Scheurebe, Gelber Muskateller, Riesling – bei den Weißweinen mag sich Regine Minges nicht auf einen Favoriten festlegen. Die Schaumweine versektet das Weingut unter anderem aus der dabei nicht alltäglichen Rebsorte Muskateller.

♥ **2015** Riesling „Froschkönig" 🍇🍇🍇
17,00€ · 13,4%
Der Froschkönig mit Spannung, Anspruch, überraschend in seiner Frucht und Struktur.

2019 Böchinger Rosenkranz Weißburgunder „Im untern Kreuz" GG 🍇🍇🍇
24,00€ · 13,5%
Gurkenzitronenbitterkeit im Mund – ein stählernes Skelett hält diesen kantigen Wein zusammen.

2019 Chardonnay „Kalkmergel" 🍇🍇
12,80€ · 13,39%
Zitronenmelisse und Kräuterwürze lassen schon fast an Riesling denken. Wunderbare Viskosität mit toller Säure und ein wenig Rauch im Abgang.

2019 Gleisweiler Hölle Riesling „Unterer Faulenberg" GG 🍇🍇🍇🍇
24,00€ · 13,5%
Das ist alles da: Frucht, Würze, Saft und Kraft. Schlank und sehnig auf Zukunft gebaut.

2019 Gleisweiler Riesling „Im oberen Letten" 1. Lage 🍇🍇🍇🍇
16,00€ · 12,83%
Gleichzeitig zupackend und schmeichelnd. Verändert sich im Glas, nehmen Sie sich Zeit.

2019 Grauburgunder „Muschelkalk" 🍇🍇🍇🍇
12,80€ · 13,86%
Karamellig und mollig mit weicher Säure, dabei aber balanciert und stimmig.

2017 Böchinger Rosenkranz Spätburgunder „Zinkelerde" GG 🍇🍇🍇🍇
32,00€ · 13,71%
Balanciert und kernig mit herber Frische und karger Straffheit. Fein verwoben.

2017 Böchinger Rosenkranz Spätburgunder 1. Lage 🍇🍇🍇🍇
16,00€ · 13,75%
Sehr würzig (Rauch, Speck), stoffig am Gaumen, dabei recht balanciert.

Weingut Möwes

Hübühl 10, 76835 Weyher
T +49 (0) 6323 5602
www.weingut-moewes.de

Inhaber Rudi & Michael Möwes
Betriebsleiter Rudi & Michael Möwes
Kellermeister Michael Möwes & Eva Herrbruck
Verbände Bauern- und Winzerverband
Rebfläche 10 ha
Produktion 75.000 Flaschen
Verkaufszeiten
Mo–Fr 13–18 Uhr
Sa 9–16 Uhr

Kalkmergel, Buntsandstein, Schiefer, Rotliegendes und Granit – auf diesen verschiedenen Böden wachsen die Weine von Möwes, der jedem einzelnen seinen Charme abgewinnen möchte. „Gesteine prägen Weine" ist deswegen auch das Motto des Betriebs, der 80 Prozent seiner Reben von Hand selektiert. Seit 2001 verzichtet das Weingut auf den Einsatz von Herbiziden und pflegt einen schonenden Ausbau im Keller, der auch keine Schönungsmittel vorsieht. Was in den Weinen zu schmecken ist, soll lediglich von den Wurzeln den Böden abgerungen sein.

♥ **2019** Burrweiler Riesling „Schiefer"
6,00€ · 12,5%

2019 Burrweiler Altenforst Riesling „Schiefer/Steillage"
10,00€ · 13%
Elegant und nobel mit Noten von hellem Karamell und saftiger Frucht.

2019 Hainfelder Letten Chardonnay „Kalkmergel"
8,50€ · 14%
Zarter Einstieg mit Noten von Buttercreme, Vanille, Streuseln und Heu. Fein und ruhig.

2019 Weyher Muskateller „Kalkmergel"
7,00€ · 13%
Duftig, zitrisch mit einfach entspannter Trinkigkeit.

2019 Weyher Riesling „Rotliegendes"
6,00€ · 12,5%
Noch jugendlich, gehaltvoll und elegant zugleich.

2019 Weyherer Michelsberg Weißburgunder „Kalkmergel"
8,50€ · 14%
Diskrete Frucht mit typischen, vom Kalk geprägten sanften Bitternoten, was dem Wein einen feinen Grip verleiht.

2019 Weyherer Pfarrgarten Riesling „Granit"
8,50€ · 13%
Pfirsich trifft Gartenkräuter. Klar und saftig zugleich.

Weingut Münzberg

Böchinger Straße 51,
76829 Landau-Godramstein
T +49 (0) 6341 60935
www.weingut-muenzberg.de

„Frucht, Fülle, Aroma, Finesse und spielerische Lebendigkeit" – das ist es, was Lothar Keßler aus den Trauben holen will, denn all dies hätten sie bereits in sich gespeichert. Für Keßler sind die Instrumente und Werkzeuge des Winzers lediglich Diener der Weine. Fässer und Tanks bilden dabei die Rahmenbedingungen. Ganz so einfach, das lässt Keßler wissen, ist es dann aber doch nicht und die Vielzahl an Parametern, gipfelnd bei der Wahl des Verschlusses, müsse man natürlich beherrschen. So wie es das Weingut, das Keßler Mitte der 1970er-Jahre in die Lage Münzberg baute, seit Langem belegt.

Inhaber Lothar & Gunter & Friedrich Keßler
Betriebsleiter Gunter & Friedrich Keßler
Kellermeister Nico Keßler
Verbände VDP
Rebfläche 17 ha
Produktion 120.000 Flaschen
Verkaufszeiten
Mo–Fr 8–12 Uhr und 14–18 Uhr
Sa 10–15 Uhr

2019 Chardonnay „Godramstein Kalkmergel"
12,50€ · 13,5%
Ganz harmonischer Auftritt, ein feiner Chardonnay, der sich nicht in den Vordergrund spielt, sondern perfekt sanfte Fischgerichte begleitet.

2018 Godramsteiner Stahlbühl Chardonnay 1. Lage
24,00€ · 13,5%
Kein lauter Stürmer, sondern Leisetreter mit Charakter und am Ende geradezu opulent. Gerne etwas Kellerzeit gönnen.

2019 Chardonnay „Godramstein Kalkgestein"
12,50€ · 13,5%
Mollig und cremig, eher mit einer breiten Stilistik spielend. Perfekter Essensbegleiter, zum Beispiel zu Kalbsrouladen.

2019 Godramsteiner Münzberg Weißburgunder „Schlangenpfiff" GG
24,00€ · 14%
Zuerst ein wenig wild und ungezähmt, dann ganz weich und samtig am Gaumen. Vielfältig und reifefähig.

2019 Godramsteiner Ochsenloch Weißburgunder 1. Lage
17,00€ · 13,5%
Ein Nimm-2 unter den Weißburgundern. Eleganz und Kraft in einem.

2019 Godramsteiner Schneckenberg Grauburgunder 1. Lage
17,00€ · 13,5%
Da hat einer was zu erzählen und man braucht Geduld, bis man die ganze Geschichte von feinen zitrischen Tönen, Nächten auf der Maische und Strukturen kennt.

2019 Weißburgunder
7,80€ · 12,5%
Filigran, mit stählerner Nase und schöner Frische.

2019 Weißburgunder „Godramstein Kalkgestein"
12,50€ · 13,5%
Mokka und Karamell bringen Cremigkeit, dazu dann eine straffe und geschliffene Art. Wenn es draußen kälter wird …

2016 Godramsteiner Münzberg Spätburgunder „Schlangenpfiff" GG
32,00€ · 14,5%
Elegant und lang, mit delikater Würze und wunderbarer Extraktsüße. Ein richtiger Winterwein für gemütliche Hüttenabende.

2017 Godramsteiner Affolter Spätburgunder 1. Lage
28,00€ · 13,5%
Herausragender, konsequent trocken ausgebauter Rotwein aus bester Lage, ein fordernder Essensbegleiter.

Weingut Nauerth-Gnägy

Müllerstraße 5,
76889 Schweigen-Rechtenbach
T +49 (0) 6342 9190 42
www.nauerth-gnaegy.de

Inhaber Familie Nauerth-Gnägy
Betriebsleiter Michael Gnägy & Mareen Nauerth
Rebfläche 29 ha
Produktion 180.000 Flaschen
Verkaufszeiten
Sa 9–17 Uhr
und nach Vereinbarung

Der Frühling 2018 bescherte dem Weingut Nauerth-Gnägy mit einem schweren Unwetter unwillkommene Hagelschäden. Die Menge der Trauben, die gesund am Stock verblieben, wurde dadurch reduziert. In Folge fielen die Weine dieses Jahrgangs kräftiger aus. Die Weißweine aus den Lagen werden im Tonneau spontan vergoren und verbleiben bis ins Frühjahr auf der Vollhefe. Mit dem Jahrgang 2019 ist auch der biologische Anbau, den das Weingut schon länger pflegt, auch zertifiziert. Das weingutseigene Qualitätssystem findet seinen Höhepunkt bei den ng.3-Weinen, die aus den Lagen Herrenwingert, Herrenpfad oder Pfarrwingert auf insgesamt 29 Hektar gewonnen werden: Sie gehören zu den Gemeinden Schweigen-Rechtenbach und Heuchelheim-Klingen.

2019 Herrenwingert Chardonnay
10,60€ · 13%
Frech, fesselnd und würzig im ersten Antrunk, dann vielschichtig mit großer Veränderung im Glas. Dieser Wein kann einen ganzen Abend lang überzeugen.

2019 Pfarrwingert Grauburgunder
10,40€ · 14%
Feine Würze vom Ausbau im Holz, Kräuter und Äpfel, weicher und harmonisch am Gaumen.

2019 Weißburgunder „Lorch"
10,30€ · 13,5%
Fruchtig, cremig und ein wenig Pfeffer gibt es auch noch. Old school at its best.

♥ **2014** Herrenwingert Pinot Noir
19,90€ · 13,5%
Verhaltene Gestalt, die auf einen kleinen Spaziergang mitkommt und dabei schlotzig-gefällige Eleganz zur Schau stellt.

Bioland Weingut Neuspergerhof

Neuspergerhof 1,
76865 Rohrbach
T +49 (0) 6349 4110 803
www.neuspergerhof.de

Inhaber Jochen Gradolph
Betriebsleiter Jochen Gradolph
Kellermeister Jochen Gradolph
Verbände Bioland
Rebfläche 16 ha
Produktion 50.000 Flaschen
Verkaufszeiten
Sa 10–15 Uhr

„Der Weinberg ist mehr als nur ein bepflanztes Grundstück mit Reben, er ist ein Lebensraum für eine einzigartige Vielfalt von Insekten, Pflanzen und Nützlingen", erklärt Jochen Gradolph voller Überzeugung. Die 16 Hektar seines Gutes werden nach Bioland-Kriterien bewirtschaftet. Der Schwerpunkt liegt auf den Klassikern Spätburgunder und Riesling, dazu kommen internationale rote Sorten wie Syrah, Cabernet Sauvignon, Cabernet Franc und Petit Verdot. Gradolph über seine weiteren Ziele: „Ein klares Wachstumsziel des Neuspergerhofs liegt in der Herstellung von hochwertigen Schaumweinen sowie dichten, komplexen Rotweinen."

2018 Mandelpfad Riesling GG
21,90€ · 13,5%
Reife Aprikose verbindet sich mit Vanille. Fein und elegant mit bezaubernder Frucht.

2019 Cabernet Blanc
10,30€ · 13,5%
Dieser Cabernet Blanc joggt ganz entspannt über die Zunge und unterhält auch große Runden.

2016 Pinot Noir „Réserve"
15,40€ · 14,5%
Rund, weich und zugänglich – ein echter Charmebolzen.

♥ **2018** Mandelpfad Syrah „Kirschbaum"
17,90€ · 14%
Ausladende Frucht, Zimt, Nelken, eingekochte Brombeeren.

2018 Pinot Crémant brut
16,90€ · 12,5%
Süßlicher Auftakt, am Gaumen reif mit Tendenz zu sehr reifem Pfirsich und Birnenbonbon, üppig und weinig.

2018 Riesling „Grande Cuvée" brut
34,90€ · 13%
Aromatisches Birnenkompott, ungewöhnlich breitbeinig sucht der Sekt nach Balance.

Weingut Oberhofer

Neueinsteiger

Am Linsenberg 1,
67483 Edesheim
T +49 (6323) 9449 11
www.weingutoberhofer.de

Inhaber Familie Oberhofer
Betriebsleiter Pascal Oberhofer
Kellermeister Pascal Oberhofer
Rebfläche 25 ha
Verkaufszeiten Mo–So 11–18 Uhr
Vinothek
Staatsstraße 1,
67483 Edesheim

Seit über 250 Jahren sind die Oberhofers in der Südpfalz ansässig. Im Jahr 1754 siedelte die Familie von Tramin (Südtirol) in die Pfalz über. Das Gut in seiner heutigen Form entstand, als Stefan und Heidi Oberhofer die elterlichen Flächen zu einem gemeinsamen Weingut zusammenlegten. Seit 2008 arbeitet das Gut streng biologisch, ein Weg, den auch Sohn Pascal weitergehen will. „Meine Werte heißen Nachhaltigkeit, Qualität und Facettenreichtum", erklärt der studierte Geisenheimer. Der Schwerpunkt des Portfolios liegt bei Riesling, Spätburgunder, Grauburgunder und Chardonnay. „Sie liefern auf unseren Böden die besten Ergebnisse", so Pascal Oberhofer. „Doch die Welt verändert sich – und unser Terroir hat großes Potenzial für interessante ‚neue' Sorten wie Sauvignon Blanc, St. Laurent oder Cabernet Sauvignon, die unser Sortiment bereichern."

2018 Edesheimer Madonnenhöhe Chardonnay
16,00€ · 13%
Säure und Holz stehen in den Startblöcken. Startschuss – Sprint um den Sieg, atemlos im Ziel. Dabei braucht dieser Wein Luft, um zu sich zu kommen.

2018 Edesheimer Rosengarten Weißburgunder
9,50€ · 13%
Kräuterige und exotische Noten im Duft, voll und dicht am Gaumen.

2019 Edesheimer Forst Gewürztraminer
9,50€ · 12,5%

2019 Riesling „Alte Reben"
9,50€ · 12%
Kräuterduftig (Kamille, Kampfer) und saftig, animiert zum Trinken – und zum Essen.

♥ **2017** Spätburgunder „Apfelgarten"
28,00€ · 13%
Der Spätburgunder für Cabernet-Freunde. Braucht ein großes Glas und noch etwas Zeit.

2018 Edesheimer Kirchberg Spätburgunder
16,00€ · 13%
Der perfekte Einstieg für Rotweintrinker, die kein Fan von holzgeprägten Weinen sind. Klare Frucht und kühle Art mit Lagerpotenzial.

2018 Spätburgunder „Apfelgarten"
30,00€ · 13%
Zimt, Pflaume und Tabak in der Nase. Am Gaumen dann reine Trinkfreude. Wir denken an Reh und Pilze zur Begleitung.

2017 Chardonnay „Crémant Pfalz" brut nature
15,50€ · 12,5%

Karl Pfaffmann

Allmendstraße 1, 76833 Walsheim
T +49 (0) 6341 9691 30
www.karl-pfaffmann.de

Inhaber Helmut & Markus Pfaffmann
Betriebsleiter Markus Pfaffmann
Kellermeister Markus Pfaffmann & Bernhard Schwaab
Verbände Fair'n Green
Rebfläche 80 ha
Produktion 550.000 Flaschen
Gründung 1955
Verkaufszeiten Mo–Fr 8–12 Uhr und 13–18 Uhr
Sa 10–16 Uhr

Gutsgründer Karl Pfaffmann war seiner Zeit immer einen Schritt voraus: 1955 füllte er den ersten Flaschenwein ab, seinerzeit in der Südpfalz eine Ausnahme; 1968 gab er Ackerbau und Viehzucht auf; 1974 baute die Familie ein modernes Betriebsgebäude mit Kelterhaus und Tanks aus Edelstahl. Über die Jahrzehnte wuchs die Fläche auf 80 Hektar. Doch Markus Pfaffmann, nach einem Studium von Weinbau und Kellerwirtschaft seit 1998 in der Gutsleitung aktiv, tritt Jahr für Jahr den Beweis an, dass sich Größe und Qualität nicht ausschließen müssen. Seine Stärke liegt in reintönigen, geradlinigen Weinen aus überwiegend Riesling und weißen Burgunder-Sorten, dazu kommen Spätburgunder und weitere Sorten wie Sauvignon Blanc, Cabernet Sauvignon sowie Merlot.

2019 Knöringer Hohenrain Weißburgunder „Selection"
9,70€ · 13,5%
Kühlende Eleganz, Druck am Gaumen und Extrakt beflügeln die Fantasie.

2019 Nußdorfer Bischofskreuz Sauvignon Blanc
7,00€ · 12,5%
Dieser Wein will gefallen und tut es auch.

2019 Walsheimer Linzenbuckel Chardonnay „Selection"
11,60€ · 13,5%
Frisch und klar mit prägnanter Säure und eigenständigem Stil.

2019 Walsheimer Silberberg Chardonnay „Grande Réserve“
21,90€ · 13,5%
Geräucherter Speck und Grünkohl zusammen mit gut eingebundenen Tanninen. Dieser Wein ist jetzt schon da und hat doch noch Zeit.

2019 Walsheimer Silberberg Chardonnay „Selection“
8,70€ · 13,5%
Jugendliche Verspieltheit, tänzelnde Exotik und wunderbare Aromatik bringen Spaß auf die Terrasse.

2019 Walsheimer Silberberg Grauburgunder „PAULINE Réserve“
15,70€ · 13,5%
Kühle Aromatik mit etwas Eisbonbon, saftig und dank einem Hauch Süße sehr einladend.

2019 Walsheimer Silberberg Grauburgunder „Selection“
8,70€ · 13,5%
Saft, süffig, sommerlich-frisch – ein Wein für die große Party.

2019 Walsheimer Silberberg Riesling Spätlese
8,70€ · 9,5%

2019 Walsheimer Silberberg Riesling „Selection“
9,70€ · 13,5%
Feine Frucht, im Gefolge eine ebenso feine Säure, harmonischer Auftritt.

2017 Walsheimer Silberberg Pinot Noir „Charlotte Grande Réserve“
21,90€ · 13,5%
Hier trinkt die Vorfreude mit, ungemein animierend, rauchige Töne mit Noten von Kakao.

2017 Walsheimer Silberberg Rotwein-Cuvée „Cuvée Lara Grande Réserve“
21,90€ · 14,5%
Intensiv würzig, kräftig und ausdrucksstark. Für kalte Abende am Kamin.

2019 Walsheimer Silberberg Riesling Auslese
8,80€ · 9,5%
Komplexe Frucht mit animierender Säure, tolles Preis-Leistungs-Verhältnis.

Heinz Pfaffmann

Hauptstraße 19–25,
76833 Walsheim
T +49 (0) 6341 61696
www.1616pfaffmann.com

Inhaber Gustav Pfaffmann
Betriebsleiter
Gustav Pfaffmann & Pawel Hener
Kellermeister Eugen Schurk
Verbände Bioland
Rebfläche 160 ha
Produktion 500.000 Flaschen
Verkaufszeiten
Mo–Fr 9–17 Uhr
Sa 9–15 Uhr

Mit enormen 160 Hektar Fläche ist das Weingut Heinz Pfaffmann das größte Bioweingut Deutschlands. Geführt wird der 1616 gegründete Betrieb von Gustav Pfaffmann und der jungen Generation, Kanupriya und Pawel Hener. Ihr Credo: „Wir lieben Wein. Wir möchten, dass unsere Kunden bedenkenlos genießen. Daher produzieren wir nachhaltig und im Einklang mit der Tier- und Pflanzenwelt und wir sind offen für frische Gedanken." Wichtig ist ihnen auch der Faktor Zeit: „Wein benötigt Zeit im Anbau, in der Verarbeitung – und beim Genuss." Wie wahr.

2017 Chardonnay „Kalksteinmergel"
21,00€ · 15%
Nicht für jeden, für wenige aber perfekt. Sie servieren dazu Gerichte mit Pfifferlingen, trüffeln vielleicht eine Poularde, geizen nicht mit dunkler Sauce oder gönnen sich Grillgemüse.

2017 Grauburgunder „Kalksteinverwitterung"
11,50€ · 13%
Entspannt easy drinking mit saftiger weißer Frucht und Würze.

2018 Riesling „Kalksteinfels"
9,90€ · 13,5%
Feingliedrig, saftig, köstlich, einfach gut!

2019 Sauvignon Blanc
7,90€ · 12,5%
Als Kollege wäre er ideal – nervt nicht mit Säure, stört nicht mit Holz, ärgert nicht mit Fehltönen –, macht solide seinen Job.

2015 Nußdorfer Bischofskreuz Huxelrebe Beerenauslese
22,50€ · 12%
Eigenwillig, floral, würzig und nicht zu aufgesetzte Süße, für alle, die kandierte Orangen mögen.

Tina Pfaffmann

Neueinsteiger

Am Stahlbühl, 76833 Frankweiler
T +49 (0) 6345 9496 695
www.tina-pfaffmann.de

„Freude am Leben – und diese mit Menschen teilen zu dürfen, macht mich tatsächlich glücklich", erklärt Tina Pfaffmann und fährt fort, „vielleicht schmecken Sie das in meinen Weinen." Ihr Beitrag zur Lebensfreude sind sortentypische Weine mit klarer Ansprache aus einem großen Spektrum, wobei sie für mehr Individualität gerne auch mit Maischestandzeiten und Spontangärung arbeitet, vor allem bei der Linie „Exklusiv". Aus mehreren aromatischen Sorten werden Tresterbrände destilliert. Verkostet werden können die Produkte des Gutes in einer stilvoll-eleganten Vinothek.

Inhaber Tina Pfaffmann
Betriebsleiter Tina Pfaffmann
Kellermeister Tina Pfaffmann
Rebfläche 31 ha
Produktion 300.000 Flaschen
Gründung 1970
Verkaufszeiten
Mo–Fr 10–17 Uhr
Sa 10–15 Uhr

2018 Sauvignon Blanc
8,30€ · 12,5%
Duftet nach frisch gemähter Wiese und ein bisschen Eisbonbon.

2019 Frankweiler Grauburgunder „Grauer Burgunder EXKLUSIV"
12,90€ · 13%
Orangenbiskuit und feine Gewürznoten. Eher zurückhaltend und fein.

2019 Frankweiler Muskateller „Exclusiv 2.0"
12,90€ · 13%
... nichts für Anfänger. Power mit Curry, Kokos und Üppigkeit.

2019 Frankweiler Riesling „Herzglück" feinherb
11,90€ · 13%
Der hat richtig Schmelz. Ein Schmeichler, weich und angenehm.

♥ **2019** Frankweiler Riesling „Schick und Schön"
10,90€ · 13%
Eine Feierlichkeit, zu der Säure, Struktur und Phenolik im Sonntagsstaat aufschlagen. Es wird munter parliert, leise gelacht und angemessene Reden gehalten.

2019 Frankweiler Riesling „Ü 40"
12,90€ · 13%
Charakterwein mit viel Freude beim Nachschenken.

2019 Frankweiler Spätburgunder „Blanc de Noir Exclusiv"
11,90€ · 13%
Das Kraftpaket mit Exotik und reifer Kirsche, Blanc de Noirs für Fortgeschrittene.

2019 Frankweiler Weißburgunder „Exclusiv“
11,90€ · 13%
Schmelzig und weich. Ein Gaumenschmeichler, der sahnige Gerichte gekonnt begleitet.

2019 Godramsteiner Münzberg Riesling „Oberer Affolter“
18,90€ · 13%
Schmelzig und mit extrem viel Power und Naturbelassenheit. Rustikale Eleganz

2019 Riesling „Riesling No 9“
8,30€ · 12,5%
Sein Zauber ist leicht zu übersehen, hinter die phenolischen Noten muss man blicken, um ihm auf die Schliche zu kommen. Dann aber: filigran, feine Textur, alle Inhalte perfekt platziert.

2019 Sauvignon Blanc
8,30€ · 12,5%
Leicht austrocknend, dabei grazil und geschmeidig.

Ökonomierat Rebholz

Weinstraße 54,
76833 Siebeldingen
T +49 (0) 6345 3439
www.oekonomierat-rebholz.de

Inhaber Hansjörg Rebholz
Betriebsleiter Hansjörg & Hans & Valentin Rebholz
Verbände VDP, Respekt, La Renaissance des Appelations
Rebfläche 25 ha
Produktion 130.000 Flaschen
Verkaufszeiten
Mo–Fr 9–12.30 Uhr und 13.30–17.30 Uhr
Sa 10–16 Uhr

Die natürlichen Zusammenhänge im Ökosystem Weinberg zu verstehen ist wichtig. Genauso wichtig ist es allerdings auch, eben diese sich entfalten zu lassen: Der Verzicht auf Kontrolle ohne Kontrollverlust funktioniert aber nur dann, wenn der Winzer mit Ruhe und Gelassenheit an dieses anspruchsvolle Unterfangen herangeht: Genau das charakterisiert das Wesen und die Arbeitsweise im Weingut Ökonomierat Rebholz mit Hansjörg und Birgit sowie den Söhnen Valentin und Hans. Ihre Weine spiegeln den Respekt der Familie vor der gesamten jahrhundertealten Wein-Kulturlandschaft. Die herausragenden Lagen Kastanienbusch, Im Sonnenschein und Ganz Horn bringen unter der Ägide von Hansjörg Rebholz unverwechselbare, bestechend gut balancierte und bestens lagerfähige Weine hervor.

2019 Chardonnay „R“
38,00€ · 13%
Stoffig und doch schlank gebaut, braucht noch Zeit.

2019 Kastanienbusch Riesling GG
55,00€ · 13%
Eine zart tänzelnde Erscheinung, die in einigen Jahren ihr volles Repertoire zeigen wird. In der Nase zuerst ganz duftig, dann glasklar, im Finale ein Körnchen Salz.

2019 Siebeldinger Weißburgunder „vom Muschelkalk“
24,50€ · 13,5%
Unerwartet, unsichtbar und ohne jede Ankündigung schlägt die Phenolik zu und erobert das Meiste unserer Aufmerksamkeit.

2015 Im Sonnenschein Spätburgunder GG
62,00€ · 12,5%
Ein Gefühl, wie wenn man an einer Klippe steht und die Meeresgischt schmeckt. Dieser Wein ist voll da und extrem elegant.

Weingut Rinck

Klingbachstraße 11,
76831 Heuchelheim-Klingen
T +49 (0) 6349 8542
www.weingut-richard-rinck.de

Inhaber Annette Rinck & Niko Leonhard
Betriebsleiter Annette Rinck & Niko Leonhard
Kellermeister Niko Leonhard
Rebfläche 13 ha
Produktion 70.000 Flaschen
Verkaufszeiten
Mo–Fr 9–12 Uhr und 14–18 Uhr
Sa 9–16 Uhr

Die Fotos, die das Weingut Rinck für seine Außendarstellung verwendet, zeigen ein selbstbewusstes zufriedenes Duo – bestehend aus Annette Rinck und ihrem Sohn Niko Leonhard. Sie teilen sich seit 2013 die Aufgaben. Nikos Großmutter Ingrid Rinck wiederum kümmert sich ums Gästehaus und den Weinverkauf – 13 Hektar bewirtschaftet so der Drei-Generationen-Betrieb und kann auf Anerkennung und Auszeichnungen blicken. Eine moderne Etikettengestaltung oder der zeitgemäße Auftritt und Shop im Internet lassen erkennen, dass es im Weingut Rinck mit dieser Konstellation in der Leitung vorangeht.

2019 Grauburgunder „Pfaffenberg"
9,00€ · 13,5%
Kraftvoll mit toller Balance und Druck am Gaumen. Ein Grauburgunder für den Herbst.

2019 Riesling „Herrenpfad"
9,00€ · 12,5%
Geradeheraus, ein Wein, der nicht vorgibt, irgendwas zu sein. Geschmeidige Säure und angenehmen Druck.

♥ **2019** Scheurebe „Fumé"
10,00€ · 12%
Variante Mineralität, feine dezente rauchige Art und Eleganz. Trinkvergnügen.

2019 Silvaner „RR"
8,00€ · 12,5%
Quitte mit zitrischen Noten, ein Wein mit selbstbewusster Gestalt.

2019 Weißburgunder „Pfaffenberg"
9,00€ · 13,5%
Wie eine Lawine, langsam und machtvoll rollt der Wein runter, unaufhaltbar, drängend, dicht. Eigenständig, wild – da kann man sich reintrinken.

2017 Spätburgunder „Herrenpfad"
12,00€ · 14%
Mon Chéri und kalter Rauch treffen sich in eleganter Balance. Dunkel und anschmiegsam.

Weingut Familie Sauer

Hauptstraße 44,
76833 Böchingen
T +49 (0) 6341 61175
www.weingut-sauer.com

Inhaber Heiner Sauer & Moni Sauer & Valentin Sauer
Betriebsleiter Heiner Sauer
Kellermeister Felix Haertel
Verbände Bioland
Rebfläche 30 ha
Produktion 170.000 Flaschen
Gründung 1987
Verkaufszeiten
Mo–Fr 9–18 Uhr
Sa 10–17 Uhr

Heiner Sauer war und ist ein Bio-Pionier der Pfalz. Bereits 1987 stellte er auf ökologische Landwirtschaft um. Die nächsten großen Schritte geht er gemeinsam mit Sohn Valentin, der bald das Gut übernehmen soll. Für das Jahr 2021 stehen Fertigstellung und Eröffnung von Vinothek, Kelterhaus und Fasskeller im benachbarten Nußdorf an – energieeffizient mit natürlichen Materialien gebaut. Und auch der Weinjahrgang 2019 bringt noch eine Neuigkeit: „2019 konnten wir erstmals fast alle unsere Weine spontan vergären“, erklärt Heiner Sauer. „Die Spontangärung sehe ich als konsequente Fortführung unserer Arbeitsweise im Weinberg. Auch hier nehmen wir nur Einfluss auf natürliche Abläufe, wenn dies erforderlich ist.“

2018 Weißburgunder „Holz & Ton“
19,50€ · 14%
Selbstbewusster Auftritt, markante Handschrift und viel Charakter in dieser an sich leisen Rebsorte.

2019 Böchinger Rosenkranz Grünfränkisch
15,00€ · 13,5%

2019 Böchinger Rosenkranz Sauvignon Blanc „Fumé“
15,00€ · 13,5%
Elegante Fumé-Stilistik mit erweckender Säure.

2019 Gleisweiler Hölle Riesling
14,50€ · 12,5%
Glasklare Frucht trifft hintergründige Mineralik. Geradeheraus mit großer Freude.

2019 Godramsteiner Münzberg Weißburgunder
12,50€ · 13,5%
Wer dem Holz in seinem Keller ein wenig Zeit gibt, der zarten Frucht Platz zu geben, wird belohnt.

2019 Sauvignon Blanc „Löss“
8,50€ · 12%
Angenehme Frucht und Extraktsüße, klarer, klassischer, saftiger Wein.

2017 Nußdorfer Kaiserberg Spätburgunder
18,50€ · 13,5%
Schöne saftige Kirschfrucht und Harmonie aus Würze und Säure. Ein animierendes Komplettpaket.

2013 Pinot brut nature
21,50€ · 13%
Weihnachtssekt: Bratapfel, gebrannte Mandeln, Kaffee, dazu erfrischende Zitronenmelisse, Würze. Grip.

2016 Pinot brut
12,50€ · 13%
Klassischer, bestens komponierter Sekt mit feiner Perlage.

Weinhof Scheu

Hauptstraße 33,
76889 Schweigen-Rechtenbach
T +49 (0) 6342 7229
www.weinhof-scheu.de

Inhaber Klaus Scheu
Kellermeister Klaus Scheu
Rebfläche 14 ha
Produktion 100.000 Flaschen
Verkaufszeiten
Sa 10–17 Uhr
und nach Vereinbarung

Klaus Scheu möchte mehr als guten Wein machen. Es sollen Unikate sein, die auch beim zweiten Schluck Spaß bereiten und die – in diesem Fall zur Hälfte im Elsass liegenden – Weinlagen widerspiegeln. Dafür setzt Scheu auf Handarbeit im Weinberg. Im besten Falle reflektieren Scheus Weine das spezielle Kleinklima und Böden von Lagen wie dem Schweigener Sonnenberg, der ebenfalls vom Pfälzer Wald als Schutz profitiert. Scheu weist einzelne Gewanne wie Raedling oder Strohlenberg aus, deren Eigenarten er in einzelnen Füllungen Rechnung tragen will. Exakte Koordinaten auf den Etiketten geben Auskunft über die genaue Lage.

2015 Riesling „Raedling"
16,00€ · 13%
Feinste Reifenoten, immer noch frisch und animierend. Perfekt zu Steinbutt und Flusskrebsen.

2019 Riesling „Kalkstein"
9,50€ · 12,5%
Kalk steht für Eleganz, dies ist ein Paradebeispiel dafür, Kompliment!

2019 Riesling „Raedling"
16,00€ · 12,5%
Finesse, kraftvoll packend mit Anspruch, viel Wein am Gaumen.

2019 Weißburgunder „Kalkstein"
9,50€ · 13,5%
Ein richtiger Klassiker, unkompliziert und lebensfroh. Sollte man immer im Kühlschrank haben, falls mal unangekündigt Freunde vor der Tür stehen.

2019 Weißburgunder „Raedling"
16,00€ · 13,5%
Blütenaromen, viel Kraft und Schmelz – und das alles in gekonnter Balance.

2019 Weißburgunder „Stohlenberg"
16,00€ · 13,5%
Avocado raus, es braucht Fett im Essen! Kantig und gut.

Weingut Scholler

Alte Kirchstraße 7,
76831 Birkweiler
T +49 (0) 6345 3529
www.weingut-scholler.de

130 Jahre nach der Gründung durch Jakob Scholler, hat sein Urenkel, ebenfalls Jakob genannt, frischen Wind in das Gut gebracht, „oft noch unter den kritischen Blicken seiner erfahrenen Eltern", wie Vater Helmut anmerkt. Auf über 30 Hektar stehen in erster Linie Riesling und Burgunder, aber auch Sauvignon Blanc, Merlot und Cabernet Sauvignon, die fast ausschließlich trocken ausgebaut werden. Die besten Weinberge der Schollers liegen im Birkweiler Kastanienbusch und Rosengarten.

Inhaber Helmut Scholler
Betriebsleiter Helmut Scholler
Kellermeister Jakob Scholler
Rebfläche 30 ha
Produktion 90.000 Flaschen
Gründung 1889
Verkaufszeiten
Mo–Fr 9–12 Uhr und 14–17 Uhr
Sa 9–16 Uhr
Telefonische Anmeldung erbeten

2019 Birkweiler Kalkstein Chardonnay
6,90€ · 12,7%
Bruder Leichtfuß mit glockenklarer Figur. Dazu Blätterteig, Crème fraîche und Birnenspalten und der Abend ist unser Freund.

2019 Birkweiler Kastanienbusch Riesling
8,90€ · 12%

2019 Birkweiler Kastanienbusch Weißburgunder
8,90€ · 13,2%
Blitzblanke Säure, wie wenn Meister Proper durchgewischt hat.

2019 Birkweiler Mandelberg Chardonnay
9,80€ · 13,2%
Schlank und fein, wie er ist, kommt alles, was ihn auszeichnet, erst recht zum Tragen, wenn er ausreichend Luft bekommt.

2019 Birkweiler Sauvignon Blanc „Tonmergel"
6,90€ · 12%

2018 Birkweiler Kastanienbusch Merlot
10,60€ · 14%

2017 Chardonnay Spätburgunder extra brut
11,40€ · 12,2%
Feine weinige Art, zarte Aromatik, harmonisches Säurespiel, gut mit klassischen Antipasti.

Heinrich Schönlaub

Neueinsteiger

Bergstraße 14,
76889 Gleiszellen-Gleishorbach
T +49 (0) 6343 8142
weingut-schoenlaub.de

Inhaber Andreas Schönlaub
Betriebsleiter
Andreas Schönlaub
Kellermeister
Andreas Schönlaub
Rebfläche 30 ha
Gründung 1746
Verkaufszeiten
Mo–Sa 8–12 Uhr und 13–18 Uhr

Seit 2007 pflegt das mehr als 250 Jahre alte Familienweingut ein eigenes Klassifizierungssystem. Es gipfelt mit Flachbogenerziehung, Reduktion der Ertragsmenge auf 40 Hektoliter pro Hektar, Halbierung der Traubenanzahl im Sommer und zweifacher Handlese für die „Fingerprint"-Weine, die mit *** gekennzeichnet werden. Von den 30 Hektar Anbaufläche holt die Familie mehrheitlich Riesling (60 Prozent Anteil an den weißen Sorten), aber auch Grünen Veltliner oder Muskateller und bei den roten Spätburgunder (40 Prozent Anteil an den roten Sorten) und eine bunte Kollektion aus Regent, Sankt Laurent bis zu Cabernet Franc und Cabernet Dosa und Syrah.

2018 Riesling „Kalkfels"
13,50€ · 12,5%
Gute Säure, knackig und mit Biss.

2018 Riesling „Teufelskante"
8,50€ · 12,5%

2019 Grauburgunder
7,10€ · 13,5%

2019 Grauburgunder „Buntsandstein“ 🍇🍇
9,50€ · 14%

2019 Grüner Veltliner „Green!“ 🍇
7,90€ · 12,5%

2019 Muskateller 🍇
7,50€ · 12,5%

2019 Riesling 🍇
6,10€ · 12,4%

2019 Sauvignon Blanc 🍇
7,90€ · 13%

2012 Pinot Noir „Tagen“ 🍇🍇
14,80€ · 13%
Voll und dicht, moderner, zugänglicher Pinot.

2012 Sankt Laurent „Fingerprint“ 🍇🍇
19,50€ · 13,5%

2015 Rotwein-Cuvée „Black Berry“ 🍇🍇
11,30€ · 13%

2015 Rotwein-Cuvée „Vom Plateau“ 🍇🍇
12,30€ · 13%

2016 Sankt Laurent „Red Vision“ 🍇🍇
10,80€ · 13%

2016 Spätburgunder 🍇🍇
7,60€ · 13,25%

2017 Sankt Laurent 🍇🍇
7,00€ · 12,66%

2019 Rotwein-Cuvée „Cattleya“ 🍇
8,50€ · 12,69%

Weingut Siegrist

Am Hasensprung 4,
76829 Leinsweiler
T +49 (0) 6345 1309
www.weingut-siegrist.de

Inhaber Fam. Siegrist & Schimpf
Betriebsleiter
Fam. Siegrist & Schimpf
Kellermeister Bruno Schimpf
Verbände VDP
Rebfläche 16 ha
Produktion 100.000 Flaschen
Verkaufszeiten
Mo–Fr 8–12 Uhr und 13.30–18 Uhr
Sa 9–16 Uhr
und nach Vereinbarung

„Tradition und Technik widersprechen einander nicht. Im Gegenteil." Davon ist man auf dem Weingut Siegrist überzeugt. „Neueste Kellertechnologie geht feinfühliger mit den Beeren um, als man es je vermochte: schonend langsam, mit minimalem Druck und ohne jeden Pump- und Schleuderstress". Thomas Siegrist war stets mehr als offen für Innovationen, er forcierte sie. Nachdem er den elterlichen Betrieb in den 1970ern vom gemischten landwirtschaftlichen auf reinen Weinbau umgestellt hatte, war er einer der ersten Winzer in ganz Deutschland, der mit Barriques arbeitete – seinerzeit eine Revolution. Seine Tochter Kerstin Siegrid-Schimpf und ihr Mann Bruno Schimpf schreiten auf diesem Weg voran. Eine Besonderheit des Gutes ist auch, dass es die gehobenen Qualitäten erst nach längerer Reife auf den Markt gibt.

2015 Chardonnay „Grande Réserve G.C."
49,00€ · 15%
Lampenöl und Wachs. Sehr reif.

2016 Leinsweiler Sonnenberg Sauvignon Blanc „Réserve"
24,00€ · 14%
Das legt gut mit rauchigen, speckigen Noten los, dann verlässt ihn der Mut ein wenig – dennoch ein Gewinner mit großen Vorbildern.

2017 Leinsweiler Sonnenberg Sauvignon Blanc „Réserve"
24,00€ · 14,5%
Superopulentes breites Brett – eines Winzers, der darauf surfen kann und den Einsatz seiner Fässer im Griff hat.

2018 Sauvignon Blanc „Réserve"
24,00€ · 15%
Das ist sehr elegant, ein wirklich großer Wein, ideal für glückliche Kombinationen mit Krustentier-Gerichten.

2019 Leinsweiler Sonnenberg Riesling GG
24,00€ · 12,5%
Selbstbewusster Auftritt, ein großer Klassiker mit dem Selbstverständnis eines großen auf Zukunft angelegten Weines.

2019 Leinsweiler Sonnenberg Weißburgunder GG
26,00€ · 13%
Feinwürzig, elegant und seidige Textur zeichnen diesen ungemein harmonisch strukturierten Wein aus. Feinstes Geflügel oder bester pochierter Seefisch dazu, ein Genuss!

2019 Sauvignon Blanc
9,50€ · 13%
Mächtig und kraftvoll präsentiert sich die Pfalz.

2019 Wollmesheimer Mütterle Grauburgunder 1. Lage
26,00€ · 13,5%
Karamell, Orange, Biskuit und Vanille, voll und dicht.

2017 Kalmit Pinot Noir GG ♦♦♦♦
35,00€ · 13,5%
Feinste Würze gepaart mit betörender Kräuter-Aromatik charakterisieren diesen tiefgründigen Wein.

2017 Pinot Noir „Schelmenstück" ♦♦♦
22,00€ · 13,5%
Fester kompakter und kühler Pinot, geradlinig und mit toller animierender Säure ausgestattet, gut eingebundenes Holz.

2017 Sonnenberg Pinot Noir GG ♦♦♦♦
35,00€ · 13,5%
Waldfrüchte in der Nase, seidige Gerbstoffe am Gaumen rufen nach einer kongenialen kulinarischen Begleitung, eine Saltimbocca vom Reh könnte die ideale Kombination sein.

♥ Cabernet Sauvignon „Cuvée Trois Années" ♦♦♦
26,00€ · 14%
Für die Klassiker, Cabernet Sauvignon mit Eleganz und Entspanntheit.

Erich Stachel

♦♦

Bahnhofstraße 40,
67487 Maikammer
T +49 (0) 6321 5112
www.weingut-stachel.de

Inhaber Matthias & Erich Stachel
Betriebsleiter Matthias & Erich Stachel
Kellermeister Matthias Stachel
Verbände Barriqueforum Pfalz
Rebfläche 20 ha
Produktion 90.000 Flaschen
Gründung 1901
Verkaufszeiten
Mo–Fr 9–12 Uhr und 14.30–18 Uhr
Sa 10–16 Uhr

„Ich habe im In- und Ausland viel über das Weinmachen gelernt. In großen und kleinen Betrieben", erklärt Matthias Stachel, „jeder muss dabei seinen ganz eigenen Weg finden. Ich bin immer noch auf der Suche, will mich und meine Weine weiterentwickeln." Sein Weg bedeutet, klassische weiße Sorten vom Riesling über Burgunder bis Muskateller und Traminer überwiegend im Stahl auszubauen und bei den Rotweinen ebenfalls auf ein breites Spektrum zu setzen, wobei Spätburgunder, Malbec, Syrah, Cabernet Sauvignon als Lagenweine im kleinen Holz reifen.

2017 Kirrweiler Römerweg Weißburgunder ♦♦♦
15,90€ · 14,03%
Birne. Birne. Birne. Wer nicht gerne zweifelt – hier ist er richtig: Birne.

2019 Diedesfelder Paradies Sauvignon Blanc
9,90€ · 13,3%
Frisch und animierend. Ein richtiger Wachmacher.

♥ **2017** Maikammer Heiligenberg Malbec
28,00€ · 14,5%

2017 Maikammer Heiligenberg Syrah
32,00€ · 13,7%
Zimt und Nelken ergeben fast weihnachtliche Aromen, dazu Lakritz und tiefe dunkle Frucht.

2017 Rotwein-Cuvée „Ericus"
28,00€ · 14,4%

2018 Chardonnay brut
12,50€ · 11,78%

Jürgen und Astrid Stentz

Mörzheimer Hauptstraße 47,
76829 Landau-Mörzheim
T +49 (0) 6341 30121
www.stentz.de

Inhaber Jürgen Stentz
Betriebsleiter Jürgen Stentz
Kellermeister Jürgen Stentz
Verbände Vinissima Frauen und Wein e.V.
Rebfläche 15 ha
Produktion 80.000 Flaschen
Verkaufszeiten
Do–Fr 10–12 Uhr und 14–18 Uhr
Sa 10–14 Uhr
und nach Vereinbarung

Von mehr als 300 Jahren Weinbau erzählt das Gutshaus von Astrid und Jürgen Stentz. Das Fachwerkgehöft steht mitten im Weinort Mörzheim und damit sinnbildlich für seine Besitzer. „Ich bin mit dem Weinbau in meiner südpfälzischen Heimat tief und fest verwurzelt", sagt Jürgen Stenz, der den Betrieb seit 1999 führt. Die 15 Hektar des Gutes sind überwiegend mit Riesling und Burgundersorten bestockt, eine besondere Rolle spielt aber auch der Muskateller, der in verschiedenen Varianten produziert wird.

2018 Grauburgunder „Goldkapsel"
10,50€ · 13%
Saftig und angenehm füllig und dank seiner lebendigen Säure ein vielseitiger Essensbegleiter.

♥ **2018** Weißburgunder „Goldkapsel"
11,50€ · 13%
Zarte Holznote, feine Frucht und mineralische Noten. Hat Zug.

2019 Grauburgunder
6,90€ · 12,5%
Die jüngsten Sommer schreien nach Weinen wie diesem mit Frische, Noten von Steinobst und Wohlfühlcharakter.

2019 Muskateller
6,90€ · 12%

2019 Muskateller „fruchtig-süß"
7,90€ · 8,5%

2019 Riesling
6,90€ · 12%
Mirabelle und Sahnebonbon bringen Trinkfreude und begleiten das Picknick im Frühling perfekt.

2019 Riesling

5,00€ · 12%

2019 Weißburgunder

6,90€ · 12,5%

Zitrus und Birne, charmant und easy.
Für den ersten Urlaubstag.

2019 Portugieser

5,00€ · 11%

2019 Spätburgunder

6,90€ · 11,5%

2017 Riesling „Winzersekt"

10,50€ · 12,5%

Sehr opulent, mit Tiefgang, reifer Apfel und nasses Herbstlaub, zarte Muskatnote. Perlage hervorragend integriert, Säure straff.

2018 Muskateller „Winzersekt" halbtrocken

10,50€ · 12%

Weingut Stern
Hauptstraße 199,
76879 Hochstadt
T +49 (0) 6347 7005 80
www.weingut-stern.de

♥ **2017** Silvaner „Réserve ***"

16,50€ · 13,5%

Mit bestem Reifepotenzial ausgestatteter Wein, der mit seiner feinen Aromatik jetzt schon zu betören weiß, das Weglegen lohnt sich allemal.

Weingut Sturm

Neueinsteiger

Hauptstraße 6, 76831 Ilbesheim
T +49 (0) 6349 9966 817
www.weingutsturm.de

Inhaber Ulrich Sturm
Betriebsleiter Ulrich Sturm
Kellermeister Sabrina Sandt
Rebfläche 20 ha
Gründung 1860
Verkaufszeiten
nach Vereinbarung

Bis 2017 füllte das Weingut Sturm nur rund 15 Prozent der Ernte von 20 Hektar selbst ab. Seither geht es Schlag auf Schlag. Neues Design, neue Website, neue Weine. Sabrina Sandt ist für die Vinifikation zuständig, Ulrich Sturm managt den Außenbetrieb. Seit 2018 verzichten sie auf Unkrautvernichtungsmittel und im Juli 2019 hat Ulrich Sturm dann den Betrieb von seinen Vater Uwe übernommen. Zu den klassischen Sorten wurden historische Rebsorten gepflanzt, wie Roter Veltliner, Schwarzurban und Weißer Lagler.

2018 Ilbesheimer Kalmit Weißburgunder „Aprilwetter"
7,30€ · 13%
Vielschichtiger Duft, saftig-schmelzig am Gaumen.

2018 Kerner „Regentanz" halbtrocken
6,20€ · 13%

2018 Riesling „Mitternachtssonne "Alte Reben"" halbtrocken
7,20€ · 13%
Pfirsichnektar pur – für Erwachsene. Für die ersten Sonnentage auf der Terrasse.

♥ **2019** Chardonnay „Oktobersonne"
6,90€ · 12,5%
Die exotische Seite des Chardonnay. Trägt seinen Text zusammenhängend und gewinnend vor. Ist schön, wenn ein Plan aufgeht.

2019 Rotwein-Cuvée „Sommersonne"
6,90€ · 11,5%
Früchtetee für Erwachsene, das begeistert auch große Runden.

Jochen Uebel

Bauerngasse 40,
76829 Landau-Nußdorf
T +49 (0) 6341 9606 85
www.uebel.eu

„Crazy shit!" – das ist kein Fluch, sondern die höchste Qualitätsstufe, die Jochen Uebel seinen Weinen verleihen kann und die in der Pyramide auf der Goldkapsel und der Silberkapsel thront. Ist es Weißwein oder Rotwein? Egal – Hauptsache „eigensinnig und absolute Individualisten". Tatsächlich können sich dahinter Rosés aus dem Holzfass sowie spontan vergorene und unfiltrierte Weine verbergen. Uebel nutzt die Gegebenheiten der Pfalz und wagt sich an Tempranillo, eine Sorte, die vor allem im üblicherweise deutlich heißeren Spanien angebaut wird, ähnliches gilt für den Syrah, der in Europa vor allem in Südfrankreich zum Glanz gebracht wird. Aber Uebel macht einfach unbeirrt sein Ding in den 14 Hektar Rebbflächen, die bis ans Weingut in Landau ranreichen.

Inhaber Jochen Uebel
Betriebsleiter Jochen Uebel
Kellermeister Jochen Uebel
Rebfläche 14 ha
Verkaufszeiten
nach Vereinbarung

2019 Chardonnay „Silberkapsel"
7,90€ · 13%
Einladend, aber nicht laut, schlank und trinkig – ein Gentleman.

2019 Grauburgunder „Goldkapsel"
12,90€ · 13,5%
Williamsbirne und Mandarine vereinigen mit hellem Karamell. Hinten dann eine elegante Bitternote.

2019 Grauburgunder „Silberkapsel"
7,90€ · 13,5%

2019 Riesling „Silberkapsel"
7,90€ · 13%

2019 Sauvignon Blanc „Goldkapsel"
12,90€ · 13%

2019 Weißburgunder „Silberkapsel"
7,90€ · 13%

2018 Cabernet Sauvignon „Réserve Grand Vintage"
16,90€ · 13,5%
Intensive Schwarzkirsche trifft auf dunkle Gewürze. Sehr aromatisch und mit langem Nachhall.

2018 Pinot Noir „Réserve Grand Vintage"
16,90€ · 13%
Die dunkle Seite der Macht, langer Lodenmantel, mächtige Stiefelschritte auf Parkett und abschließendes Kakaobohnenkaffeemassaker. Ein Herrenabend in Gläsern.

2018 Tempranillo „Réserve Grand Vintage"
16,90€ · 13,5%

2019 Syrah „Réserve Grand Vintage"
16,90€ · 14,5%

Weingut Ullrich

Schäfergasse 25,
76889 Pleisweiler-Oberhofen
T +49 (0) 6343 2312
weingut-ullrich.de

Inhaber Evi Ullrich-Friedrich
Betriebsleiter
Evi Ullrich-Friedrich
Kellermeister
Evi Ullrich-Friedrich

Die Zahl der Winzerinnen in Deutschland steigt, aber als Evi Ullrich vor 25 Jahren begann, das Familienweingut zu leiten, war das keine Selbstverständlichkeit. In ihrem Jubiläumsjahr 2020 hat Ullrich mit der Umstellung auf Bio-Anbau begonnen. Geblieben ist die Liebe zu musikalischen Veranstaltungen, den „Pfälzer Abenden", auf denen Ullrich selber singt und denen sie auch mit der Reihe „Weinklang" Rechnung trägt. Ihre höherwertigen Weine klassifiziert sie unter dem Namen „Vinum Cantabile" und unterscheidet dort noch einmal zwischen weißen Etiketten für Spätlesen und dunklen Etiketten für die „virtuosen" Auslesen.

2018 Gleiszellen Frühmess Gewürztraminer „Vinum Cantabile" Auslese
7,50€ · 12,52%

Rebfläche 8,5 ha
Produktion 75.000 Flaschen
Verkaufszeiten
Mo–Fr 9–13 und 14–19 Uhr
Sa 9.30–17 Uhr

♥ **2019** Gleiszellen Kirchberg Grauburgunder „Vinum Cantabile“
11,90€ · 12,54%
Ich weiß, wo du letzten Sommer gelegen hast – im Holzfass. Ein Sparbuch der Burgunder – weglegen, Zinsen in Jahren kassieren.

2018 Gleiszellen Frühmess Schwarzriesling „Vinum Cantabile“ Spätlese trocken
8,50€ · 13,8%
Pinot Meunier, ein Außenseiter, der allerdings – vorausgesetzt, dass er geliebt wird – wie hier zu großer Klasse auflaufen kann.

Felix Waldkirch

Weinstraße 53,
76835 Rhodt unter Rietburg
T +49 (0) 6323 5825
www.weingut-waldkirch.de

Inhaber Felix Waldkirch
Betriebsleiter Felix Waldkirch
Kellermeister Felix Waldkirch
Verbände Kontrolliert umweltschonender Weinbau Pfalz (KUW Pfalz e.V.)
Rebfläche 9 ha
Produktion 50.000 Flaschen
Verkaufszeiten
Mo–Fr 9–12 und 13.30–17 Uhr, Sa 9–14 Uhr (Apr–Okt) und nach Vereinbarung (Nov–März)

Hotel, Weingut, Weinstube – ein Pfälzer Betrieb, wie er im Buche steht und der sich als Anlaufadresse großer Beliebtheit erfreut. Felix Waldkirch spricht von „konservativem“ Wein. Damit meint er, dass der Wein Jahrgang und Herkunft widerspiegeln muss. Das sei die eigentliche Handschrift des Winzers. Zu seinen Lagen gehören der Rhodter Schlossberg oder der steile und 350 Meter hoch gelegene Weyherer Michelsberg. Obwohl die Mehrheit Rieslinge, Grauburgunder und Burgunder sind, widmet sich Waldkirch mit Freude fruchtsüß ausgebauten Weinen aus Scheurebe, Gewürztraminer und Morio Muskat. Beim Jahrgang 2018 widmete sich Waldkirch detailliert den sehr unterschiedlichen Erntezeitpunkten und achtete im Keller darauf, jeder Sorte die passende Gärung zuteil werden zu lassen. Dogma – Fehlanzeige, es wird spontan vergoren sowie auf Reinzuchthefen gesetzt. Motto: Finesse vor Power.

2016 Weißburgunder „Réserve“
14,50€ · 13,5%
Deutlich reif und butter-cremig. Wuchtig und schmelzig.

♥ **2018** Edenkobener Rote Heide Riesling „Dezember“ 1. Lage
18,00€ · 13,5%

2019 Riesling „aus Rhodt“
8,50€ · 12,5%
Duftiges, frisches Easy Drinking für die Terrasse.

2019 Riesling „aus Weyher“
9,50€ · 12%
Schöne Mineralik mit leichtem Anklang von Feuerstein, knackig und straff.

2019 Dornfelder
7,50€ · 12%

2018 Weißburgunder brut
14,50€ · 12%

Dr. Wehrheim

Weinstraße 8, 76831 Birkweiler
T +49 (0) 6345 3542
www.weingut-wehrheim.de

Inhaber Karl-Heinz & Franz Wehrheim
Betriebsleiter Karl-Heinz & Franz Wehrheim
Kellermeister Franz Wehrheim
Verbände VDP, Respekt-Biodyn
Rebfläche 20 ha
Produktion 100.000 Flaschen
Gründung 1902
Verkaufszeiten
Mo–Fr 8–12 Uhr und 14–18 Uhr
Sa 10–16 Uhr

„Wir stehen als Winzer für charaktervolle Weine, die die regionalen Gegebenheiten von Klima und Terroir im Geschmack erlebbar machen", so Karl-Heinz und Franz Wehrheim, „mit einer Vision, die Trauben bei der Reife zu begleiten, das Mikroklima zu verstehen und zum optimalen Anbau der Rebe zu nutzen." Daher arbeiten die Wehrheims nach den Regeln der Biodynamie. „Die Bodentypizität der Weine ist seit der Umstellung auf die biodynamische Anbauweise noch besser und exakter zu schmecken", erklärt Karl-Heinz Wehrheim. Die bekanntesten Lagen des Weinguts sind der Birkweiler Kastanienbusch, der Mandelberg und der Sonnenschein, alle weisen höchst unterschiedliche Bodentypen auf. „Wer diese Lagen richtig nutzt, kann höchstes Niveau erreichen", erklärt Franz Wehrheim. Er hat nicht auf direktem Weg zum Wein als Beruf und Berufung gefunden. Er studierte BWL, stellte aber fest, „dass in vielen Berufen Herz und Seele fehlen." Franz Wehrheim ist 2013 bestens ausgebildet in den elterlichen Betrieb eingestiegen und bringt viel Herzblut, Begabung und eine hohe Qualifikation mit.

2019 Birkweiler Riesling „Rotliegendes"
16,90€ · 12%
Frucht, Würze, Mineralik – hat etwas von allem für alle.

2019 Kastanienbusch Köppel Riesling GG
39,00€ · 13,5%
Kräuterig, fruchtig und saftig: mit der Energie eines Turnierpferds.

2019 Mandelberg Weißburgunder GG
37,00€ · 13,5%
Dieses wahrlich Große Gewächs vereint alle Vorzüge der Paradesorte dieses Spitzenbetriebs: Eleganz mit unaufdringlicher, auf's Feinste balancierter Kraft, diskrete Frucht mit feinen Anklängen von Honigmelone gepaart mit zartem Schmelz am Gaumen, wunderbar!

2019 Weißburgunder „Buntstück"
9,30€ · 12,5%
Elegant mit einem ganz und gar diskreten Auftritt, ein wunderbarer Einstieg in den Wehrheim'schen Kosmos.

2017 Kastanienbusch Köppel Spätburgunder GG
43,00€ · 13%
Feine Röstaromen, rauchig, speckig, vital und trinkanimierend mit sanften Tanninen.

2017 Siebeldingen Spätburgunder „Muschelkalk"
20,00€ · 13%
Feinwürzig und dabei kräftig. Bitte Zeit mitbringen, dieser Wein braucht Luft.

2017 Spätburgunder „Rosé Sekt Brut" brut
18,80€ · 12,5%
Diese kühle und zarte Stilistik bringt Ruhe mit sich. Das mag auch Nicht-Sekttrinker mitreißen.

Wein- & Sektgut Wilhelmshof

Queichstraße 1,
76833 Siebeldingen
T +49 (0) 6345 9191 47
www.wilhelmshof.de

Inhaber Barbara Roth
Betriebsleiter Barbara Roth & Thorsten Ochocki
Kellermeister Thorsten Ochocki
Verbände Traditionelle klassische Flaschengärer e.V.
Rebfläche 18 ha
Produktion 146.000 Flaschen
Verkaufszeiten
Mo–Fr 8–12 Uhr und 13–18 Uhr
Sa 9–16 Uhr
und nach Vereinbarung

Rund die Hälfte der Ernte von ihren 18 Hektar verarbeiten Barbara Roth und Thorsten Ochocki zu Sekt. Sie setzen damit fort, was die Eltern Roth aus einer Laune heraus begannen und in wenigen Jahren in die Spitze der deutschen Sekterzeuger führte. Flaggschiffe des Portfolios sind denn auch Lagen-Sekte aus dem Siebeldinger Königsgarten. Großen Wert legen Roth und Ochocki auf Nachhaltigkeit und belegen das, indem sie als erstes deutsches Weingut einen Nachhaltigkeitsbericht nach den strengen Leitlinien der Global Reporting Initiative 4 herausgeben.

2019 Im Sonnenschein Grauburgunder „Alte Reben" Spätlese trocken
19,00€ · 13,5%
Reif und zugänglich und dabei doch mit zurückhaltender Ansprache.

2018 Im Sonnenschein Spätburgunder „Wilhelm Alte Reben" Spätlese trocken
35,00€ · 13%
Elegant, fein definiert und voll Lebensfreude. Zart und dezent am Gaumen.

2005 Spätburgunder „PATINA Blanc de Noirs" brut
54,00€ · 13%
Kerniger Sekt mit perfekter Reife, sanft seidiger Perlage, großem Ausdruck und ebenso großer Länge. Für den besonderen Moment.

2007 Spätburgunder „PATINA Pinot B" brut
54,00€ · 13,5%
Der erste Eindruck im Glas zieht sich durch die Verkostung diese Sektes, dieser zeigt sich floral und zitrisch. Aromen von Orangenblüte, Zitronat, Vanille und Holz mit einer feinen Patina!

Weingut Wilker
Hauptstraße 30,
76889 Pleisweiler-Oberhofen
T +49 (0) 6343 2202
www.wilker.de

2018 Spätburgunder
13,00€ · 12,3%
Rauch und Holz in der Nase – nicht unbedingt easy drinking. Für Menschen, die eine Herausforderung lieben, ein Genuss.

August Ziegler

Bahnhofstraße 5,
67487 Maikammer
T +49 (0) 6321 95780
www.august-ziegler.de

Inhaber Harald & Uwe Ziegler
Betriebsleiter Harald & Uwe Ziegler
Kellermeister Uwe Ziegler
Rebfläche 24,5 ha
Produktion 200.000 Flaschen
Gründung 1717
Verkaufszeiten
Mo–Fr 8–18 Uhr
Sa 9–15 Uhr
und nach Vereinbarung

Im Weingut August Ziegler ist Wein seit über drei Generationen Familienangelegenheit und dabei ist der namensgebende August nicht mal mehr dabei. Die Senioren Karin, Erika und Herwarth unterstützen jetzt die Brüder Harald und Uwe, die die Geschicke führen, weiter. Und die nächste Generation arbeitet bereits mit. Knapp 25 Hektar werden in den Lagen Gimmeldinger Biengarten und Mandelgarten oder Alsterweiler Kapellenberg bewirtschaftet mit einem kleinen Schwerpunkt auf Riesling und sonst einer bunten Mischung von Scheurebe bis Shiraz.

2016 Maikammer Mandelhöhe Chardonnay Spätlese trocken
15,00€ · 13,5%
Er scheint sich wegzudrehen, abzuwenden – unverständlich, hat er doch er mit prägnanter Säure und weißen Blüten in der Nase viel zu bieten. Mit Luft aber: Attacke.

2017 Maikammer Heiligenberg Riesling Spätlese trocken
10,80€ · 13%
Vitaler Wein mit exotischer Frucht und saftigem Aromenspiel. Urlaubsgefühl.

2019 Gimmeldinger Biengarten Riesling Kabinett trocken
7,90€ · 12,5%
Modelliert aus einem Korb Zitrusfrüchten eine Skulptur in den Mund, die dank Substanz zum Bewundern auf der Zunge stehen bleibt. Dazu Spargel und Morcheln!

2019 Gimmeldinger Meerspinne Scheurebe Kabinett trocken
8,80€ · 12,5%

2019 Maikammer Mandelhöhe Gewürztraminer Kabinett trocken
9,30€ · 13%

2014 Maikammer Kirchenstück Syrah
30,00€ · 14,5%
Schwarze Oliven und Pfeffer ergeben ein würziges und auch üppiges Geschmacksbild.

2018 Rotwein-Cuvée „Begegnung"
30,00€ · 13,5%
Feinwürziger Rumtopf mit Zug am Gaumen.

2019 Syrah „La Saignée du Rouge"
7,30€ · 12,5%

2019 Gimmeldinger Meerspinne Rieslaner Beerenauslese
18,00€ · 6,5%
Wenn Süßwein-Freaks zu so einem genialen Preis-Leistungs-Verhältnis einen Fruchtkorb wollen, dann willkommen!

Fotocredit: Florian Trykowski/Pfalztouristik e.V.

PFALZ 2021

DIE TIPPS DER WINZER

Wo gibt es die besten Grumbeere, Bratwürste oder Läwwerknepp? Wo den besten Blick in die Weinberge, wo das schönste Hotel? Wo kann ich Weine verkosten, regionale Produkte einkaufen? Wer, wenn nicht **der Winzer vor Ort,** kennt sich bestens in seiner Region aus? Darum haben wir Winzer und ihre Familien nach **ihren persönlichen Tipps** gefragt. Auf den folgenden Seiten finden Sie diese Empfehlungen für Ihren Aufenthalt in der Weinregion.

Anm.: Vergewissern Sie sich über die aktuellen Öffnungszeiten.

Essen

LANDGASTHAUS JÄGERHOF

Hauptstraße 40,
76889 Birkenhördt
T + 49 (0) 6343 1575
www.jaegerhofbirkenhoerdt.de

Pilzragout mit Semmelknödeln, Jägerschnitzel mit Spätzle oder Wildschweinsteaks mit Marktgemüse: Eine ehrliche Landhausküche wird in diesem Restaurant mit angeschlossener Wein- und Genussbibliothek versprochen. Bernd und Dagmar Mössinger führen das Haus, das aus dem Jahr 1771 stammt.

Empfohlen von
Weingut Jürgen und Astrid Stentz

RITTERHOF ZUR ROSE

Weinstraße 6a,
76835 Burrweiler
T + 49 (0) 6345 4073 28
www.ritterhofzurrorse.de

Hier wird gekocht, wie es die Umgebung möglich macht: Denn das Restaurant unter Regie von Florian und Karin Weber ist Partner im Biosphärenreservat Pfälzerwald-Nordvogesen. Darum werden hauptsächlich Produkte von Winzern, Jägern, Landwirten oder Fischzüchtern aus der Region verwendet. Und so stehen ein Kotelett vom Donnersberger Wollschwein, Forellen aus der Zucht in Katzweiler oder Erdesbacher Ziegenkäse auf der Karte.

Empfohlen von
Weingut Borell-Diehl

SCHNEIDER

Hauptstraße 88,
76857 Dernbach
T + 49 (0) 6345 8348
www.schneider-dernbachtal.de

Mehr als 130 Jahre alt ist dieses gutbürgerliche Gasthaus im abgeschiedenen Dernbachtal, das sich über die Grenzen der Region durch seine klassisch-moderne Pfälzer Küche einen Namen gemacht hat. Petra Roth-Püngeler und Werner Püngeler haben am Herd und im Service mittlerweile Unterstützung durch ihre Söhne Christoph und Stefan. Übernachtungsgäste finden Platz in einem kleinen Hotel mit zwölf Zimmern.

Empfohlen von
Weingut Villa Hochdörfer

PFÄLZER HOF

Weinstraße 85,
67480 Edenkoben
T + 49 (0) 6323 9389 10
www.pfaelzerhof-edenkoben.de

Im Jahr 1660 wurde diese Herberge zum ersten Mal erwähnt, heute lässt es sich hier immer noch – egal, ob zu zweit oder in Gruppen, drinnen oder draußen – fein speisen. Die Karte ist regional-pfälzisch, es gibt Wurstsalat, Pfälzer Waldforelle oder „Dreckische Grumbeere". Zum Pfälzer Hof gehört auch ein Hotel, das von Wäldern und Weinbergen umgeben ist.

Empfohlen von
Weingut Fitz-Schneider

SIEGFRIEDSCHMIEDE

Zum Hilschweiher 1,
67480 Edenkoben
T + 49 (0) 6323 3912

Früher wurden hier Wappen, also Kriegswerkzeug geschmiedet, heute kann man in diesem historischen Gasthaus, umgeben von viel Natur, einkehren und pfälzische Küche genießen.

Empfohlen von
Weingut Fitz-Schneider

WALDGASTSTÄTTE FRIEDENSDENKMAL

Auf dem Werderberg 1,
67480 Edenkoben
T + 49 (0) 6323 5918
www.waldgaststaette-friedens-denkmal.de

Hier lässt es sich auch in Gruppen im Gewölbekeller oder an der Grillhütte zusammensitzen; auf der Karte stehen Ochsenfetzen, Rumpsteak oder Käsespätzle sowie Kuchen und Torten, die in großen Portionen auf den Teller kommen.

Empfohlen von
Weingut Fitz-Schneider

ROBICHON

Orensfelsstraße 31,
76833 Frankweiler
T + 49 (0) 6345 3268
www.restaurant-robichon.de

Hier wird ganz klassisch französisch gekocht, und das auf hohem Niveau. Auf der Karte stehen Trüffel aus dem Périgord, Meeresfrüchte aus der Bretagne oder Bœuf bourguignon, es gibt aber auch Lengfisch oder Perlhuhnkeule, Klassiker sind Fischsuppe oder Käse-Windbeutel.

Empfohlen von
Weingut Villa Hochdörfer

WEINSTUBE BRAND

Weinstraße 19,
76833 Frankweiler
T + 49 (0) 6345 9594 90

Eine gemütliche Weinstube mit lauschigem Innenhof: Die Karte zeigt zwar viele Pfälzer Klassiker, die aber werden zum Teil orientalisch oder asiatisch gewürzt und landen so neu interpretiert auf dem Teller. Die Weinkarte hält viele Weine aus der Nachbarschaft vor.

Empfohlen von
Weingut Rebholz

AM DORFBRUNNEN

Weinstraße 28, 76835 Hainfeld
T + 49 (0) 6323 9807 34
www.dorfbrunnen-hainfeld.de

Wo früher Kinder in einer Schule unterrichtet wurden, wird seit mehr als 40 Jahren in rustikal-gemütlichem Ambiente regional-pfälzisch gekocht. Wer übernachten will, findet nebenan im Hexenhäusel eine Schlafstatt in einer großzügigen Ferienwohnung.

Empfohlen von
Weingut Borell-Diehl

PFÄLZER STUBE

Hauptstraße 62-64,
76863 Herxheim
T + 49 (0) 7276 50814
www.hotelkrone.de

ZUR KRONE

Bewertung ausgesetzt*

Hauptstraße 62-64,
76863 Herxheim
T + 49 (0) 7276 5080
www.hotelkrone.de

** Bei Redaktionsschluss war die Gourmetabteilung der Krone noch geschlossen.*

HUBERTUSHOF

Arzheimer Straße 5,
76831 Ilbesheim
T + 49 (0) 6341 9302 39
www.restaurant-hubertushof-ilbesheim.de

Im historischen Ambiente einer früheren Postkutschenstation werden hier heute im Fachwerkhaus mit Innenhof die Gäste bewirtet. Dienstags gibt es Sushi, ansonsten wollen Jochen Sitter und Sandra Bernhard ihre Gäste auch immer wieder mit besonderen Menüs mit vielen Zutaten aus der Region überraschen.

Empfohlen von
Weingut Rebholz

ZUM RIESEN

Rheinstraße 54,
76870 Kandel
T + 49 (0) 7276 50814
www.hotelzumriesen.de

WEINSTUBE MATHIS

Weinstraße 66,
76889 Klingenmünster
T + 49 (0) 6349 1786
www.weinstube-matthis.de

Eine Weinstube mit Kult-Charakter: Hier gibt es eine Küche, die zum Beispiel mit der hauseigenen Bratwurst, dem Königskotelett oder dem Warmen Münsterkäse mit Bratkartoffeln sowohl von der Pfalz als auch vom Elsass inspiriert ist, aber eben auch Weine aus eigenem Anbau.

Empfohlen von
Weingut Hof

STEVERDING'S ISENHOF

Hauptstraße 15a,
76879 Knittelsheim
T + 49 (0) 6348 5700
www.isenhof.de

RESTAURANT LUITPOLD

Rathausplatz 1, 76829 Landau
T + 49 (0) 6341 9489 777
www.restaurant-luitpold-landau.de

Mitten in Landau, mit Blick aufs Rathaus, sitzt man hier zentral bei Kaffee und Kuchen oder Pizza und Pasta.

Empfohlen von
Weingut Villa Hochdörfer

RESTAURANT PAR-TERRE 041

Georg-Friedrich-Dentzel-Straße 11,
76829 Landau
T + 49 (0) 6341 9690 890
www.par-terre.de

Im alten Kasernengebäude Null41 auf dem früheren Gelände der Landesgartenschau war bislang nur eine stylishe Vinothek untergebracht, jetzt wird nebenan im gleichnamigen Restaurant auch gekocht: Wachtelbrust auf Chutney, Rehmedaillon mit Kräuterseitlingen oder Hohenloher Rinderfilet stehen auf der Karte.

Empfohlen von
Weingut Jürgen und Astrid Stentz

WEINBAR SÜDPFÄLZER GENUSSZENTRALE

Salzhausgasse 2, 76829 Landau
T + 49 (0) 6341 9953 500
www.suedpfaelzer-genusszentrale.de

Weinabende, Lesungen, Sensorik-Seminare, kulinarische Termine mit Trüffelkönig Ralf Bos oder private Verkostungen: Die Genusszentrale ist eine reine Event-Location, in der es dann bei den jeweiligen Veranstaltungen kleine Gerichte und Wein von der großen Weinkarte mit 100 Positionen gibt.

Empfohlen von
Weingut Tina Pfaffmann

DORFCHRONIK

Marktstraße 7,
67487 Maikammer
T + 49 (0) 6321 58240
www.restaurant-dorfchronik.de

Ein Gasthaus, wie man es sich vorstellt, wenn man an die Pfalz denkt: In einem alten Winzerhaus von 1747, dem Sitz des ersten Bürgermeisters von Maikammer, wird typisch pfälzisch gekocht. Aber eben mit Inspirationen aus der ganzen Welt. Auf der Karte stehen geschmorte Ochsenbacken, Saumagen mit Rieslingkraut, und es gibt sogar ein eigenes Keschde-(Kastanien)Menü. Marion Schwaab ist die Gastgeberin, ihr Mann Stefan kümmert sich ums Weingut.

Empfohlen von
Weingut Erich Stachel

GEHRLEIN'S HARDTWALD

Sandhohl 14, 76777 Neupotz
T +49 (0) 7272 2440
www.gehrlein-hardtwald.de

Gehobene Küche im Restaurant, gemütliche Zimmer im Landhausstil: Beides ist in Hardtwald in rustikal-bayerischem Ambiente unter einem Dach vereint. Beide Häuser werden von Familie Gehrlein gemanagt, gekocht wird saisonal-regional-international.

Empfohlen von
Weingut Münzberg

GOURMETRESTAURANT SCHLÖSSEL

Weinstraße 6,
76889 Oberotterbach
T + 49 (0) 6342 9232 30
www.schloessel-suedpfalz.de/gourmet-restaurant-schloessel

WEINSTUBE JÜLG
Hauptstraße 1,
76889 Schweigen-Rechtenbach
T + 49 (0) 6342 9190 90
www.weingut-juelg.de
Hier, an der deutsch-französischen Grenze, wird herzhaft, bodenständig fast ausschließlich mit regionalen Zutaten gekocht. Wurst und Käse sind hausgemacht, der Rest der Zutaten stammt aus der Nachbarschaft. Auf der Karte stehen gesottene Schweinebacken mit Linsengemüse oder Perlgraupen-Risotto, sowie die legendären Bratkartoffeln von Erika Jülg, die sich aber langsam aus der aktiven Küchenarbeit zurückzieht. Im Sommer lassen sich Speis und Trank im wunderbaren Innenhof genießen.
Empfohlen von
der Redaktion

ZUM KRONPRINZEN
Josef-Meyer-Straße 11,
76835 Weyher
T + 49 (0) 6323 7063
www.kronprinz-weyher.de
Umgeben von Weinbergen bietet sich dieses Haus nicht nur zum Verweilen, sondern auch als Ausgangspunkt für Wanderungen in den Pfälzer Wald an. Im Restaurant stehen gut-bürgerliche und vegetarische Gerichte auf der Karte, der Wein wächst in der Weyherer Nachbarschaft. Im dazugehörigen Hotel stehen elf Zimmer zur Verfügung.
Empfohlen von
Weingut Meier

ZEISKAMER MÜHLE
Hauptstraße 87, 67378 Zeiskam
T + 49 (0) 6347 97400
www.zeiskamermuehle.de
Bis ins Jahr 1968 wurde hier noch Getreide gemahlen, seit den 1970er-Jahren aber ist die Mühle Restaurant und ein Hotel mit mittlerweile 52 Zimmern. Das Gebäude ist nach wie vor im Besitz von Familie Küspert. Auf der Karte stehen Gerichte wie aus Großmutters Zeiten mit Rindsroulade und Sauerbraten, aber auch modern-kreative mit Hummer und Algen. Die Gäste können sich in der Mühlen- oder der Weinstube aufhalten, bei gutem Wetter bietet sich die Terrasse mit weitem Blick in die Natur an.
Empfohlen von
Weingut Münzberg

Schlafen

GUTSHOF ZIEGELHÜTTE EDENKOBEN
Luitpoldstraße 75,
67480 Edenkoben
T + 49 (0) 6323 94980
www.gutshof.ziegelhuette.de
Ein Hotel mit klarer Philosophie: Dieses „Klima-Hotel" ist nach eigenen Angaben das erste Hotel in Rheinland-Pfalz, das zu 100 Prozent CO_2-neutral arbeitet; außerdem würden verstärkt Produkte aus fairem Handel und biologischem Anbau verarbeitet, so Familie Langhauser als Betreiber. Die Gäste erwarten modern-komfortable Zimmer, regionale Küche im Restaurant sowie einige Wellness-Angebote. Als Veranstaltungen finden Weinverkostungen oder -wanderungen und Sensorikseminare statt.
Empfohlen von
der Redaktion

HOTEL SCHLOSS EDESHEIM

Luitpoldstraße 9,
67483 Edesheim
T + 49 (0) 6323 94240
www.schloss-edesheim.de

Die Geschichte des Hauses reicht bis ins Jahr 756 zurück; seitdem hat es viel erlebt, wurde geplündert, zerstört, wieder aufgebaut, wechselte immer wieder die Besitzer, bis es unter Napoleon erst verstaatlicht wurde und später in Privatbesitz gelangte. Mittlerweile ist es ein Vier-Sterne-Haus mit Wassergraben und Freilichtbühne und gehört zur Unternehmensgruppe Dr. Lohbeck. Die Zimmer sind stilvoll eingerichtet, den Gästen werden viele Events wie Krimidinner oder Handwerkermarkt geboten, im Restaurant stehen unterschiedliche Menüs zur Auswahl.

Empfohlen von
der Redaktion

GÄSTEHAUS VINOTEL DOLLT-KERN

Bachstraße 19,
76835 Flemlingen
T + 49 (0) 6323 5003
www.vinotel-dollt-kern.de

Die Zimmer heißen Audrey oder Marilyn, Safari oder König Ludwig I. und sind allesamt individuell sehr schick eingerichtet. Das komfortable Gästehaus im Toskana-Stil des gleichnamigen Weinguts liegt am Ortsrand, aus den Zimmern hat man den weiten Blick in die Pfälzer Weinlandschaft und auf die Ludwigshöhe.

Empfohlen von
Weingut Rebholz

JULIUS IN DER PFALZ

Weyherer Straße 6,
76835 Hainfeld
T + 49 (0) 6323 9138 755
www.juliuspfalz.de

Apartments, Kochwerkstatt, Vinothek – und alles unter einem Dach. Das ist das Konzept des Weinhotels von Hartmut Julius und Ulrike Meimberg. Ihre vier Apartments liegen im ehemaligen Winzergebäude, außerdem gibt es noch drei Hotelzimmer sowie eine Suite. Und weil Wein eine weitere Leidenschaft des Ehepaares ist, finden immer wieder Verkostungen statt und die zwei entwickeln mit befreundeten Winzern auch ihren eigenen Wein.

Empfohlen von
Weingut Rebholz

HOTEL KRONE

Hauptstraße 62-64,
76863 Herxheim-Hayna
T + 49 (0) 7276 5080
www.hotelkrone.de

Ein Haus, das weit über die Grenzen der Region bekannt und für seine Gastfreundschaft berühmt ist und immer wieder gelobt und ausgezeichnet wird: Die gemütlichen und großzügigen Zimmer sind in drei miteinander verbundenen Gebäuden eingerichtet, den Gästen stehen Sauna- und Badelandschaft mit Innenpool und Fitnessraum zur Verfügung. Zum Haus gehören das Kronen Restaurant und die Pfälzer Stuben. Gekocht wird regional, heimatverbunden, aber mit Pfiff und neuen Kreationen auf dem Teller.

Empfohlen von
Weingut Rebholz

MAXIMILIANS BOUTIQUE-HOTEL

Maximilianstraße 28,
76829 Landau
T + 49 (0) 6341 2692 921
www.maximilians-landau.de

Der Gast soll sich wohlfühlen: Das ist das ausgesprochene Credo der Gastgeber Petra und Holger W. Hirsch. Das Haus, zu dem auch eine Dependance in Edenkoben gehört, liegt zentral in Landau, eingebettet in die Pfälzer Landschaft, umgeben von Weinbergen und Winzerdörfern. Im kleinen Restaurant werden abends Snacks zum Glas Wein serviert.

Empfohlen von
Weingut Rebholz

HOTEL RESIDENZ IMMENHOF
Immengartenstraße 26, 67487 Maikammer
T + 49 (0) 6321 9550
www.hotel-immenhof.de
Gemütliche Zimmer in ruhiger Umgebung mit viel Natur vor der Tür, Wellnessangebote und feines Essen im hoteleigenen Restaurant: Das bietet Familie Freudenstein in ihrem Haus am Beginn der Südlichen Weinstraße. Das Hotel wurde Anfang der 80er-Jahre gebaut und seitdem immer wieder erweitert und modernisiert. Motto der Gastgeber „Wir haben fürs Leben gern Gäste."
Empfohlen von
Weingut Erich Stachel

VINOTEL IM WEINGUT SCHREIECK
Maikammer Straße 33, 67487 St. Martin
T + 49 (0) 6323 7042 630
www.schreieck-wein.de/vinotel/
Ein Boutique-Hotel mit 17 Zimmern in drei Kategorien, mitten auf dem Weingut: Und genau der Wein ist auch das Thema im Hotel, das modern und design-orientiert eingerichtet wurde. So wurde das Haus aus rotem Buntsandstein gebaut – dem Boden, auf dem der Wein wächst. Außerdem können die Gäste in der Vinothek den hauseigenen Tropfen verkosten oder an Events rund um den Wein teilnehmen.
Empfohlen von
der Redaktion

GASTHAUS SESEL
Theresienstraße 200, 76835 Roth unter Rietburg
T +49 (0) 6323 7044 56
www.alte-rebschule.de
Ein traditionelles Pfälzer Haus, das seine Gäste im Hotel, aber auch im Restaurant willkommen heißt. Die Zimmer sind großzügig geschnitten und komfortabel eingerichtet und geben den Blick in die Pfälzer Natur frei. Die Reben und der Wein ziehen sich als Motto durchs Haus – sogar bis in die Wellness-Behandlungen.
Empfohlen von
Weingut Meier

LANDHOTEL SONNENHOF
Mühlweg 2, 76833 Siebeldingen
T + 49 (0) 6345 3311
www.landhotelsonnenhof.de
Im Herzen der Südlichen Weinstraße liegt dieses gemütliche Hotel, am Ortsrand des Weindorfs Siebeldingen. Die Zimmer sind zeitlos-modern und komfortabel eingerichtet; zum Haus gehört als Dependance das Restaurant Schneider in Dernbach. Hotelgästen wird ein Shuttle angeboten.
Empfohlen von
Weingut Rebholz

Einkaufen

Die Pfalz ist bekannt als Region mit zahlreichen Hofläden – entweder direkt auf einem Weingut oder als eigenes Geschäft. Erzeuger und Manufakturen sind untereinander vernetzt, sodass der eine seine eigenen Kartoffeln, aber auch die Marmeladen oder den Honig des anderen anbietet. Zusätzlich verkaufen viele ihre Produkte auf den Pfälzer Bauern- oder Wochenmärkten. Alle Infos zu Hofläden, Manufakturen und den Terminen im Anbaubereich Südliche Weinstraße unter www.pfalz.de, www.100 Prozent-pfalz.de oder suedliche-weinstraße.de. Aber auch die benachbarte Südpfalz lohnt einen Ausflug, zum Beispiel nach Germersheim oder Kandel.

KOLONIALWAREN LAMBERT

Hauptstraße 31,
76835 Burrweiler
T + 49 (0) 6345 9546 062
www.kolonialwaren-lambert.de

Was passt besser zusammen als Käse und Wein? Genau: Und exakt diese kulinarisch-perfekte Kombination lässt sich bei Rohmilchkäse-Affineur Hanns Stähle in seinem Dorfladen verkosten. Dabei kann man sich darauf gefasst machen, viel über Käse, seine Reifung und Herstellung zu erfahren. Der Käse-Experte Stähle hat unendlich viele Käsesorten im Angebot – aus der Schweiz, aus Italien oder aus Frankreich. Man kann bei ihm aber auch Kalbsrollbraten vom Metzger Ott aus Ilbesheim oder Geflügel aus dem Betrieb von Bruno Siebert vorbestellen.

Empfohlen von
Weingut Münzberg

ZÜRKERS HOFLADEN

Neustadter Straße 14,
67373 Dudenhofen
T +49 (0) 6232 94212
www.zuerkers-hofladen.de

Spargel, Erdbeeren, Äpfel, Kürbisse, Eier, Kräuter, selbst gemachte Nudeln, Blumen, die wunderbaren Pfälzer Kartoffeln (Grumbeere) Schnaps und zum Jahresende Tannenbäume: Das Sortiment in diesem ungewöhnlichen Hofladen lässt keine Wünsche offen. Da lohnt die Fahrt aus Edenkoben oder Maikammer, um das ein oder andere einzukaufen oder als Souvenir mit nach Hause zu nehmen. Oder man nimmt an einer Schnapsprobe teil. Oder an einer Führung über den Spargelacker…

Empfohlen von
der Redaktion

BURGERHOF

Burgerhof-Aussiedlung 1,
76777 Neupotz
T +49 (0) 7272 1351
www.burgerhof-neupotz.de

Ein Familienbetrieb in dritter Generation: In dem kleinen Ort im Landkreis Germersheim gibt es eine große Auswahl an Wurst, Fleisch von Rind und Schwein, Grillspezialitäten, aber auch Milch, Nudeln oder Eier. Die Tiere stammen alle aus der eigenen Zucht und werden dort auch geschlachtet. Selbst das Futter für die Tiere wird auf dem Hof angebaut.

Empfohlen von
der Redaktion

JÄGERHOF

Jägerhof, 76777 Neupotz
T + 49 (0) 7272 74887
www.jaegerhof-neupotz.de

6000 Legehennen und Masthähnchen leben auf diesem Hof im Landkreis Germersheim und können sich dort frei bewegen. Darum dreht sich im Hofladen auch fast alles ums Huhn, gibt es Hähnchen, Eier, Eierlikör, hausgemachte Eiernudeln, zudem aber auch Obst und Gemüse aus der Region, Würzmittel, Rohmilchkäse, Honig oder Essig.

Empfohlen von
der Redaktion

WEINESSIGGUT DOKTORENHOF

Raiffeisenstraße 5,
67482 Venningen
T +49 (0) 6323 5505
www.doktorenhof.de

Ein außergewöhnliches Aroma-Erlebnis erfährt man auf dem Doktorenhof: Dort gibt es Essig in allen Varianten, Düften, Zusammensetzungen, Kreationen wie Chutney, Marmeladen, zum Trinken oder Verfeinern von Saladressings. Besucher können sich durch das Gewölbe führen lassen und dabei an einer Verkostung teilnehmen.

Empfohlen von
der Redaktion

Vinothek

Viele Winzer aus der Pfalz öffnen die ganze Woche über ihre Türen, um ihre Weine in ihren hauseigenen Vinotheken verkosten zu lassen. Egal, ob es die Weingüter Dengler-Seyler, Damm, Scherr, Pfaffmann oder Porzelt sind. Ein Besuch (nach dem Blick auf die Internet-Seite oder einem kurzen Anruf) lohnt in jedem der Wein-Orte der Pfalz. Weitere Infos zu Vinotheken auch auf der Internetseite www.pfalz.de oder www.suedliche-weinstraße.de

GEMÜSEANBAU BRAUN

Hauptstraße 82, 67378 Zeiskam
T +49 (0) 6347 9194 73
www.gemueseanbau-braun.de
Hier wird alles selbst angebaut und direkt im Hofladen verkauft: Salat, Artischocken, Kürbisse, Karotten, Radieschen, Kartoffeln, Zucchini, Tomaten, Gurken und Paprika werden biologisch angebaut. Aber auch Ingwer oder Zitronengras, Chili oder Physalis sind im Angebot bei Familie Braun, die ihre Produkte neben dem Hofladen auch auf dem Wochenmarkt in Neustadt verkauft.
Empfohlen von
der Redaktion

Besonders empfehlenswerte Metzgereien

Metzgerei Kieffer
Bad Bergzabern (Kapeller Straße 5)

Weisbrods Hausmacher
Landau (Meerweibchenstraße 4)

Metzgerei Joachim
Landau (Wollmersheimer Hauptstraße 45)

VINOTHEK PAR TERRE

Georg-Friedrich-Dentzel-Straße 11, 76829 Landau
T +49 (0) 6341 9690 890
www.par-terre.de
Ein Schaufenster der Pfälzer Weine will diese Vinothek sein, die Berlins Stardesigner Michael Michalsky entworfen hat. Das denkmalgeschützte Kasernengebäude steht auf dem früheren Gelände der Landesgartenschau. Die Vinothek lädt zu Events, Verkostungen, kulturellen Veranstaltungen rund um das Thema Wein ein.
Empfohlen von
Weingut Jürgen und Astrid Stentz

WEINKAMMER

Marktstraße 8, 67487 Maikammer
T +49 (0) 6321 9523 150
www.weinkammer-maikammer.de
In dieser Ortsvinothek im Erdgeschoss des Bürgerhauses werden Weine und Sekte von 21 Spitzen-Winzern aus Maikammer ausgeschenkt und verkauft.
Empfohlen von
Weingut Erich Stachel

Index

Weingüter

PFALZ 2021

Tipps

Leitung der Verkostungen sowie des Expertenrats Otto Geisel
Executive Publisher Ursula Haslauer
Geschäftsführung Hans Fink (v.i.S.d.P.)
Projektleitung Pia Epp

Anzeigenvermarktung Burda Community Network GmbH, Geschäftsführer Burkhard Graßmann (Sprecher), Michael Samak
Verantwortlich für den Anzeigenteil Tanja Kautz
AdTech Factory GmbH & Co. KG, Hauptstraße 127, 77652 Offenburg
Es gilt die aktuelle Preisliste, bcn.burda.de

Vertrieb MZV GmbH & Co. KG, 85716 Unterschleißheim, www.mzv.de
Münchner Verlagsgruppe GmbH, Türkenstraße 89, 80799 München

Verkostungsteam der vorliegenden Ausgabe Eva Adler, Katja Apelt, Jochen Benz, Gerhild Burkard, Thorsten Firlus, Frank Glüer, Thomas Haussmann, Daniel Kiowski, Jochen Kreppel, Jossi Loibl, Astrid Löwenberg, Andreas Lutz, Nina Mann, Thomas Sommer, Herbert Stieglmeier, Melanie Wagner, Klaus Wählen, Ronny Weber, Andreas Winkelmann

Redaktion Kerstin Böhning, Anke Kronemeyer
Autoren Eva Adler, Katja Appelt, Andreas Braun, Thorsten Firlus, Thomas Haussmann, Anke Kronemeyer, Astrid Löwenberg, Jossi Loibl, Christoph Mohr
Fotoredaktion Mandy Giese
Fotocredits Dominik Ketz/Bildarchiv Südliche Weinstrasse e.V., Dominik Ketz/Rheinland-Pfalz Tourismus GmbH, gliglag/Tourist-Information Neustadt an der Weinstraße, Dr. Manfred Holz/Wikimedia Commons, Knut Pflaumer/Pfalz Touristik e.V., Stephan Mahlow/Bildarchiv Südliche Weinstrasse e.V., Rolf Schädler/Medien-Datenbank Deutsche Weinstraße e. V., Florian Trykowski/Pfalztouristik e.V.

Gestaltungskonzept Daniel Pietsch
Icons Illustration Ludwig Haslberger
Layout und Satz brand unit GmbH, Lehargasse 7, A-1060 Wien
Kartografie brand unit GmbH, Lehargasse 7, A-1060 Wien
Lithografie Mario Rott, brand unit GmbH, Lehargasse 7, A-1060 Wien
Lektorat Print Company Verlagsgesellschaft m.b.H., Gumpendorfer Str. 41/6, A-1060 Wien

Datenmanagement Sebastian Schäfer, Katharina Weber

Printed in Germany by Parzeller print & media GmbH
Verlag Burda Studios Pictures GmbH, Arabellastraße 23, 81925 München, www.burda.com

Hinweise und Anregungen gerne an: gaultmillau@burdastudios.com

28. Jahrgang

ISBN 978-3-7423-1829-9
ISBN Ebook pdf 978-3-7453-1550-9
ISBN Ebook epub 978-3-7453-1551-6
GTIN: 4193225116901 02

Die Genusswelt der Weine und Restaurants finden Sie auch auf Facebook www.facebook.com/gaultmillaudeutschland und Instagram www.instagram.com/gaultmillau_deutschland

Jetzt zu unserem Newsletter anmelden und immer auf dem Laufenden bleiben **www.gaultmillau.de**